ADMIS FONCTION PUBLIQUE

CONCOURS 2023-2024

2e édition

CAPORAL SAPEUR-POMPIER PROFESSIONNEL

Externe, Sapeur-pompier volontaire • Catégorie C

Tout-en-un

François LAVEDAN
Cadre au ministère de l'Intérieur
et membre de jurys de concours administratifs

Vuibert

Ressources numériques

Téléchargez gratuitement un fil d'actualité 2023 mois par mois sur

www.Vuibert.fr/site/215755

ISBN : 978-2-311-21575-5

Conception de la couverture et de l'intérieur : Séverine Tanguy
Composition : Sébastien Mengin / www.edilibre.net
Crédit photographique : Adobe Stock

Site Internet : http://www.vuibert.fr

Sommaire
pour se repérer

Travail réalisé

QCM de mathématiques (concours externe)

QCM de connaissances professionnelles (concours réservé aux SPV)

PARTIE 3 Réussir les épreuves physiques de préadmission

PARTIE 4 Réussir l'épreuve orale d'admission : l'entretien avec le jury

Mode d'emploi

Sapeur-pompier… Peu de professions peuvent se prévaloir d'une image aussi positive auprès du public et susciter autant de rêves d'enfants qui se transformeront plus tard en vocations d'adultes. En étant candidat au concours de sapeur-pompier professionnel, vous avez fait le choix d'un métier dur et exigeant, mais qui vous apportera d'immenses satisfactions.

Dans ce manuel, qui est **à jour de la dernière réforme du concours**, vous trouverez de nombreux conseils, exercices et sujets blancs corrigés pour vous y préparer dans les meilleures conditions.

En introduction, nous vous présenterons **le métier de caporal de sapeurs-pompiers professionnels**. Cette présentation, qui vous permettra de mieux connaître votre futur environnement professionnel, vous sera utile notamment pour l'oral d'admission au concours. Elle vous indiquera également **les modalités du concours** de caporal de sapeurs-pompiers professionnels. Deux types de concours existent : un concours externe et un concours réservé aux sapeurs-pompiers volontaires. Ce manuel vous prépara aux deux.

La première partie du manuel sera consacrée à la préparation du dossier de candidature. De la méthodologie et des conseils vous guideront pas à pas depuis la rédaction du CV jusqu'à celle de la fiche de renseignements.

La seconde partie du manuel est consacrée aux **épreuves d'admissibilité**. Une méthodologie simple et claire, accompagnée d'exercices pour vous évaluer et vous entraîner, vous permettra de vous former au mieux à la rigueur exigée par les différentes épreuves écrites. Vous trouverez également plusieurs fiches de rappels de culture générale.

La troisième partie du manuel, constituée d'un planning de révisions et de conseils méthodologiques, est consacrée aux **épreuves physiques et sportives de pré-admission**.

Enfin, **l'oral d'admission** sera détaillé dans la quatrième et dernière partie de cet ouvrage. De nombreux conseils et exercices vous permettront d'aborder dans les meilleures conditions cet exercice redouté par de nombreux candidats.

Toutefois, ce manuel ne remplacera jamais une préparation sérieuse et efficace de votre part. Cette préparation devra reposer sur les bases suivantes :

– la préparation à un concours est un exercice de fond. Tout tient dans la régularité de l'effort : inutile de travailler pendant six heures une journée, puis ne plus rien faire au cours de la semaine suivante. Fixez-vous des objectifs de travail réalistes et compatibles avec vos obligations personnelles ;

– votre réussite aux épreuves physiques et sportives conditionnera la suite du concours. Elles doivent être préparées avec régularité et rigueur ;

– toutes les épreuves écrites doivent être préparées. Il ne peut donc être question de se présenter au concours sans s'y être entraîné, en veillant à respecter les délais de chaque épreuve ;

– de même, l'oral avec le jury doit faire l'objet d'une préparation rigoureuse. N'oubliez pas que vous appréhenderez beaucoup moins cette épreuve si vous vous y êtes entraîné au préalable ;

– enfin, suivez l'actualité (prenez l'habitude de lire un quotidien), notamment les questions pouvant intéresser les sapeurs-pompiers (pollution, incendies, secours aux victimes…).

Bon courage et bonne chance !

Votre concours, votre métier

1. Le métier de caporal de sapeurs-pompiers professionnels

1. Quel est le statut d'un caporal de sapeurs-pompiers professionnels ?

Les caporaux de sapeurs-pompiers professionnels sont des fonctionnaires territoriaux. Le droit commun de la fonction publique territoriale leur est applicable, tout en relevant de statuts qui leur sont adaptés.

Depuis 1990, les sapeurs-pompiers professionnels constituent une filière spécifique au sein de la fonction publique territoriale.

Le cadre d'emplois de sapeurs et caporaux de sapeurs-pompiers professionnels est en catégorie C de la fonction publique territoriale. Il comprend quatre grades :

- sapeur de 2e classe ;
- sapeur de 1re classe ;
- caporal ;
- caporal-chef.

2. Quels sont les profils attendus ?

Il n'existe pas de profil type de caporal de sapeurs-pompiers professionnels. La variété des missions, tant en unité de terrain qu'au sein d'une structure centralisée (comme un service départemental d'incendie et de secours par exemple), rend impossible l'établissement d'une telle typologie.

Néanmoins, il est possible de présenter quelques dimensions constantes du métier de caporal de sapeurs-pompiers professionnels.

A. Une dimension humaine

Un sapeur-pompier agit au sein d'une communauté et d'une organisation porteuses de valeurs et d'une culture.

Un sapeur-pompier exerce ses missions aux côtés de ses hommes et au sein de la Cité. Ses qualités humaines, de savoir-être, d'exemplarité, de don de soi, de communication et de pédagogie sont donc essentielles.

Les valeurs des sapeurs-pompiers, quant à elles, sont l'exemplarité, l'engagement total au service du public et de la Nation, dans une rigueur professionnelle reconnue et en disposant de larges compétences professionnelles. La culture des sapeurs-pompiers s'est bâtie autour d'une histoire et de comportements qui contribuent également à leur donner une excellente image auprès de l'ensemble de la population.

B. Une dimension technique

Un caporal de sapeurs-pompiers remplit, dans la très grande majorité de cas, des missions opérationnelles. Sur le plan professionnel, il lui appartient donc d'acquérir une compétence dans la mise en œuvre des différents types de secours et, le cas échéant, dans ou une plusieurs spécialités (cellule mobile d'intervention chimique, groupe de reconnaissance et d'intervention en milieux périlleux, feux de forêt…).

Ce large éventail de compétences, forgées également par l'expérience sur le terrain, doit lui permettre d'assurer son rôle dans les opérations de secours. L'adaptation aux risques majeurs implique également des capacités à la fois de polyvalence et d'adaptation.

Sur plan physique, l'exercice de ces missions nécessite également une robustesse certaine et une excellente condition physique et sportive.

C. Une dimension de service public

Un caporal de sapeurs-pompiers professionnels est un agent de service public. Statutairement, il est un fonctionnaire territorial agissant au service de l'intérêt général. Dans le cadre de ses différentes missions, il intervient à l'interface de plusieurs environnements (incendie et secours, sécurité civile, protection des populations, sécurité intérieure, sécurité nationale).

À la lumière de ces différentes dimensions et de leurs implications, s'il est évident qu'il n'existe pas de profil type pour devenir caporal de sapeurs-pompiers professionnels, un certain nombre de qualités paraissent néanmoins indispensables : l'obéissance, la sincérité, la loyauté, le dynamisme, la curiosité, l'ouverture d'esprit, la capacité d'adaptation, l'estime de soi, le bon sens, la capacité d'écoute, la motivation, la lucidité, l'engagement, l'aptitude à la résilience, la tolérance à la frustration et la capacité à gérer sa sphère d'autonomie.

A contrario, plusieurs travers seront rédhibitoires, comme la psychorigidité, le narcissisme, l'inaptitude à la communication et à la remise en cause, la volonté de confort routinier et l'incapacité à travailler en équipe.

En pratique, lors des épreuves orales, le jury s'attachera à recenser ces travers, ainsi qu'à identifier les qualités recherchées, d'autant que certains candidats présentent des profils lisses difficiles à percer.

3. Quelles sont les principales missions dévolues aux sapeurs-pompiers professionnels ?

D'une manière générale, les sapeurs-pompiers professionnels ont vocation à occuper les emplois définis par le statut particulier dont ils relèvent. Sans préjudice des missions qui leur sont confiées par leur statut particulier en fonction de leur grade, ils ont vocation à occuper les emplois opérationnels et d'encadrement mentionnés dans le tableau de concordance figurant ci-dessous. Les effectifs mentionnés à l'intérieur de ce tableau définissent les niveaux d'encadrement.

Tableau de concordance

Grade	Emplois opérationnels et d'encadrement ou assimilés
Sapeur	Équipier
	Opérateur de salle opérationnelle
Caporal	Équipier
	Chef d'équipe
	Opérateur de salle opérationnelle
	Chef opérateur de salle opérationnelle
Caporal-chef	Chef d'équipe
	Chef opérateur de salle opérationnelle
Sergent	Chef d'agrès une équipe
	Adjoint au chef de salle opérationnelle
Adjudant	Chef d'agrès tout engin
	Adjoint au chef de salle opérationnelle
	Sous-officier de garde (effectif de sapeurs-pompiers postés inférieur à 10)
Lieutenant de 2e classe	Officier de garde (effectif de sapeurs-pompiers postés supérieur ou égal à 10)
	Chef de groupe
	Chef de salle opérationnelle
	Adjoint au chef de centre d'incendie et de secours
	Officier expert
	Chef de centre d'incendie et de secours (effectif de sapeurs-pompiers professionnels inférieur ou égal à 9)

Lieutenant de 1re classe	Officier de garde (effectif de sapeurs-pompiers postés supérieur ou égal à 10)
	Chef de bureau en centre d'incendie et de secours
	Chef de groupe
	Chef de salle opérationnelle
	Officier expert
	Adjoint au chef de centre d'incendie et de secours
	Adjoint au chef de service
	Chef de centre d'incendie et de secours (effectif de sapeurs-pompiers professionnels supérieur à 9)
	Adjoint au chef de groupement
	Chef de service (effectif d'agents inférieur ou égal à 5)
Lieutenant hors classe	Officier de garde (effectif de sapeurs-pompiers postés supérieur ou égal à 10)
	Chef de bureau en centre d'incendie et de secours
	Chef de groupe
	Chef de salle opérationnelle
	Officier expert
	Adjoint au chef de service
	Adjoint au chef de centre d'incendie et de secours
	Chef de centre d'incendie et de secours (effectif de sapeurs-pompiers professionnels supérieur à 20)
	Adjoint au chef de groupement
	Chef de service (effectif d'agents supérieur à 5)
Capitaine	Officier de garde
	Chef de bureau en centre d'incendie et de secours
	Chef de colonne
	Officier expert
	Adjoint au chef de service
	Adjoint au chef de centre d'incendie et de secours
	Chef de centre d'incendie et de secours (effectif de SPP supérieur à 30)
	Adjoint au chef de groupement
	Chef de service (effectif d'agents supérieur à 15)
	Chef de groupement (départements de catégorie C dont l'effectif de référence, tel que défini par l'article R. 1424-23-1 du Code général des collectivités territoriales, est inférieur à 400 sapeurs-pompiers)
Commandant	Chef de colonne
	Chef de site
	Adjoint au chef de centre d'incendie et de secours
	Chef de centre d'incendie et de secours (effectif de sapeurs-pompiers professionnels supérieur à 50)

	Adjoint au chef de groupement
	Chef de groupement
	Adjoint au chef de service
	Chef de service (effectif d'agents supérieur à 30)
Lieutenant-colonel	Chef de site
	Chef de centre d'incendie et de secours (effectif de sapeurs-pompiers professionnels supérieur à 100)
	Chef de groupement
	Chef de service (effectif d'agents supérieur à 50)
Colonel, colonel hors classe, contrôleur général	Chef de site
	Chef de groupement
	Directeur départemental adjoint
	Directeur départemental

4. Quelles sont les missions propres aux sapeurs et caporaux de sapeurs-pompiers professionnels ?

Les sapeurs et caporaux exercent leurs fonctions dans les services d'incendie et de secours (SDIS). Les SDIS sont chargés de la prévention, de la protection et de la lutte contre les incendies.

Ils concourent, avec les autres services et professionnels concernés, à la protection et à la lutte contre les autres accidents, sinistres et catastrophes, à l'évaluation et à la prévention des risques technologiques ou naturels ainsi qu'aux secours d'urgence.

Dans le cadre de leurs compétences, les SDIS exercent les missions suivantes :

- la prévention et l'évaluation des risques de sécurité civile ;
- la préparation des mesures de sauvegarde et l'organisation des moyens de secours ;
- la protection des personnes, des biens et de l'environnement ;
- les secours d'urgence aux personnes victimes d'accidents, de sinistres ou de catastrophes ainsi que leur évacuation.

Les sapeurs participent à ces missions en qualité d'équipier, sous réserve d'avoir satisfait aux obligations de formation.

Les caporaux participent à ces missions en qualité d'équipier ou de chef d'équipe, sous réserve d'avoir satisfait aux obligations de formation. Les caporaux ont vocation à participer aux interventions nécessitant une technicité supérieure. Ils ne peuvent occuper les fonctions de chef d'équipe qu'après deux années de services effectifs dans leur grade.

Les caporaux-chefs participent à ces missions en qualité de chef d'équipe, sous réserve d'avoir satisfait aux obligations de formation. Ils ont vocation à participer aux interventions nécessitant un niveau d'expertise supérieur. Ils peuvent subsidiairement effectuer des tâches d'équipier.

Les sapeurs, les caporaux et les caporaux-chefs peuvent également se voir confier des tâches de gestion administrative et technique inhérentes à l'accomplissement des missions opérationnelles mentionnées ci-dessus.

Ils peuvent également participer au fonctionnement des salles opérationnelles en tant qu'opérateur ou chef opérateur.

Les caporaux et les caporaux-chefs participent aux activités de formation incombant aux services départementaux d'incendie et de secours.

5. Quelles sont les spécialisations possibles ?

Il existe pour les sapeurs-pompiers professionnels des formations spécialisées sur les thématiques suivantes : la formation et développement des compétences, les interventions à bord des navires et des bateaux, le canyon, la conduite, la cynotechnie, l'éducation physique et sportive, les feux de forêts, la formation, les interventions en site souterrain, les interventions en milieu périlleux, les risques chimiques et biologiques, les risques radiologiques, le sauvetage déblaiement, le secours en montagne, le sauvetage aquatique et les transmissions.

2. Le concours de caporal de sapeurs-pompiers professionnels

1. Quelles sont les conditions de candidature au concours externe de caporal de sapeurs-pompiers professionnels ?

A. Conditions générales

Le concours externe sur épreuves est ouvert aux candidats âgés d'au moins 18 ans titulaires d'un titre ou diplôme classé au moins au niveau V (brevet des collèges, CAP, BEP...) ou d'une qualification reconnue comme équivalente.

B. Procédure d'équivalence

La procédure d'équivalence de diplôme peut permettre de reconnaître l'expérience professionnelle, de prendre en compte d'autres diplômes que ceux requis lorsque le contenu de cette expérience ou des diplômes peuvent être comparés avec le contenu de la formation requise pour exercer les fonctions auxquelles le concours donne accès. Cette comparaison peut permettre d'accorder une dérogation pour se présenter au concours mais n'équivaut pas à la détention du diplôme. Ce dispositif est distinct de la procédure de VAE (Validation des Acquis de l'Expérience professionnelle) qui aboutit, elle, à l'obtention d'un diplôme.

Les candidats qui souhaitent solliciter une équivalence de diplôme pour se présenter au concours de caporal de sapeurs-pompiers professionnels devront formuler leur demande sur un formulaire type, dûment accompagné des pièces justificatives requises, auprès du SDIS organisateur du concours pour en apprécier la recevabilité.

Ces documents doivent être adressés au centre de gestion en même temps que le dossier d'inscription au concours.

Les candidats bénéficient d'une équivalence de plein droit s'ils sont titulaires :

- d'un diplôme européen de même niveau ;
- d'un diplôme étranger non européen de niveau comparable ;
- d'un diplôme, titre de formation ou attestation délivré par une autorité compétente prouvant la réussite à un cycle d'études de même niveau et même durée que celui du diplôme requis ;
- d'une attestation d'inscription dans un cycle de formation dont la condition normale d'accès est de posséder un titre ou diplôme au moins de même niveau que le diplôme requis pour l'inscription au concours.

Pour permettre d'apprécier que le titre présenté réponde bien aux exigences requises, le candidat doit fournir, avec son dossier d'inscription et avant la date limite de dépôt des dossiers, la photocopie du titre qu'il souhaite présenter de même que toute pièce permettant d'établir le contenu et le niveau de la formation.

S'il s'agit d'un titre étranger, le candidat joindra, en outre, une traduction en langue française certifiée par un traducteur agréé. Le diplôme sera de plus accompagné d'une attestation de comparaison établie par un service relevant de l'Éducation nationale.

Ces documents doivent être adressés au SDIS organisateur du concours en même temps que le dossier d'inscription au concours.

C. Cas de dispense de diplôme

■ **Dispense de diplôme pour les mères et pères de trois enfants**

Une dérogation de diplôme peut être accordée aux mères et pères de famille d'au moins trois enfants, qu'ils élèvent ou ont élevés effectivement. Les candidats souhaitant bénéficier de ces dispositions doivent justifier de leur position en fournissant, à l'appui de leur candidature, la photocopie de l'ensemble des pages du livret de famille concernant les parents et les enfants.

■ **Dispense de diplôme pour les sportifs de haut niveau**

Les candidats peuvent bénéficier de cette dispense s'ils figurent, l'année du concours, sur la liste des sportifs de haut niveau établie par arrêté du ministre des Sports. Ils doivent alors joindre à leur candidature une copie de l'arrêté sur lequel ils figurent.

2. Quelles sont les conditions de candidature au concours ouvert aux sapeurs-pompiers volontaires (SPV) ?

Ce concours est ouvert aux candidats ayant la qualité de sapeur-pompier volontaire, justifiant de trois ans au moins d'activité en cette qualité ou en qualité de jeune sapeur-pompier, de volontaire du service civique assurant des missions de sécurité civile, de sapeur-pompier auxiliaire ou de militaire de la brigade de sapeurs-pompiers de Paris, du bataillon des marins-pompiers de Marseille ou des unités d'instruction et d'intervention de la sécurité civile et ayant suivi avec succès la formation initiale de sapeur-pompier volontaire de 2e classe ou une formation jugée équivalente.

La condition relative à la réussite de la formation initiale de SPV de 2e classe est remplie si l'agent produit l'une des deux pièces ci-dessous :

- une attestation d'appartenance et de formation à faire compléter et signer par l'autorité d'emploi ;
- la copie du diplôme ou de l'attestation de formation initiale d'équipier de sapeur-pompier volontaire.

Ce concours externe est également ouvert aux candidats ressortissants des États membres de l'Union européenne ou d'un autre État partie à l'accord sur l'Espace économique européen justifiant d'une qualification jugée équivalente à celle délivrée aux sapeurs-pompiers volontaires, et de trois ans d'activité.

Le nombre de places offertes au concours réservé aux SPV ne peut excéder le nombre de places offertes au concours externe.

3. Quelles sont les épreuves du concours de caporal de sapeurs-pompiers professionnels ?

Quel que soit le SDIS organisateur du recrutement, les épreuves du concours de caporal de sapeur-pompier professionnel resteront identiques.

Vous ne trouverez ci-dessous qu'une simple présentation des épreuves du concours. Celles-ci vous seront détaillées dans la suite de ce manuel.

A. Les épreuves du concours externe

- **Les épreuves d'admissibilité** comprennent :

  – **un questionnaire à choix multiples à partir d'un texte ou dossier documentaire.** D'une durée d'une heure et affecté d'un coefficient 1, ce questionnaire a pour objectif d'apprécier la capacité du candidat à repérer et analyser les informations contenues dans un texte ;

  – **un questionnaire à choix multiples**, d'une durée d'une heure, coefficient 1, portant sur des problèmes de mathématiques.

- **L'épreuve de pré-admission** comprend les épreuves physiques communes aux différents cadres d'emplois de sapeurs-pompiers professionnels, coefficient 4.

  Ces épreuves comprennent :
  - une épreuve de natation (50 mètres nage libre) ;
  - une épreuve de parcours professionnel adapté ;
  - une épreuve d'endurance cardio-respiratoire (Luc Léger).

- **L'épreuve d'admission** consiste en un entretien individuel avec le jury, d'une durée de quinze minutes dont cinq minutes au plus de présentation, coefficient 4.

  Cet entretien est destiné à permettre au jury d'apprécier la personnalité du candidat, sa motivation et ses capacités à exercer les emplois tenus par les caporaux, ainsi que ses connaissances sur l'environnement professionnel.

B. Les épreuves du concours réservé aux sapeurs-pompiers volontaires (SPV)

- **Les épreuves d'admissibilité** comprennent :

  – **un questionnaire à choix multiples à partir d'un texte ou dossier documentaire.** D'une durée d'une heure et affecté d'un coefficient 1, ce questionnaire a pour objet d'apprécier la capacité du candidat à repérer et analyser les informations contenues dans un texte ;

– **un questionnaire à choix multiples**, d'une durée d'une heure, coefficient 1, portant sur les activités et compétences de l'équipier de sapeurs-pompiers volontaires.

Ce questionnaire a pour objet d'apprécier les connaissances du candidat dans les domaines concernés.

■ **L'épreuve de pré-admission** comprend les épreuves physiques communes aux différents cadres d'emplois de sapeurs-pompiers professionnels, coefficient 4.

Ces épreuves comprennent :
- une épreuve de natation (50 mètres nage libre) ;
- une épreuve de parcours professionnel adapté ;
- une épreuve d'endurance cardio-respiratoire (Luc Léger).

■ **L'épreuve d'admission** consiste en un entretien individuel avec le jury, d'une durée de quinze minutes dont cinq minutes au plus de présentation, coefficient 4.

Cet entretien est destiné à permettre au jury d'apprécier la personnalité du candidat, sa motivation et ses capacités à exercer à exercer les emplois tenus par les caporaux, ainsi que ses connaissances sur l'environnement professionnel.

C. Dispositions communes à toutes les épreuves

Les épreuves écrites de pré-admissibilité sont anonymes et font l'objet d'une double correction.

Il est attribué à chaque épreuve une note de 0 à 20. Chaque note est multipliée par le coefficient correspondant.

Peuvent seuls être autorisés à se présenter aux épreuves d'admission les candidats déclarés admissibles par le jury.

Toute note inférieure à 5 sur 20 à l'une ou l'autre des épreuves d'admissibilité et d'admission entraîne l'élimination du candidat.

Dans la limite des postes ouverts, nul ne peut être déclaré admis s'il n'obtient au moins 10 sur 20 de moyenne à l'ensemble des épreuves d'admissibilité et d'admission, sans note éliminatoire.

Tout candidat ne participant pas à l'une des épreuves obligatoires est éliminé.

Pour chaque concours, le jury détermine le nombre total des points nécessaires pour être admissibles et, sur cette base, arrête la liste des candidats admis à se présenter aux épreuves d'admission.

À l'issue des épreuves, le jury arrête la liste d'admission, dans la limite des places mises aux concours. Cette liste est distincte pour chacun des concours.

4. Quelle est la composition du jury du concours ?

Le jury des épreuves de chaque concours est nommé par arrêté de l'autorité organisatrice du concours. Il comprend six membres titulaires répartis en trois collèges égaux :

– deux personnalités qualifiées : un officier de sapeurs-pompiers professionnels extérieur au service départemental d'incendie et de secours organisateur du concours, nommé sur proposition du chef d'état-major de zone territorialement compétent, et un représentant du Centre national de la fonction publique territoriale nommé sur proposition de son président ou du délégué régional ou interdépartemental concerné ;

– deux élus locaux dont, au plus, un membre du conseil d'administration d'un service départemental d'incendie et de secours ;

– deux représentants du grade de caporal ou de caporal-chef de sapeurs-pompiers professionnels, désignés par tirage au sort parmi les membres de la commission administrative paritaire compétente.

Le jury est souverain. À ce titre, il arrête la note minimale permettant aux candidats d'être déclarés admis. Il est compétent pour prononcer l'annulation d'une épreuve. Pour chaque concours, le jury détermine le nombre total des points nécessaires pour être admissible et, sur cette base, arrête la liste des candidats admis à se présenter aux épreuves d'admission.

À l'issue des épreuves, le jury arrête la liste d'admission dans la limite des places mises au concours. Cette liste est distincte pour chacun des deux concours. Le président du jury transmet les listes mentionnées ci-dessus à l'autorité organisatrice des concours avec un compte rendu de l'ensemble des opérations.

Au vu des listes d'admission, l'autorité organisatrice des concours établit par ordre alphabétique la liste d'aptitude correspondante.

5. À quel moment a lieu le recrutement ?

L'organisation du concours de sapeurs-pompiers professionnels n'est pas systématiquement échelonnée selon une périodicité annuelle. Il importe donc de se renseigner très régulièrement sur l'organisation des concours.

Plusieurs sites peuvent être utiles pour obtenir ces renseignements :

– le site de la direction générale de la sécurité civile et de la gestion des crises : *www.interieur.gouv.fr/Le-ministere/Securite-civile/Metiers-et-concours*

– le site de la fédération nationale des sapeurs-pompiers de France : *www.pompiers.fr/*

Concrètement, des concours sont organisés par des SDIS ont fonction de leurs besoins en personnels. Pour cela, ils solliciteront la direction générale de la sécurité civile et de la gestion des crises (DGSCGC) l'organisation d'un concours.

Les concours sont organisés par zone de défense et le même jour. Même si la liste d'aptitude est valable sur tout le territoire national, il faut choisir une zone de défense en fonction notamment de la proximité avec votre domicile pour des raisons pratiques.

6. Qui organise le concours ?

À la suite d'un accord entre la Direction générale de la sécurité civile et de la gestion des crises (DGSCGC) et les SDIS, la gestion des opérations de concours (inscriptions et mises en place des différentes épreuves écrites, sportives et orales) est déléguée aux SDIS.

Si l'État (en l'occurrence la DGSCGC) gardera la responsabilité de l'organisation des concours de caporal de sapeurs-pompiers professionnels en publiant un arrêté organisant le concours, celui-ci sera mis en œuvre par les SDIS qui le souhaiteront.

7. Où s'inscrire à un concours ?

L'inscription au concours (ou à un examen professionnel) se fait en priorité par télé-inscription sur le site Internet du SDIS organisateur.

Attention, la pré-inscription effectuée par un candidat sur le site Internet ne sera validée qu'à réception, par le service concours du SDIS, du dossier imprimé par le candidat.

À titre exceptionnel, il demeure possible de s'inscrire par voie postale auprès du SDIS organisateur.

L'inscription devra être effectuée sur le dossier original téléchargé sur le site Internet du SDIS organisateur ou délivré par son service concours.

De même, il est extrêmement important pour un candidat de se montrer particulièrement rigoureux lors des formalités d'inscription à un concours ou à un examen professionnel. En effet, tout dossier posté ou déposé, même dans les délais, insuffisamment affranchi, faxé ou transmis par messagerie électronique, photocopié ou recopié sera refusé. Tout incident dans la transmission de la demande du dossier et/ou du dossier d'inscription, quelle qu'en soit la cause (perte, retard…) engagera la responsabilité de l'émetteur et entraînera un refus d'admission à concourir. De même, les dossiers d'inscription qui ne seront pas complets à la date limite de dépôt des inscriptions (cachet de la poste faisant foi), seront directement refusés, sans relance de pièce. La liste des pièces à fournir est accessible dans la brochure du concours et dans le dossier d'inscription.

8. Quel est le nombre des postes offerts au concours ?

Lorsqu'un concours est organisé, le nombre de postes offerts dépend uniquement du nombre de postes vacants dans les SDIS organisant localement le concours. Selon les années et les zones géographiques, le nombre de postes peut donc être très variable.

À titre d'exemple, le concours 2013 avait offert 3 000 postes et le concours suivant, en 2018, avait quant à lui offert 3 971 postes. Les concours sont organisés par région et les épreuves ont toutes eu lieu le même jour (il appartient donc à chaque candidat de bien choisir son lieu de concours, sachant que la liste d'aptitude est valable sur l'ensemble du territoire national). La répartition des postes offerts était alors la suivante :

- **ZDS Île-de-France (hors secteur BSPP) :**

– Organisateur du concours : SDIS de l'Essonne (91)
– Concours titre 1 : 270 places ouvertes au concours externe
– Concours titre 2 : 380 places ouvertes au concours réservé aux candidats étant SPV

- **ZDS Nord :**

– Organisateur du concours : SDIS du Nord (59)
– Concours titre 1 : 270 places ouvertes au concours externe
– Concours titre 2 : 270 places ouvertes au concours réservé aux candidats étant SPV

- **ZDS Ouest :**

– Organisateur du concours : SDIS de l'Ille-et-Vilaine (35)
– Concours titre 1 : 172 places ouvertes en externe
– Concours titre 2 : 318 places ouvertes en externe réservé aux candidats étant SPV

- **ZDS Est :**

– Organisateur du concours : SDIS de la Moselle (57)
– Concours titre 1 : 249 places ouvertes en externe
– Concours titre 2 : 251 places ouvertes en externe réservé aux candidats étant SPV

- **ZDS Sud-Est :**

– Organisateur du concours : SDMIS du Rhône et de Lyon (69)
– Concours titre 1 : 100 places ouvertes en externe
– Concours titre 2 : 400 places ouvertes en externe réservé aux candidats étant SPV

- **ZDS Sud-Ouest :**

– Organisateur du concours : SDIS de la Gironde (33)
– Concours titre 1 : 154 places ouvertes en externe
– Concours titre 2 : 231 places ouvertes en externe réservé aux candidats étant SPV

- **ZDS Sud (hors secteur BMPM) :**

– Organisateur du concours : SDIS de l'Hérault (34)
– Concours titre 1 : 200 places ouvertes en externe
– Concours titre 2 : 400 places ouvertes en externe réservé aux candidats étant SPV

- **La Réunion :**

– Organisateur du concours : SDIS de La Réunion (974)
– Concours titre 1 : 5 places ouvertes en externe
– Concours titre 2 : 45 places ouvertes en externe réservé aux candidats étant SPV

- **Guadeloupe :**

– Organisateur du concours : SDIS de Guadeloupe (971)
– Concours titre 1 : 15 places ouvertes en externe
– Concours titre 2 : 15 places ouvertes en externe réservé aux candidats étant SPV

- **Mayotte :**
- Organisateur du concours : SDIS de Mayotte (976)
- Concours titre 1 : 12 places ouvertes en externe
- Concours titre 2 : 12 places ouvertes en externe réservé aux candidats étant SPV

En 2021, il y avait 4 062 postes offerts aux concours de caporal de sapeur-pompier professionnel, dont 1 500 pour la grande couronne parisienne.

SCHÉMA RÉSUMANT LES DIFFÉRENTES ÉTAPES

Ouverture d'un concours

↓

Inscription au concours
(réunion des pièces par le candidat et validation de l'inscription par le service organisateur du concours)

↓

Admission au concours
(après réussite des épreuves d'admissibilité, de pré-admission et d'admission)

↓

Inscription sur la liste d'aptitude
(liste nationale valable 4 ans)

↓

Ouverture d'un poste par un SDIS

↓

Candidature auprès du SDIS

↓

Recrutement par le SDIS et nomination stagiaire pour une durée de 12 mois

↓

Formation en école départementale de sapeurs-pompiers

↓

En cas de réussite à la formation et 12 mois après le recrutement par un SDIS, titulaire dans le grade de caporal de sapeurs-pompiers professionnels

3. Le déroulement de carrière des caporaux de sapeurs-pompiers professionnels

1. Qu'est-ce que la liste d'aptitude ?

Au vu des listes d'admission, l'autorité organisatrice des concours établit par ordre alphabétique la liste d'aptitude correspondante.

L'inscription sur la liste d'aptitude est valable deux ans, avec la possibilité de renouveler cette inscription pour une troisième année, puis pour une quatrième année pour les lauréats non nommés. Pour ce faire, le lauréat qui n'a pas été nommé stagiaire peut bénéficier d'une réinscription, sous réserve d'en avoir fait la demande par écrit auprès du président du SDIS organisateur, dans un délai d'un mois avant le terme des deux premières années suivant son inscription initiale et au terme de la troisième. À charge pour le lauréat de prouver la réception de sa demande par le SDIS organisateur.

L'absence de recrutement dans un délai de quatre ans entraîne la perte du concours.

Le décompte de cette période de quatre ans est suspendu pendant la durée du congé parental, de maternité, d'adoption, de présence parentale, d'accompagnement d'une personne en fin de vie, de congé de longue durée d'accomplissement des obligations du service national, d'exercice d'un mandat électif local ou de recrutement en qualité de contractuel pour pourvoir un emploi permanent sur des missions correspondant au cadre d'emplois des caporaux de sapeurs-pompiers professionnels. Le décompte de cette période de quatre ans est également suspendu pour la personne qui a conclu un engagement de service civique prévu à l'article L. 120-1 du Code du service national, à la demande de cette personne, jusqu'à la fin de cet engagement.

Le bénéficiaire de ces dispositions pourra bénéficier d'une réinscription pour une période supplémentaire au terme des quatre années de liste d'aptitude. Dans ce cas, la personne concernée devra fournir les justificatifs nécessaires.

L'inscription sur liste d'aptitude ne vaut pas recrutement. Elle est valable sur tout le territoire français. Dans chaque département, les avis de vacance concernant les emplois de sapeurs-pompiers professionnels non-officiers peuvent être consultés auprès de la direction départementale des services d'incendie et de secours.

Toute personne inscrite sur une liste d'aptitude est radiée de celle-ci dès sa nomination en qualité de stagiaire ou, en cas de dispense de stage, en qualité de titulaire.

Les candidats sont avertis qu'ils devront, en cas de succès au concours (inscription sur liste d'aptitude) et au moment du recrutement, justifier de leur aptitude physique à occuper l'emploi considéré auprès d'un médecin sapeur-pompier habilité.

2. Comment se renseigner sur les postes disponibles ?

Les avis de vacances de postes et d'emplois de sapeurs-pompiers professionnels sont disponibles :

– sur le site du ministère de l'Intérieur : *www.interieur.gouv.fr/Le-ministere/Securite-civile/Metiers-et-concours/Vacances-de-postes-et-d-emplois-de-sapeurs-pompiers*

– sur le portail de l'emploi dans la fonction publique territoriale : *www.emploi-territorial.fr.*

De même, il est recommandé aux candidats d'effectuer une démarche directe de contact auprès de l'ensemble des SDIS susceptibles de l'intéresser.

Il appartiendra à chaque lauréat d'un concours de caporal de sapeurs-pompiers professionnels inscrit sur une liste d'aptitude de postuler directement auprès d'un SDIS offrant un poste disponible dans le grade au concours duquel il a été reçu.

3. Quelles sont les conditions pour bénéficier de la qualité de stagiaire ?

Les hommes nés avant le 1er janvier 1979 doivent avoir effectué leur service national ou avoir été exemptés ou réformés.

Les hommes nés en 1979 ne sont pas soumis au service national.

Les hommes nés à partir du 1er janvier 1980 et les femmes nées à partir du 1er janvier 1983 doivent avoir été recensés et avoir participé à la Journée de défense et citoyenneté (anciennement JAPD).

Les candidats inscrits sur la liste d'aptitude et recrutés sur un emploi d'un service départemental d'incendie et de secours sont nommés caporaux stagiaires, pour une durée d'un an, par l'autorité territoriale investie du pouvoir de nomination.

Dès leur recrutement, les stagiaires reçoivent une formation d'intégration et de professionnalisation dans une école départementale de sapeurs-pompiers.

Les stagiaires ne peuvent se voir confier de missions à caractère opérationnel avant d'avoir validé la totalité des unités de valeur de cette formation d'intégration et de professionnalisation. Toutefois ils peuvent, compte tenu de leurs qualifications antérieures, être autorisés à participer à des missions opérationnelles et être dispensés de suivre les formations correspondant à des compétences déjà acquises.

Le stage d'une année est prolongé par décision de l'autorité territoriale investie du pouvoir de nomination lorsque l'école départementale de sapeurs-pompiers n'a pu, au cours de ladite année, dispenser à l'intéressé(e) sa formation d'intégration et de professionnalisation.

Cette prolongation ne peut dépasser un an.

La titularisation est, en ce cas, prononcée après que le stagiaire a satisfait aux épreuves de contrôle. Toutefois, elle prend effet à la date prévue de fin de stage, compte non tenu de sa prolongation.

4. Quelles sont les conditions de titularisation ?

La titularisation des stagiaires intervient à la fin du stage par décision de l'autorité territoriale investie du pouvoir de nomination, sous réserve qu'ils aient satisfait à l'ensemble des épreuves de contrôle des connaissances subies durant la formation d'intégration et de professionnalisation et au vu du rapport du directeur de l'école dans laquelle le stagiaire a accompli sa formation et du rapport du chef de service auprès duquel le stage d'application s'est déroulé.

Lorsque la titularisation n'est pas prononcée, le stagiaire est soit licencié, soit, s'il avait auparavant la qualité de fonctionnaire, réintégré dans son grade d'origine.

Toutefois, l'autorité territoriale investie du pouvoir de nomination peut décider que la période de stage est prolongée d'une durée maximale d'un an.

5. Quelle est l'aptitude médicale exigée pour le recrutement ?

L'évaluation médicale, en s'aidant de la cotation des sigles S, I, G, Y, C, O et P, permet la détermination d'un profil médical individuel.

S : membres supérieurs
I : membres inférieurs
G : état général
Y : vision
C : sens chromatique
O : audition
P : psychisme

Les missions confiées aux sapeurs-pompiers professionnels prennent en compte l'âge et sont exercées sur la base des profils suivants :

	S	I	G	Y	C	O	P
Profil A	2	2	2	2	0	2	2
Profil B	2	2	2	3	0	3	2
Profil C	3	3	3	3	0	4	2
Profil D	3	3	3	4	0	4	2
Profil E	4	4	4	4	0	5	2

Le coefficient le plus élevé affecté à un sigle conditionne la détermination du profil, et ces profils conditionnent l'affectation proposée.

Pour être déclaré apte à exercer le métier de sapeur-pompier professionnel, **le candidat doit remplir les conditions médicales correspondant au minimum à un profil B** et satisfaire aux conditions d'aptitude physique précisées ci-après.

A. Caractéristiques des candidats

Le candidat à un premier engagement de sapeur-pompier professionnel doit présenter :

– des paramètres anthropométriques et une condition physique compatibles avec une activité opérationnelle ;

– une absence de manifestation d'hyperréactivité bronchique. Tout antécédent ou élément clinique évocateur d'allergie oto-rhino-laryngologique ou d'asthme doit faire l'objet d'un bilan orienté.

B. L'examen médical initial

L'examen médical initial comprend :

– un entretien avec recherche des antécédents familiaux et personnels, appréciant les facteurs de risques, en particulier respiratoires, cardio-vasculaires et psychologiques ;

– un examen général avec biométrie dont les données cliniques orienteront le choix des examens biologiques envisagés ci-après ;

– des examens complémentaires comprenant :

- un examen de la vue par appareil destiné à l'exploration de la fonction visuelle de près et de loin ;
- un examen de l'audition ;
- des épreuves fonctionnelles respiratoires avec boucle débit-volume ;
- une radiographie pulmonaire de face.

– selon les données de l'examen clinique, un audiogramme et un électrocardiogramme de repos peuvent être réalisés ;

– des examens biologiques conformes aux données actuelles de la science, permettant d'apprécier l'existence de facteurs de risques et comprenant notamment :

- glycémie, cholestérol, triglycérides, gamma-GT et transaminases ;
- glycosurie, protéinurie et hématurie à la bandelette.

Ces examens, convenablement identifiés, peuvent être fournis par le candidat s'ils datent de moins d'un an. Toutefois, le médecin chargé de l'aptitude peut prescrire les mêmes examens en fonction des données de l'examen clinique.

Les résultats de l'examen sont consignés dans le dossier médical :

– toute contre-indication médicale définitive à l'entraînement sportif constatée à la suite de la visite de recrutement et de titularisation conduit au prononcé de l'inaptitude ;

– un avis spécialisé peut être demandé après information du médecin-chef ;

– un certificat médical d'aptitude sera délivré à l'attention de l'autorité territoriale d'emploi.

C. Quelques précisions concernant la vision

De façon générale, l'acuité visuelle minimale au recrutement de sapeurs-pompiers professionnels est Y = 3 (pour mémoire, le coefficient 1 est attribué quand la vision est parfaitement normale). Le sigle Y du SIGYCOP correspond aux yeux et à la vision (sens chromatique exclu). Il est déterminé en tenant compte des résultats aux tests de vision et de la présence de maladies de l'œil qui peuvent avoir des répercussions sur la qualité de la vision. Le sigle Y ne se rapporte donc pas uniquement à l'acuité visuelle : une maladie de l'œil ou de son entourage peut rendre inapte même si la vision est correcte (ex : paralysie d'un seul muscle, d'un seul œil ou un glaucome).

Concernant la myopie « simple » et isolée, le degré de vision minimal accepté (correspondant au classement Y = 3) est :

- sans correction : 3/10 pour chaque œil (4/10 pour un œil et 2/10 pour l'autre, ou bien 5/10 pour un œil et 1/10 pour l'autre) ;
- avec correction : 8/10 pour chaque œil (7/10 pour un œil et 9/10 pour l'autre, ou bien 6/10 pour un œil et 10/10 pour l'autre).

Le port de lentilles cornéennes est autorisé. Il est, en outre, rappelé que le port de lunettes peut limiter l'activité du sapeur-pompier dans certaines fonctions s'il est incompatible avec l'équipement de protection individuelle du sapeur-pompier (ex : certains appareils respiratoires isolants).

D. Vaccinations

Afin d'être déclaré apte au recrutement, le sapeur-pompier professionnel (SPP) doit remplir les conditions d'immunisation fixées par le ministère chargé de la Santé. Par conséquent, les SPP sont soumis à la vaccination obligatoire pour :

- BCG ;
- hépatite.

Cette immunisation vaccinale est contrôlée :

- lors des visites médicales de recrutement et de titularisation des candidats ;
- lors de visites médicales de maintien en activité.

En outre, lors de la visite de maintien en activité, en fonction des spécialités pratiquées et des risques de contamination encourus, le médecin sapeur-pompier chargé du contrôle de l'aptitude doit proposer les vaccinations adaptées, notamment :

- vaccination BCG ;
- vaccination contre l'hépatite B ;
- vaccination contre l'hépatite A ;
- vaccination contre la leptospirose ;
- vaccination contre la typhoïde et les méningites A et C ;
- vaccination contre la rage.

Ces vaccinations proposées dans ce cadre n'ont pas, pour certaines, un caractère obligatoire. En cas de refus, le médecin sapeur-pompier susvisé devra avertir l'autorité territoriale de gestion l'autorité territoriale d'emploi.

Lors de la crise sanitaire de la Covid-19, la vaccination a été rendue obligatoire pour les sapeurs-pompiers professionnels, sous peine de suspension des fonctions.

6. Quels sont les salaires ?

Un caporal de sapeurs-pompiers professionnels bénéficiera d'un traitement net mensuel allant d'environ 1 600 à 2 300 euros, selon son ancienneté.

Ces traitements comprennent les primes. En effet, les sapeurs-pompiers professionnels bénéficient d'un régime indemnitaire spécifique comportant :

- une prime de feu de 25 % du traitement indiciaire ;
- une indemnité de responsabilité (jusqu'à 39 % du traitement indiciaire) déterminée en fonction du grade et des responsabilités exercées ;
- une indemnité de spécialité pouvant être accordée aux titulaires d'une spécialité reconnue au sein des SDIS (feux de forêts, risque chimique...).

Les sapeurs-pompiers professionnels peuvent en outre être logés par nécessité de service (en centre de secours ou en maison individuelle). Dans le cas contraire, ils bénéficient d'une indemnité représentative du logement qui porte sur 10 % du traitement.

7. Comment est organisé le temps de travail ?

L'aménagement du temps de travail fait l'objet d'un accord entre les représentants du personnel et le président du conseil d'administration du SDIS.

Cet accord peut varier selon les SDIS. Le temps de travail hebdomadaire est généralement de 39 heures.

Pour les sapeurs-pompiers affectés dans une équipe opérationnelle, l'organisation du temps de travail se décline de la façon suivante :

- cycles de 12 heures : annualisation du temps de travail en 1 607 heures ;
- cycles de 24 heures : 95 cycles de 24 heures de garde, suivis de 48 heures de repos compensateur.

Les dates de congés et certains jours RTT sont arrêtés en accord avec le chef de service, en fonction des nécessités de service.

Chaque agent titulaire ou non titulaire justifiant d'au moins une année d'ancienneté peut bénéficier d'un compte épargne temps qui permet d'accumuler les congés non pris.

8. Quelles sont les perspectives d'avancement ?

L'accès au grade de caporal-chef est possible pour un caporal s'il compte au moins 6 ans de service effectif dans le grade. L'accès au cadre d'emploi, au grade de sergent, peut se réaliser par voie de promotion interne, soit :

- après réussite à un concours interne pour les caporaux de sapeurs-pompiers professionnels ayant au moins 4 années d'ancienneté après leur titularisation ;
- après examen professionnel, les caporaux et caporaux-chefs de sapeurs-pompiers professionnels justifiant de 6 ans au moins de services effectifs dans

leur grade ou dans ces deux grades, et de la validation de la totalité des unités de valeur de la formation à l'emploi de chef d'équipe ;

– après avis de la commission administrative paritaire compétente, les caporaux-chefs de sapeurs-pompiers professionnels justifiant de 6 ans au moins de services effectifs dans leur grade et de la validation de la totalité des unités de valeur de la formation à l'emploi de chef d'équipe.

L'accès au grade d'adjudant n'est réservé qu'en interne, par voie d'avancement.

Le concours interne de lieutenant de 2e classe est notamment ouvert aux fonctionnaires et agents publics des collectivités territoriales, de l'État, des établissements publics qui en dépendent, y compris de la fonction publique hospitalière, aux militaires (notamment BSPP et bataillon de marins-pompiers de Marseille) ainsi qu'aux agents en fonction dans une organisation internationale intergouvernementale comptant au moins quatre ans de services publics au 1er janvier de l'année du concours et titulaires d'une qualification de chef d'agrès tout engin de sapeur-pompier professionnel ou reconnue comme équivalente.

9. Quelles sont les principales obligations déontologiques des fonctionnaires ?

L'obligation de se consacrer entièrement à ses fonctions

En principe, un fonctionnaire ne peut en aucun cas cumuler ses fonctions avec une autre activité, privée ou publique. Il existe néanmoins des exceptions, par exemple pour les activités d'enseignement ou d'écriture.

L'obligation de discrétion professionnelle et de respect du secret professionnel

Le fonctionnaire ne doit pas divulguer des informations ou des documents dont il a eu connaissance à l'occasion de ses fonctions, sous peine de sanctions disciplinaires ou pénales selon les cas.

Le devoir d'obéissance aux instructions de son supérieur hiérarchique

Néanmoins, le fonctionnaire doit au contraire refuser d'obéir à un ordre lorsqu'il est manifestement illégal et contraire à un intérêt public.

Le devoir de moralité, y compris en dehors du service

Un fonctionnaire ne doit pas choquer par son attitude (alcoolisme, scandale public…), ni porter atteinte à la dignité de la fonction publique.

Le devoir de probité

Le fonctionnaire ne doit pas utiliser les moyens du service à des fins personnelles, ni avoir d'intérêts dans les personnes morales de droit privé (ex : entreprises) que ses fonctions amènent à contrôler. Ce devoir est complémentaire à l'obligation de se consacrer à ses fonctions.

L'obligation de neutralité

Le fonctionnaire doit assurer ses fonctions à l'égard de tous les administrés dans les mêmes conditions, quels que soient leurs opinions religieuses ou politiques, leur origine, leur sexe, et doit s'abstenir de manifester ses opinions.

Témoignages

Olivier, caporal de sapeurs-pompiers professionnels, lauréat du concours externe, affecté depuis 3 ans dans un SDIS

« En parallèle de mes études supérieures et de quelques petits emplois ponctuels en intérim, j'ai consacré un peu plus d'une année à la préparation du concours. Compte tenu de la grande sélectivité du concours, je pense vraiment qu'il est fondamental de se préparer bien à l'avance. J'ai concentré mes efforts sur l'ensemble des points essentiels : amélioration des capacités de réflexion pour l'épreuve d'étude de texte, exercices de mathématiques, approfondissement de la culture générale, découverte du métier de sapeur-pompier professionnel et du cadre institutionnel, sans oublier le sport, qui est très important.

Un manuel sur le concours, des entraînements sur les épreuves écrites et un suivi rigoureux de l'actualité sont réellement d'excellents supports pour organiser son travail et structurer sa préparation.

L'épreuve d'étude de texte est importante et implique une préparation rigoureuse. Bien évidemment, les qualités de réflexion sont essentielles, mais il faut aussi s'y préparer de manière plus spécifique en apprenant à travailler pour respecter la durée de l'épreuve : une heure, c'est très court. En effet, il convient d'apprendre à comprendre rapidement le sens d'un texte et de pouvoir répondre à toutes les questions du QCM.

L'épreuve de questionnaire à choix multiple de mathématiques est encore plus difficile à mon sens, dans la mesure où l'on a souvent oublié les mathématiques apprises à l'école primaire et au collège. Il y a donc un réel travail de réappropriation de notions comme les calculs d'aires ou de volumes, les conversions d'unités, les pourcentages, les résolutions de problèmes… Un gros travail d'entraînement permet de balayer toutes les notions du programme et surtout d'apprendre à calculer vite et de manière juste.

Les épreuves sportives doivent être préparées de manière rigoureuse et bien à l'avance. Lors des épreuves sportives, l'effort est bref mais vraiment intense : il faut être bien préparé et savoir « tout donner » lors des différentes épreuves. Il faut s'entraîner très régulièrement, en variant bien les exercices et en prenant bien soin de s'étirer et de s'hydrater.

L'entretien avec le jury reste vraiment l'épreuve la plus déterminante de tout le concours. Elle comprend 15 minutes de préparation, dont au maximum 5 minutes de présentation du candidat, puis une discussion avec le jury pendant une dizaine de minutes. Il convient donc à la fois de se préparer à la présentation devant le jury et à tout l'éventail des questions posées, qui auront pour finalité d'évaluer votre capacité à devenir sapeur-pompier professionnel. Il faut donc bien connaître le métier, les missions, l'organisation des secours, l'environnement institutionnel et les principales questions d'actualité en lien avec la profession.

Le recrutement par un SDIS peut prendre un peu de temps, en fonction des postes ouverts et du nombre de candidats pour chaque poste. Il faut donc être mobile sur toute la France et l'outre-mer pour mettre le maximum de chances de son côté.

Par la suite, lors de la scolarité en école départementale de sapeurs-pompiers, l'ambiance est excellente, mais la discipline est stricte et on attend de chacun une totale implication physique, morale et intellectuelle.

Désormais en poste depuis 3 ans dans un SDIS de la région Normandie, je suis pleinement satisfait de mon choix professionnel et je commence à préparer le concours interne de sergent afin de pouvoir progresser dans ma carrière. »

Franck, lauréat du concours de caporal de sapeurs-pompiers professionnels réservé aux sapeurs-pompiers volontaires

« J'ai préparé et passé le concours réservé aux sapeurs-pompiers volontaires. Il ne faut pas hésiter à solliciter le correspondant formation du SDIS dans le cadre de la préparation de ce concours. Il est en capacité de donner de nombreux conseils pratiques et de fournir la dernière documentation à jour concernant les connaissances professionnelles d'équipier de sapeur-pompier volontaire.

Le correspondant "activités physiques et sportives" du SDIS peut également aider les candidats à préparer les épreuves du concours, notamment pour les aider à établir un programme d'entraînement progressif et adapté aux épreuves.

L'épreuve de QCM de connaissances professionnelles doit être bien préparée et, une fois que l'on pense avoir acquis les différents éléments du programme, il faut s'entraîner. Il ne faut pas oublier que plusieurs réponses sont possibles et que, pour certaines questions, toutes les réponses proposées sont exactes. Si l'on ne sait pas répondre à une question, il ne faut pas stresser et perdre ses moyens, ni même répondre au hasard car cela peut faire perdre des points.

L'épreuve de QCM de mathématiques est complexe car il faut absolument réapprendre des connaissances qui sont parfois très lointaines et donc souvent oubliées. Il faut se montrer très concentré pour ne pas se tromper.

Par la suite, si l'on prépare correctement les épreuves sportives, il n'y aura pas de difficultés particulières.

L'oral est évidemment bien plus complexe et sélectif. Il faut bien soigner sa présentation. De ce point de vue, l'expérience en tant que sapeur-pompier volontaire doit être valorisée auprès du jury. Il faut être capable d'évoquer son unité, ses missions et son rôle au service des populations. De même, il faut s'attendre à ce que le jury vous pose des questions de mise en situation professionnelle. Dans ce cas, plus que les connaissances professionnelles, ce seront le bon sens et la conscience professionnelle qui seront déterminants. »

Hervé, capitaine de sapeurs-pompiers, membre du jury de concours de caporal de sapeurs-pompiers professionnels

“ Les différents profils des candidats se révéleront essentiellement au moment de l'oral avec le jury. En effet, les épreuves écrites permettent, avant tout, de s'assurer que le candidat comprenne bien un texte et puisse répondre convenablement à des questions sur ce texte. Les candidats au concours réservé aux sapeurs-pompiers volontaires seront évalués sur leurs connaissances professionnelles en tant qu'équipier. Les candidats au concours externe passeront, quant à eux, une épreuve de mathématiques, qui peut être très difficile pour ceux qui n'ont pas révisé et ne se sont pas entraînés.

Par conséquent, la méthodologie et le programme de toutes ces épreuves écrites doivent être connus, maîtrisés et pleinement utilisés au cours de plusieurs entraînements dans les conditions de l'épreuve (isolement du candidat de toute distraction, respect de la durée de l'épreuve).

Les différentes épreuves de sport doivent également être préparées de manière rigoureuse, tant en ce qui concerne le caractère spécifique de certaines épreuves que la capacité de récupérer entre chacune d'elle, et la recherche de la meilleure performance, y compris celle de natation qui peut parfois réserver de mauvaises surprises à certains candidats.

C'est véritablement lors de son face-à-face avec les membres du jury, au cours des épreuves d'entretien, que le candidat livrera les différentes facettes de sa personnalité. C'est à ce moment-là qu'il devra convaincre ses interlocuteurs de le choisir parmi les autres candidats.

L'entreprise est aussi délicate pour le jury que pour le candidat. D'abord parce que le temps imparti pour ces épreuves est compté, ensuite parce qu'il faut départager des candidats aux profils très voisins : même haut niveau d'études, du moins pour les candidats du concours externe, même capacité à assurer, en cinq minutes au maximum, une prestation correctement articulée autour d'une présentation.

Alors, qu'est-ce qui fera la différence ? C'est essentiellement la faculté du candidat à se montrer authentique, c'est-à-dire à ne pas tenter de dissimuler sa nature derrière un vernis et des réponses stéréotypées. Au cours de l'entretien, les membres du jury vont chercher à apprécier le degré de motivation du candidat pour devenir sapeur-pompier professionnel et sa capacité à bien se positionner dans ces fonctions. Être soi-même, c'est ce qui est attendu du candidat.

Il importe donc de bannir, en la matière, les poncifs, les discours convenus et, en quelque sorte, les banalités. Plus que les connaissances, ce sont les qualités humaines qui seront recherchées. Ces qualités sont l'ouverture d'esprit, l'empathie, le sens du contact, l'aptitude au travail d'équipe, les facultés d'adaptation et de réactivité, et des prédispositions à l'exercice du leadership pour envisager par la suite une progression de carrière.

Les questions de mise en situation professionnelle font, quant à elles, appel à d'autres vertus : la capacité à se projeter et à problématiser, la lucidité, le bon sens, l'esprit pratique, la qualité de l'argumentation. On notera qu'inversement, certains traits de caractère peuvent s'avérer rédhibitoires, comme la psychorigidité ou l'hyper narcissisme, peu compatibles avec le travail collectif.

Le positionnement dans les missions de sapeur-pompier professionnel impliquera donc, bien évidemment, une connaissance de celles-ci et une maîtrise de l'environnement professionnel. À cet égard, il convient de souligner que les candidats doivent connaître l'organisation générale des secours en France et les grandes lignes du mode de fonctionnement des services départementaux d'incendie et de secours (SDIS).

Par conséquent, à l'instar des épreuves écrites d'admissibilité, l'oral avec le jury doit faire l'objet d'une préparation rigoureuse des candidats, plusieurs mois avant l'épreuve et sans attendre les résultats de l'admissibilité.

Il ne faut pas, en effet, oublier que la préparation du concours de caporal de sapeurs-pompiers professionnels est un travail de longue haleine qui demande de la rigueur et de l'organisation. C'est seulement à ce prix que l'on peut espérer réussir un concours aussi sélectif. ”

Auto-évaluation

La vocation de ce test est de vous évaluer avant de débuter votre préparation aux épreuves du concours de caporal de sapeurs-pompiers professionnels.

Ce test est organisé par types d'épreuves de sélection. Il n'y a qu'une seule bonne réponse par question.

Après ces séries de QCM relatifs aux différentes épreuves du concours, un corrigé et un bilan vous seront proposés.

Entraînement

Étude de texte (tous concours)

Le samedi 8 juillet à 01 h 45, sur le quai 2 à la gare de Saint-Brieuc (22), un jeune homme âgé de 22 ans a tenté de monter dans le train qui s'apprêtait à repartir. La victime a été traînée sur une partie du quai avant que le train ne s'arrête. Souffrant d'une plaie saignante au crâne, celle-ci a été conduite par les sapeurs-pompiers à l'hôpital public. Ses jours ne sont pas en danger. Le trafic n'a pas été perturbé.

1 Les pompiers sont intervenus sur les lieux de l'accident :

☐ a. Vrai
☐ b. Faux
☐ c. On ne peut pas savoir

2 Le trafic des trains a été perturbé :

☐ a. Vrai
☐ b. Faux
☐ c. On ne peut pas savoir

3 Il s'agit d'une tentative de suicide :

☐ a. Vrai
☐ b. Faux
☐ c. On ne peut pas savoir

4 L'individu a été blessé au crâne :

☐ a. Vrai
☐ b. Faux
☐ c. On ne peut pas savoir

5 Les faits ont eu lieu en pleine campagne :

☐ a. Vrai
☐ b. Faux
☐ c. On ne peut pas savoir

Mathématiques (concours externe)

❶ 30 000 secondes sont égales à :

☐ a. 8 heures 20 minutes ☐ b. 9 heures 40 minutes ☐ c. 10 heures 00 minute

❷ Dans une ville, il y a 2 000 habitants. 1/5e sont des enfants, 2/8e de ceux qui restent sont des femmes. Combien y a-t-il d'hommes dans cette ville ?

☐ a. 400 ☐ b. 800 ☐ c. 1 200

❸ Une course d'endurance équestre se court sur une distance de 20 km à 12 km/heure. Quel est le temps effectué par le cavalier ?

☐ a. 1 heure 20 minutes ☐ b. 1 heure 40 minutes ☐ c. 1 heure 50 minutes

❹ Avec un taux de TVA de 20 %, combien allez-vous payer le flacon de parfum qui coûte, hors taxe, 50 euros ?

☐ a. 80 euros ☐ b. 70 euros ☐ c. 60 euros

❺ Pour carreler une terrasse rectangulaire mesurant 6 mètres de longueur et 4 mètres de largeur, combien faudra-t-il de dalles de 50 { 50 cm ?

☐ a. 72 ☐ b. 96 ☐ c. 124

Connaissances professionnelles (concours réservé aux sapeurs-pompiers volontaires)

❶ Le réseau de télécommunications numérique des services publics français qui concourt aux missions de sécurité civile française est :

☐ a. Rubis ☐ b. Antares ☐ c. Acropol

❷ Comment appelle-t-on toute dégradation d'un environnement naturel par des substances chimiques ou des déchets industriels ?

☐ a. Une nuisance ☐ b. Une pollution ☐ c. Une destruction

❸ Quels sont les trois éléments du triangle du feu ?

☐ a. Intensité - Comburant - Énergie d'activation
☐ b. Combustible - Comburant - Énergie d'activation
☐ c. Combustible - CO_2 - Énergie d'activation

❹ La Direction générale de la sécurité civile et de la gestion des crises (DGSCGC) est rattachée :

☐ a. au ministère de l'Intérieur
☐ b. au ministère de la Santé
☐ c. au ministère de la Défense

❺ Quel est l'intrus parmi ces éléments composant la protection individuelle d'un sapeur-pompier qui intervient sur un incendie ?

☐ a. Bavolet de nuque
☐ b. Veste protection
☐ c. Mousqueton

Entretien avec le jury (tous concours)

❶ **En France, la majorité des sapeurs-pompiers sont des :**

☐ a. professionnels
☐ b. volontaires
☐ c. militaires

❷ **La majorité des interventions des sapeurs-pompiers concerne :**

☐ a. des incendies
☐ b. des secours à victimes
☐ c. des accidents industriels et technologiques

❸ **Le responsable opérationnel du SDIS est :**

☐ a. le maire
☐ b. le président du conseil départemental
☐ c. le préfet

❹ **Les SDIS sont financés majoritairement par :**

☐ a. l'État
☐ b. les départements
☐ c. les communes

❺ **La fête des sapeurs-pompiers est :**

☐ a. la Saint-Jean
☐ b. la Saint-Yves
☐ c. la Sainte-Barbe

Corrigé

Étude de texte : ❶ a. ❷ b. ❸ b. ❹ a. ❺ b.
Mathématiques : ❶ a. ❷ c. ❸ b. ❹ c. ❺ b.
Connaissances professionnelles : ❶ b. ❷ b. ❸ b. ❹ a. ❺ c.
Entretien avec le jury : ❶ b. ❷ b. ❸ c. ❹ b. ❺ c.

Tableau d'analyse du score

	Réponses correctes	Réponses incorrectes	Vous avez entre 0 et 2 réponses correctes	Vous avez entre 3 ou 4 réponses correctes	Vous avez 5 réponses correctes
Étude de texte (tous concours)	… / 5	… / 5	Votre résultat montre que vous devez travailler à fond votre préparation à l'épreuve d'étude de texte. La méthodologie et les entraînements proposés dans ce manuel (à partir de la page 62) vous aideront à mettre toutes les chances de votre côté pour réussir !	Rendez-vous à la page 62 et prenez connaissance de la méthodologie et des exercices grâce aux entraînements proposés. Vous y êtes presque !	Bravo ! Perfectionnez encore votre préparation à l'épreuve d'étude de texte (à partir de la page 62).
Mathématiques (concours externe)	… / 5	… / 5	Votre résultat montre que vous devez travailler à fond les mathématiques. Les rappels de cours (à partir de la page 116) et les entraînements (à partir de la page 130) vous aideront à mettre toutes les chances de votre côté pour réussir !	Rendez-vous à la page 116 et prenez connaissance des rappels de cours proposés. Testez ensuite vos acquis grâce aux différents types d'entraînements. Vous y êtes presque !	Bravo ! Consolidez vos connaissances en lisant les rappels (à partir de la page 116) et continuez de vous exercer avec les entraînements à partir de la page 130.

Connaissances professionnelles (concours réservé aux sapeurs-pompiers volontaires)	… / 5	… / 5	Votre résultat montre que vous devez travailler à fond l'épreuve de questionnaire à choix multiple de connaissances professionnelles. Les rappels de connaissances professionnelles (à partir de la page 155) et les entraînements (à partir de la page 210) vous aideront à mettre toutes les chances de votre côté pour réussir !	Rendez-vous à la page 155 et relisez les rappels de connaissances professionnelles. Testez ensuite vos acquis grâce aux différents types d'entraînements. Vous y êtes presque !	Bravo ! Consolidez vos connaissances en lisant les rappels de connaissances professionnelles (à partir de la page 155) et continuez de vous exercer avec les entraînements à partir de la page 210.
Entretien avec le jury (tous concours)	… /5	… /5	Votre résultat montre que vous devez travailler à fond votre connaissance des sapeurs-pompiers et des missions d'un caporal de sapeurs-pompiers professionnels. Les fiches de cours (à partir de la page 254) et les entraînements (à partir de la page 291) vous aideront à mettre toutes les chances de votre côté pour réussir !	Rendez-vous à la page 254 et prenez connaissance des fiches proposées. Testez ensuite vos acquis grâce aux différents types d'entraînements. Vous y êtes presque !	Bravo ! Consolidez vos connaissances en lisant les fiches de cours (à partir de la page 254) et continuez de vous exercer avec les entraînements à partir de la page 291.

PARTIE 1

Réussir le **dossier de candidature**

Qu'il s'agisse du concours externe de caporal de sapeurs-pompiers professionnels ou bien du concours réservé aux sapeurs-pompiers volontaires, le dossier de candidature doit être constitué avec le plus grand soin par le candidat. En effet, il doit être absolument complet pour pouvoir valider la candidature aux épreuves du concours, et réunir toutes les pièces peut parfois être long.

De même, la rédaction de la fiche de renseignements est importante à la fois pour la validation du dossier et au regard de leur utilisation potentielle par le jury lors de l'épreuve orale avec le candidat. Il en est de même pour le CV, qui vous permettra de préparer la fiche de renseignement.

D'une manière générale, les dossiers de candidature comprennent les éléments suivants :

- une fiche de renseignements ;
- la copie des diplômes ;
- un certificat médical de non-contre-indication à l'exécution des épreuves sportives délivré par un médecin ;
- un document attestant de la nationalité française du candidat ;
- pour les candidats ressortissants d'un autre État membre de l'Union européenne ou d'un autre État partie à l'accord sur l'Espace économique européen : l'original ou la photocopie lisible du certificat de nationalité émis par le pays d'origine ou tout autre document authentique faisant foi de la nationalité dans le pays d'origine dont la traduction en langue française est authentifiée, ainsi qu'une attestation sur l'honneur de leur position régulière au regard des obligations de service national de l'État dont ils sont ressortissants ;
- l'attestation d'appartenance et de formation (pour les candidats au concours réservé aux sapeurs-pompiers volontaires), qu'établira le SDIS de rattachement ;
- la copie du diplôme ou de l'attestation de formation initiale d'équipier de sapeur-pompier volontaire (pour les candidats au concours réservé aux sapeurs-pompiers volontaires) ;
- un certificat sur l'honneur signé par le candidat attestant de l'exactitude des renseignements fournis et précisant que toute déclaration inexacte peut lui faire perdre le bénéfice de son éventuelle admission au concours (pour tous les concours).

Toutefois, cette liste de pièces n'est qu'indicative et ne saurait prétendre à l'exhaustivité. Il vous appartiendra de veiller scrupuleusement à renseigner précisément votre dossier de candidature et à y joindre l'ensemble des pièces requises.

Le candidat dont le dossier a été jugé recevable (dossier complet et candidat remplissant les conditions d'accès) sera autorisé à participer aux épreuves du concours de caporal de sapeurs-pompiers professionnels.

En toute hypothèse, attachez-vous à lire attentivement la notice jointe au dossier d'inscription et à la conserver en lieu sûr. De même, n'attendez pas le dernier moment pour renvoyer votre dossier de candidature et gardez-en une copie.

Vérifiez bien que votre dossier comporte toutes les pièces requises (tout dossier incomplet est rejeté).

Une fois que le service organisateur du concours ou de l'examen professionnel vous aura communiqué une convocation aux épreuves, notez bien sur votre agenda la date de votre convocation aux épreuves écrites et le lieu précis des épreuves (le jour J, l'heure H, le lieu L).

De même, anticipez bien le mode de transport pour vous rendre aux épreuves et le mode d'hébergement si besoin était.

1. Le CV (tous concours)

Pour préparer la fiche de renseignements qui sera utilisée lors de l'oral avec le jury, le candidat pourra utilement commencer par établir son CV *(curriculum vitae)* détaillé.

Ce CV devra comporter les compétences acquises lors du parcours scolaire et extrascolaire et les raisons du choix professionnel de devenir caporal de sapeurs-pompiers professionnels.

Dans le cas des candidats au concours réservé aux sapeurs-pompiers volontaires, le CV devra être en concordance avec l'état des services en tant que sapeur-pompier volontaire qui sera également joint au dossier de candidature.

Ainsi, le jury pourra interroger le candidat sur son parcours scolaire, le bénéfice personnel tiré de telle ou telle expérience professionnelle, ses motivations telles qu'éventuellement décrites dans la fiche de renseignements ou bien encore sur ses loisirs.

Pour toutes ces raisons, vous devez préparer votre CV avec le plus grand soin. Indépendamment de toute considération sur ses éléments de fond, il peut constituer pour vous un atout s'il est correctement préparé.

1. La rédaction du CV

En premier lieu, il est absolument fondamental que le CV soit rédigé dans un français parfait, exempt de toute faute de syntaxe, d'orthographe ou de grammaire. De ce point de vue, faites-le relire par plusieurs proches.

D'autre part, il importe que, sans tomber dans la fantaisie, le CV vous permette de vous démarquer positivement des autres candidats.

Un **important travail préparatoire** devra être engagé pour définir les différents éléments du CV. Ainsi, avant de vous préparer à la rédaction proprement dite, nous vous invitons à réfléchir au préalable à vos motivations pour devenir caporal de sapeurs-pompiers professionnel et à ce que vous estimez pouvoir apporter à l'institution. Cette réflexion vous sera également utile dans le cadre de votre préparation à l'épreuve d'oral avec le jury.

Vous pouvez ensuite structurer le fruit de cette réflexion en plusieurs parties distinctes : parcours scolaire, parcours professionnel, loisirs, qualités personnelles et compétences acquises, éventuellement motivations pour devenir caporal de sapeurs-pompiers professionnels. Ainsi, vous rendrez plus cohérent votre CV détaillé et celui-ci sera de nature à valoriser votre candidature aux yeux du jury.

Efforcez-vous alors, non pas de prétendre à l'exhaustivité, mais de cibler uniquement ce qui pourrait avoir un lien avec le métier de caporal de sapeurs-pompiers professionnel, ou *a minima* ce qui pourrait être valorisant dans le cadre de votre candidature.

De manière non exhaustive, les éléments suivants peuvent ainsi structurer votre CV détaillé :

- **État civil :** prénom, nom, date et lieu de naissance, situation de famille, adresse.
- **Parcours scolaire :**

  – diplômes éventuels : mentionnez-les dans l'ordre chronologique inverse de leur obtention (inutile d'indiquer le brevet des collèges si vous êtes titulaire du baccalauréat).

  – langues étrangères : ne mentez pas sur ce point, le jury pourrait échanger avec vous en langue étrangère ;

  – informatique (éventuellement).
- **Parcours professionnel :**

  – indiquez vos différents emplois ;

  – décrivez sommairement les tâches exercées afin de valoriser votre implication dans le monde du travail. Ce point valorisera votre sens des responsabilités et votre aptitude potentielle à intégrer une unité de sapeurs-pompiers professionnels.
- **Loisirs :**

  – portez à l'attention du jury vos loisirs principaux, vos éventuels engagements associatifs, etc. ;

  – soyez précis : vous donnerez ainsi plus facilement l'occasion au jury de vous interroger à leur sujet.
- **Qualités et compétences acquises lors du parcours scolaire et extrascolaire :**

  – Dans le cadre de vos études, de vos expériences personnelles (rencontres, loisirs, centres d'intérêt personnels…) et professionnelles, vous avez nécessairement acquis un certain nombre de compétences qui peuvent valoriser votre candidature au concours de caporal de sapeurs-pompiers professionnels. Par exemple, des **études** – quelles qu'elles soient –, si elles ont été menées à bien, peuvent témoigner d'un sens de l'effort personnel, de qualités rédactionnelles et de synthèse, du goût d'apprendre de nouvelles choses… Bien évidemment des études de sport, de sciences ou de médecine ont aussi une utilité en soi compte tenu de l'intérêt de ces domaines en matière de sécurité civile et en ce qui concerne les missions potentiellement dévolues à un caporal de sapeurs-pompiers professionnels.

  – S'agissant des **expériences professionnelles** (même s'il s'agit d'emplois sans lien direct avec la sécurité civile), et selon les cas propres à chaque situation donnée, elles peuvent permettre de valoriser la capacité managériale, la communication, la pédagogie, le sens des responsabilités, le travail en équipe, la capacité de travailler dans des situations difficiles (horaires décalés, travail en extérieur, tâches pénibles physiquement, rythme élevé…), la rigueur professionnelle, la capacité d'adaptation, la discrétion professionnelle, le sens du contact avec le public, le goût de l'aide envers autrui…

– Enfin, les **loisirs et centres d'intérêt** peuvent eux aussi être sources de compétences : l'informatique, le goût pour l'actualité (évolutions de la fonction publique, responsabilités de l'État et des collectivités territoriales, climat social et relations syndicales au sein des sapeurs-pompiers, prévention et gestion des crises, politiques publiques en matière de santé...), les responsabilités associatives ou sportives, le bénévolat, le secourisme, les sports d'équipe...

NOTE DU FORMATEUR

- Montrez-vous modeste et synthétique, tout en étant ferme et précis dans ce que vous avancez.
- Évoquez ainsi les deux ou trois qualités choisies par des exemples ou des arguments. Pensez aux qualités morales, physiques et intellectuelles qui sont en adéquation avec votre personnalité et qui peuvent correspondre aux exigences attendues d'un caporal de sapeurs-pompiers professionnel. Ne cherchez pas à coller à un hypothétique profil type ou idéal de sapeur-pompier professionnel : il n'y en a pas. Soyez vous-même, mais restez toujours dans une démarche positive et dynamique de présentation de votre candidature.
- Plutôt que de reprendre des formules types qui émailleront les CV de la plupart des candidats, rédigez vous-même vos qualités et compétences. Sélectionnez celles qui vous semblent le mieux correspondre aux attentes de l'institution : aptitude à la fois à commander des hommes et à gérer un service, volonté de servir la France, sens du service envers autrui, goût de l'action, volonté de travailler en équipe, envie de travailler sur le terrain, variété des missions, rigueur professionnelle, capacité d'adaptation...
- Remettez en forme ces différents éléments en quelques phrases distinctes et succinctes, en les articulant entre elles.

■ **Motivations pour devenir caporal de sapeurs-pompiers professionnels :** Vous êtes libre d'indiquer ici, en quelques lignes, vos principales motivations pour devenir caporal de sapeurs-pompiers. Ce point dépend étroitement de vous. Réfléchissez à votre cheminement personnel pour vous présenter à ce concours (réflexion personnelle, évènement marquant, rencontres, progression de carrière pour les candidats aux concours internes...), renseignez-vous sur le métier de caporal de sapeurs-pompiers professionnels (pour les candidats au concours externe), ainsi que sur l'expérience en tant que sapeur-pompier volontaire (pour les candidats au concours qui leur est réservé). Ensuite, vous réfléchirez à vos motivations personnelles : variété des missions, carrière potentiellement variée, travail en équipe, servir son pays... Ces points peuvent figurer à la fin du CV sous la forme de quelques phrases rédigées.

Lorsque vous préparez votre CV, restez modeste et ne mentionnez surtout pas d'éléments erronés (compétences, diplômes...).

Une fois que vous aurez préalablement établi les différents éléments de fond de votre CV (compétences acquises, qualités personnelles, motivation, loisirs), il faudra mettre en forme votre CV détaillé.

2. La présentation formelle du CV

La présentation devra être claire, lisible et aérée. Le jury doit pouvoir retrouver immédiatement les informations dont il souhaite disposer : le CV devra donc être structuré en plusieurs parties et sous forme de paragraphes distincts.

Les polices de caractères *Times New Roman*, *Arial*, *Cambria* et *Garamond* sont les plus lisibles et les plus couramment utilisées. N'utilisez surtout pas de polices de caractères fantaisistes (gothique…) et n'employez qu'une seule et même police de caractères tout au long de votre CV. Les tailles 12 pour le texte et 14 pour les titres (qui devront être mis en gras) sont recommandées.

Si vous souhaitez mettre en gras des éléments figurant dans les différents paragraphes pour les faire ressortir, vous pouvez le faire. Toutefois, n'abusez pas de cette possibilité, car votre CV serait moins facilement lisible par le jury.

Sur le plan de la longueur, un CV d'une seule page doit pouvoir suffire. Vous devez apprendre à vous montrer synthétique, quelle que soit l'importance des éléments que vous souhaitez faire figurer sur le CV.

NOTE DU FORMATEUR

Une fois que vous avez rédigé votre CV détaillé en respectant l'architecture figurant ci-dessus, soumettez-le à la lecture critique de vos proches et essayez de l'améliorer. Relisez-le vous-même, puis n'y touchez plus pendant plusieurs jours. Ensuite, tâchez d'y apporter sur le fond et la forme quelques corrections afin de chercher toujours à vous démarquer positivement des autres candidats.

Exemple de CV rédigé

***Attention** : ce CV n'a que valeur d'exemple. En aucun, cas il ne doit correspondre à un modèle à recopier.*

Franck PESCA, né le 30 mars 2001 à Agen (47) *(d'abord le prénom, puis le nom)*
Célibataire
Demeurant 56 avenue Henri de La Rochejacquelein
29000 Brest
(Éventuellement adresse électronique – si elle n'est pas fantaisiste – et numéro de téléphone portable)

Parcours scolaire *(allez du plus récent au plus ancien)*
• Depuis 2020 : étudiant en licence STAPS (Sciences et Techniques des Activités Physiques et Sportives) à l'université de Brest.
• 2020 : baccalauréat ES (économique et social) *(Comme pour STAPS, explicitez les sigles).*
• Langues étrangères :
– anglais courant (lu, écrit, parlé) ;
– allemand (notions) *(restez franc quant à votre niveau de langues étrangères).*
• Informatique : pratique courante des logiciels de traitement de texte (Word, Libre Office…) et utilisation ponctuelle d'autres logiciels de bureautique (Excel et PowerPoint).

Parcours professionnel
• Depuis mars 2020 *(soyez relativement précis dans les durées indiquées)*, équipier polyvalent dans la restauration rapide à raison de 15 à 20 heures par semaine.
• Depuis 2018, lors des vacances d'été et pendant 6 semaines, encadrement de jeunes de 6 à 12 ans dans le cadre d'un centre de loisirs-vacances de la ville de Brest : initiation à la pratique sportive, sorties en plein air, visites de musées et animations.

Loisirs
• Pratique régulière de la course à pied (participation à plusieurs marathons et semi-marathons).
• Voyages en Europe : Angleterre, Écosse, Irlande, Malte, Allemagne et Grèce *(en indiquant vos loisirs, vous pouvez plus facilement « suggérer » indirectement des questions au jury d'oral et ainsi le conduire sur des terrains sur lesquels vous êtes à l'aise).*
• Lecture de romans policiers contemporains et films fantastiques.

Qualités et compétences acquises
Bon sens relationnel avec les adultes et les enfants, capacité pédagogique, sens de l'adaptation, aptitude à l'engagement physique, respect de la hiérarchie et des consignes, sens de l'initiative.

Motivations pour devenir sapeur-pompier professionnel
Je souhaiterais *(veillez à employer le conditionnel pour vous montrer plus modeste)* devenir sapeur-pompier professionnel car les missions variées d'aide et de secours aux populations me motivent particulièrement. Je désirerais ainsi exercer un métier ayant un réel sens pour moi et en me rendant utile. Le travail en équipe sur le terrain correspond également bien à mon tempérament et à ma personnalité.

10 ERREURS À NE PAS COMMETTRE

1. Rédiger un CV trop long (tenant sur plusieurs pages) ou trop court.
2. Imprimer son CV avec une autre encre que l'encre noire.
3. Ne pas relire son CV.
4. Faire un CV mal mis en page.
5. Employer des expressions familières ou argotiques.
6. Laisser des fautes d'orthographe ou de grammaire.
7. Réaliser un CV avec des dessins ou des photos (autre que celle de l'éventuelle photo d'identité).
8. Ne pas chercher à indiquer les éléments les plus pertinents en lien avec le métier de caporal de sapeurs-pompiers professionnels.
9. Chercher à tout prix à plaire au jury en racontant des choses qui ne sont pas exactes sur soi ou son parcours.
10. Ne pas garder de copie de son CV.

10 CONSEILS À SUIVRE

1. Réfléchissez bien à votre parcours personnel : études, expériences personnelles, emplois même très courts et ponctuels...
2. Efforcez-vous de dégager des points positifs de ce parcours personnel, notamment sur le plan du caractère et des compétences acquises en lien avec le métier de caporal de sapeurs-pompiers professionnels.
3. Prenez le temps de faire au préalable plusieurs ébauches successives de CV, avant de retenir le meilleur.
4. Préparez pendant au moins deux semaines votre CV, pour avoir le temps de la réflexion.
5. Renseignez-vous sur la DGSCGC, l'organisation des SDIS et les missions d'un caporal de sapeurs-pompiers professionnels (voir notamment ce manuel aux pages 259 et suivantes).
6. Faites relire votre CV par des proches.
7. Acceptez la critique de vos proches sur votre CV.
8. Revoyez votre CV sur la base de la critique de vos proches.
9. Laissez passer quelques jours entre deux versions de votre CV pour le regarder d'un œil neuf.
10. Une fois qu'une version finale paraît satisfaisante, n'y touchez plus.

2. L'attestation d'appartenance et de formation (concours réservé aux SPV)

1. Candidats concernés

Le concours réservé aux sapeurs-pompiers volontaires (SPV) est ouvert aux candidats ayant la qualité de sapeur-pompier volontaire, justifiant de trois ans au moins d'activité en cette qualité ou en qualité de jeune sapeur-pompier, de volontaire du service civique assurant des missions de sécurité civile, de sapeur-pompier auxiliaire ou de militaire de la brigade de sapeurs-pompiers de Paris, du bataillon des marins-pompiers de Marseille ou des unités d'instruction et d'intervention de la sécurité civile et ayant suivi avec succès la formation initiale de sapeur-pompier volontaire de 2e classe ou une formation jugée équivalente.

La condition relative à la réussite de la formation initiale de SPV de 2e classe est remplie si l'agent produit l'une des deux pièces ci-dessous :

- une attestation d'appartenance et de formation à faire compléter et signer par l'autorité d'emploi ;
- la copie du diplôme ou de l'attestation de formation initiale d'équipier de sapeur-pompier volontaire.

2. Renseigner l'attestation d'appartenance et de formation

La plus grande rigueur doit être mise en place dans le remplissage de l'attestation d'appartenance et de formation. Dans la mesure où elle doit être validée et signée par l'autorité compétente (l'autorité employant le candidat), il est souhaitable que ce soit le service des ressources humaines de cette autorité qui renseigne les différents items sur la base du dossier professionnel du candidat.

Il est attendu uniquement des informations purement factuelles (dates, quotité de travail, grades, emplois occupés, affectation…), à l'exclusion de tout autre élément, notamment lié à la manière de servir du candidat.

Idéalement le candidat, sur la base de ses bulletins de traitement et de ses archives personnelles (copies des arrêtés d'affectation, des arrêtés de nomination dans tel ou tel grade…), vérifiera l'exactitude des éléments renseignés par le service des ressources humaines de son autorité d'emploi. De même, les cases à renseigner, les signatures et cachets à apposer pouvant être nombreux, il est important que l'attestation d'appartenance et de formation soit bien complète avant de la transmettre.

Enfin, il est souhaitable que le candidat conserve une copie de ce document.

Exemple d'attestation d'appartenance et de formation

ATTESTATION D'APPARTENANCE À UN CORPS DE SAPEURS-POMPIERS

À compléter uniquement pour les candidats se présentant au 2ème concours réservé aux sapeurs-pompiers volontaires ou les candidats du 1er concours souhaitant bénéficier d'un report d'âge

Je soussigné(e) (grade, nom, prénom) : ____________________

Fonction : ____________________

➔ Atteste que ☐ **Mme** ☐ **Mlle** ☐ **M.**

Grade, Nom, Prénom ____________________

Est sapeur-pompier volontaire au SDIS de : ____________________

Centre d'intervention de : ____________________

depuis le ____________________

➔ Justifie à la date du 1er Janvier 2007 de 3 ans de services effectifs au moins en qualité de : ____________________
(joindre le ou les justificatifs correspondants)

Qualité	Période de service	Durée (an/mois/jour)
Sapeur-pompier volontaire	du ________ au ________	
Jeune sapeur-pompier	du ________ au ________	
Volontaire de la sécurité civile	du ________ au ________	
sapeur-pompier auxiliaire	du ________ au ________	
Militaire à la brigade des sapeurs-pompiers de Paris	du ________ au ________	
Militaire au bataillon des marins-pompiers de Marseille	du ________ au ________	
Sapeur-pompier des unités d'instruction et d'intervention de la sécurité civile	du ________ au ________	

Durée totale :

➔ A suivi avec succès la formation initiale de sapeur-pompier volontaire de 2ème classe ou une formation au moins équivalente
(joindre une attestation de formation)

Fait à ____________________

le ____________________

Signature et cachet du Président du Conseil d'administration ou par délégation du Directeur départemental des services d'incendie et de secours

RÉUSSIR LE DOSSIER DE CANDIDATURE

3. La fiche individuelle de renseignements (tous concours)

1. Candidats concernés

Tous les candidats à tous les concours (concours externe et concours réservé aux sapeurs-pompiers volontaires) sont concernés par la constitution de la fiche individuelle de renseignements.

2. Présentation de la fiche

L'épreuve d'admission consiste en un entretien avec le jury d'une durée totale de 15 minutes (dont au maximum 5 minutes de présentation du candidat). Cet entretien est destiné à permettre au jury d'apprécier la personnalité du candidat, sa motivation et ses capacités à exercer les emplois tenus par les caporaux, ainsi que ses connaissances sur l'environnement professionnel.

Pour conduire cet entretien, qui a pour point de départ une présentation du candidat, d'une durée de cinq minutes au plus, le jury dispose de sa fiche individuelle de renseignements.

La constitution de cette fiche individuelle doit en effet permettre au jury du concours d'identifier, lors de l'entretien, ses expériences et formations, ses expériences professionnelles éventuelles, ses activités extraprofessionnelles et son projet professionnel. Dans la logique du concours, cet entretien permet de comparer les candidats sur une base de critères communs.

3. Renseigner la fiche individuelle de renseignements

Les jurys déplorant très souvent une uniformité des dossiers, il importe que vous produisiez une fiche personnalisée permettant de distinguer vos mérites.

La fiche individuelle de renseignements devra donc comporter des informations suffisamment précises pour permettre au jury de faire le lien entre votre parcours et les missions dévolues aux caporaux de sapeurs-pompiers professionnels.

La fiche individuelle de renseignement comprend les éléments suivants :

- **Identification du candidat**
- **Études et formations**

Titres et/ou diplômes détenus ou, le cas échéant, qualifications équivalentes. Formations et stages.

- **Expérience professionnelle et extra-professionnelle (deux pages maximum)**
Le candidat présentera les principales activités qu'il a pu exercer en tant que salarié, non salarié, fonctionnaire (ou assimilé) ainsi que, le cas échéant, les travaux de recherche auxquels il a pu participer et les responsabilités électives, associatives ou syndicales qu'il a pu exercer en précisant les principales compétences acquises et développées dans ces activités.
- **Présentation du projet professionnel (une page maximum)**
Le candidat motivera son souhait d'intégrer la filière sapeur-pompier.
- **Rubrique réservée aux titulaires d'un doctorat (une page maximum)**
Intitulé de la thèse, date d'obtention, section du Conseil national des universités. Le candidat présentera les acquis de son expérience professionnelle résultant de la formation à la recherche et par la recherche.
- **Déclaration sur l'honneur de l'exactitude des informations déclarées**
- **Annexe facultative**
Exemples de travaux réalisés (mémoire, rapport de recherche…) (deux pages maximum).

S'agissant des parties relatives à la description du parcours professionnel et des formations suivies dans **l'exposé de l'expérience professionnelle**, les éléments doivent être synthétiques, factuels et uniquement en rapport avec le concours. Commencez par travailler cette partie au brouillon, relisez-vous pour éviter les oublis et fautes d'orthographe, puis seulement ensuite renseignez le formulaire.

En ce qui concerne **la description des motivations du candidat** pour se présenter au concours, la partie méthodologique relative à l'exposé des motivations des candidats lors de l'épreuve d'entretien avec le jury vous aidera à structurer et rédiger votre travail.

Dans le cadre de la préparation de ce document, nous vous recommandons très vivement de ne pas inclure d'éléments fantaisistes (expériences ou diplômes imaginaires…) ou excessifs (motivation affichée sans aucun sens de la mesure, qualités hors du commun…). En effet, cela produirait un effet désastreux sur le jury de recrutement. De plus, lors de l'entretien, vous risqueriez fort de faire les frais d'une fiche individuelle mensongère ou trop immodeste.

De même, puisque votre fiche individuelle de renseignements sera utilisée pour guider une partie de votre entretien, attendez-vous à être interrogé sur tel ou tel élément (formations suivies, expériences professionnelles et personnelles, motivation exprimée…). Ce dossier vous offre ainsi une chance de tourner à votre avantage une partie de l'entretien avec le jury de recrutement en présentant de manière positive votre candidature.

Une fois que vous aurez préalablement établi les différents éléments de fond du document personnel exprimant vos motivations pour devenir caporal de sapeurs-pompiers professionnels (motivation personnelle, qualités personnelles et compétences acquises), il faudra mettre en forme personnellement votre document rédigé, qui s'apparente à une lettre de motivation.

4. Présentation de l'exposé de motivation (projet professionnel)

Il est souhaitable que l'exposé de motivation soit manuscrit. Écrivez de manière lisible et aérée (faites des paragraphes et sautez des lignes entre chaque paragraphe). Plus l'exposé des motivations sera lisible, plus il sera lu avec intérêt par le jury.

Sur le plan de la longueur, une page est un maximum.

Nous vous recommandons le formalisme suivant :

Phase de présentation du candidat :

- Âge et diplômes éventuels. Mentionnez toujours le diplôme le plus élevé et le plus récent (si vous avez un diplôme universitaire, il est inutile d'évoquer le brevet des collèges et le baccalauréat).
- Situation de famille et résidence (exemple : « Je suis célibataire et je vis à Tours »).

Description des motivations personnelles :

- Présentez vos motivations personnelles pour devenir caporal de sapeurs-pompiers professionnels : plutôt que de reprendre des formules types qui émailleront les exposés de motivation de la plupart des candidats, rédigez vous-même l'expression de vos motivations. Faites un bilan de votre parcours professionnel et cherchez ce qui vous attire dans les responsabilités de caporal de sapeurs-pompiers professionnels. Remettez ensuite en forme ces différents éléments en plusieurs phrases distinctes et succinctes, et en les articulant entre elles.
- Commencez par évoquer la synthèse de votre parcours professionnel : formations, responsabilités confiées, missions exercées, expérience éventuelle en tant que sapeur-pompier volontaire… Par la suite, décrivez spécifiquement vos motivations pour devenir caporal de sapeurs-pompiers professionnels en établissant un lien logique et cohérent avec votre parcours professionnel.

Qualités personnelles et compétences acquises :

- Ces deux éléments vous permettront de valoriser votre candidature. Montrez-vous modeste, tout en étant ferme et précis dans ce que vous avancez.
- Étayez vos qualités par des exemples ou des arguments. Pensez aux qualités professionnelles, managériales, morales, physiques et intellectuelles qui sont en adéquation avec votre personnalité et qui peuvent correspondre aux responsabilités dévolues à un caporal de sapeurs-pompiers professionnels. Ne cherchez pas à coller à un hypothétique profil type ou idéal : il n'y en a pas. Soyez vous-même, mais restez toujours dans une démarche positive et dynamique de présentation de votre candidature.

Une fois que vous aurez rédigé votre « exposé de motivation » en respectant cette architecture, soumettez-la à la lecture critique de vos proches et essayez de l'améliorer. Relisez-la vous-même, puis n'y touchez plus pendant plusieurs jours. Tâchez ensuite d'y apporter, sur le fond et la forme, quelques corrections afin de toujours chercher à vous démarquer positivement des autres candidats.

Enfin, avant de transmettre votre lettre de motivation dans votre dossier de candidature, n'oubliez pas de vous relire une dernière fois. Vous éviterez ainsi de possibles fautes d'orthographe ou petits oublis préjudiciables.

Point très important : gardez une copie de la lettre de motivation que vous avez jointe à votre dossier de candidature, car elle servira de support à la discussion avec le jury.

10 ERREURS À NE PAS COMMETTRE

1. Transmettre un exposé de motivation tapé à l'ordinateur.
2. Utiliser une autre encre que l'encre noire ou bleue.
3. Ne pas relire son exposé de motivation.
4. Rédiger un exposé de motivation trop court ou trop long.
5. Employer des expressions familières ou argotiques dans son exposé de motivation.
6. Laisser des fautes d'orthographe ou de grammaire dans son exposé de motivation.
7. Communiquer un exposé de motivation mal présenté (sans paragraphes, écriture difficile à déchiffrer...).
8. Ne pas évoquer clairement pourquoi l'on souhcite devenir caporal de sapeurs-pompiers professionnels.
9. Chercher à tout prix à plaire au jury en racontant des choses qui ne sont pas exactes sur soi ou son parcours.
10. Ne pas garder de copie de son exposé de motivation.

10 CONSEILS À SUIVRE

1. Réfléchissez bien à votre parcours personnel et professionnel : études, expériences personnelles, formations suivies, responsabilités exercées...
2. Efforcez-vous de dégager des points positifs de votre parcours, notamment sur le plan du caractère et des compétences acquises.
3. Prenez le temps de faire au préalable un CV.
4. Préparez pendant au moins deux semaines votre exposé de motivation.
5. Renseignez-vous sur les missions dévolues à un caporal de sapeurs-pompiers professionnels.
6. Faites relire votre exposé de motivation par des proches.
7. Acceptez la critique de vos proches sur votre exposé de motivation.
8. Revoyez votre exposé de motivation sur la base de la critique de vos proches.
9. Laissez passer quelques jours entre deux versions de votre exposé de motivation pour la regarder d'un œil neuf.
10. Une fois qu'une version finale paraît satisfaisante, n'y touchez plus.

PARTIE 2

Réussir les **épreuves écrites d'admissiblité**

Conseils généraux

Avant les épreuves, il est conseillé aux candidats :

– d'imprimer sa convocation et le plan d'accès ;
– de conserver en lieu sûr sa convocation ;
– de s'assurer de disposer d'une pièce d'identité avec photographie ;
– de bien noter la date, l'heure et le lieu de convocation pour l'épreuve ;
– de préparer à l'avance son itinéraire, de visualiser le site des épreuves ;
– de prévoir un délai de précaution en fonction du temps de trajet ;
– de se munir de son nécessaire d'écriture et d'une montre car les portables ne sont pas autorisés (se référer à la convocation pour le matériel autorisé) ;
– de venir le jour des épreuves dans une tenue confortable (tenue civile) ;
– d'évacuer le stress.

Pendant les épreuves, il est conseillé aux candidats :

– d'être à l'écoute des consignes données par l'autorité organisatrice du concours (sorties autorisées ou non en fonction des épreuves, ne pas prendre connaissance du sujet même s'il est déjà distribué avant le « top départ » donné par le responsable de salle…) ;
– laisser sa pièce d'identité et sa convocation sur la table ;
– ne pas communiquer avec son voisin (pas de prêt de matériel…).

Conserver l'anonymat de sa copie

Le candidat ne doit porter aucun signe distinctif sur sa copie : pas de signature ou nom, grade, même fictifs, aucune initiale, numéro ou autre indication étrangère au traitement du sujet. Aucune référence autre que celle figurant dans le sujet ne doit apparaître dans la copie.

Le jury veille au respect de cette règle de l'anonymat. Ainsi, en cas de signe distinctif, il peut décider de l'annulation de la copie pour rupture d'anonymat.

Durée de l'épreuve

Les épreuves sont d'une durée limitée. Aucun brouillon ne sera accepté, la gestion du temps faisant partie intégrante de l'épreuve.

À l'expiration de la durée réglementaire de l'épreuve, les candidats sont avertis de la fin de l'épreuve et sont invités à cesser d'écrire. Tout candidat continuant à composer après cette injonction s'expose à l'annulation de sa copie par le jury. Un procès-verbal sera alors établi par la présidente du jury.

Après les épreuves, il est demandé aux candidats :

– de respecter l'heure de fin de l'épreuve annoncée ;
– de signer la feuille d'émargement et de rendre sa copie ;
– de ne pas quitter la salle d'épreuve sans le signaler à l'organisateur.

Étude de texte (épreuve commune aux deux concours)

DURÉE 1 HEURE

COEFFICIENT 1

Planning de révisions

À titre indicatif, nous vous indiquons un planning de préparation à l'épreuve d'étude de texte :

PÉRIODES	DURÉE	CONTENU DES RÉVISIONS
Période 1	Une ou deux semaines	Présentation de l'épreuve d'étude de texte
Période 2	Une ou deux semaines	Lecture d'articles dans la presse
Période 3	Une ou deux semaines	Apprendre à comprendre le sens des mots et des phrases
Période 4	Deux ou trois semaines	Entraînement : sujets corrigés 1 et 2
Période 5	Une ou deux semaines	Entraînement : annales 2021

1. Présentation de l'épreuve

L'épreuve d'étude de texte vise à mesurer et vérifier le bon niveau de compréhension de langue française chez les candidats. Lors de cette épreuve, votre capacité à retranscrire les idées principales du texte sera également évaluée.
Pour le concours de caporal de sapeur-pompier professionnel, l'épreuve d'étude de texte dure 1 heure et son coefficient est de 1.
Elle comprend généralement une série de deux textes issus d'articles de journaux, parfois avec des illustrations.
Sur chacun de ces textes, il y a généralement 10 ou 20 questions à choix multiples de compréhension.

1. Le type de texte soumis aux candidats

Le jour du concours, une série de deux articles de journaux est généralement soumise aux candidats. Ces textes sont souvent assez brefs, compte tenu, notamment, de la courte durée de l'épreuve (1 heure).
Les thèmes des textes présentés aux candidats sont d'ordre général. Toutefois, nombre de SDIS choisissent souvent d'orienter le sujet vers des problèmes touchant à la sécurité civile au sens large :
- nucléaire (énergie, risques, etc.) ;
- environnement (pollution, transport, énergies renouvelables, agriculture, etc.) ;
- risques naturels (inondations, tremblements de terre, cyclones, etc.) ;
- sécurité routière ;
- accidents en montagne ou en milieu aquatique/nautique ;
- accidents domestiques ;
- santé publique (sport, prévention des accidents du travail, OGM, etc.).

Pour autant, cette épreuve n'implique pas de connaissances particulières préalables dans la mesure où toutes les questions posées trouvent leur réponse dans le texte.

2. Les questions relatives au texte

Pour chaque texte, 10 ou 20 questions sont posées.
Les questions portent majoritairement sur le texte. Toutefois, elles peuvent également porter sur le vocabulaire.
Compte tenu de leur nombre (un total de 30 questions) et de la courte durée de l'épreuve, les questions posées sont très simples et facilement compréhensibles.

3. Les règles et la notation de l'épreuve

Une durée de 60 minutes rend cette épreuve particulièrement courte.
Vous devez impérativement utiliser un stylo non effaçable pour renseigner la grille de réponses. Seule l'encre noire ou l'encre bleue est autorisée. Le non-respect de ces règles peut entraîner l'annulation de la copie par le jury.
Les feuilles de brouillon ne seront en aucun cas prises en compte. Les réponses au crayon à papier ne seront pas prises en compte. Toute surcharge ou rature rendant illisible la réponse sera considérée comme une réponse fausse.
Si vous souhaitez modifier votre choix, utilisez du blanc correcteur pour effacer la réponse, puis reconstituez le cercle au stylo. Dans tous les cas, vos réponses doivent être clairement identifiables.
Chaque question peut comporter une ou plusieurs réponse(s) exacte(s) avec un barème spécifique :
- Si la ou toutes les réponses exactes sont indiquées : 1 point
- Si la moitié des réponses exactes au moins est indiquée : 0,5 point
- Si moins de la moitié des réponses exactes est indiquée : 0 point
- Si une réponse inexacte au moins est indiquée : – 0,5 point
- Si aucune réponse n'est indiquée : – 0,5 point

2. Répondre aux questions

1. Lire la presse

Essayez de lire le plus régulièrement possible la presse d'actualité, qu'il s'agisse de quotidiens ou de magazines. Essayez de comprendre quelle est l'information essentielle de chaque article : dissociez l'essentiel de l'accessoire.

Le jour du concours, vous aurez à lire des articles de journaux à vocation informative. Vous pouvez vous préparer à ce type de texte en lisant régulièrement la presse.

2. Approfondir son vocabulaire

Quand vous lisez et que rencontrez un mot dont vous ne connaissez pas le sens, reportez-vous systématiquement sur un dictionnaire et apprenez le sens de ce nouveau mot. Le mieux est de tenir un petit répertoire dans lequel vous répertoriez tous les mots nouveaux que vous apprenez.

3. Comprendre le sens des phrases

A. Le sens des mots

Prenez le temps de comprendre chaque mot, en particulier ceux qui ont plusieurs significations. Examinez bien le contexte d'emploi des mots pour en distinguer la signification exacte.

Exemple : un mot peut être employé au sens propre ou en tant que métaphore. Ainsi, le mot « racine » peut désigner à la fois la racine de l'arbre et l'origine de quelque chose (« les racines du problème »).
Les adjectifs peuvent également modifier le sens de la phrase.
Exemple : un article évoquant « La lutte contre la délinquance » n'a pas exactement le même sens qu'un article intitulé « La difficile lutte contre la délinquance ».
Bien que les textes soumis aux candidats soient relativement simples, il peut arriver de ne pas connaître le sens d'un mot, ou d'avoir un doute sur sa signification exacte.

Il existe plusieurs moyens pour chercher à comprendre le sens d'un mot sans avoir recours au dictionnaire :

- inspirez-vous du contexte dans lequel le mot est employé (**Exemple :** si le texte est consacré à l'automobile, il est possible que le mot soit un terme technique relatif à l'automobile ou en rapport avec l'automobile) ;
- essayez de repérer la racine du mot et rattachez ce mot à d'autres mots qui ont la même racine (**Exemple :** le mot préhistoire est formé de la racine histoire et du préfixe « pré- », qui signifie avant ou antérieur) ;
- en dernier recours, lisez le texte en faisant abstraction de ce mot et essayez de savoir si ce mot est absolument indispensable à la compréhension du texte.

B. Les préfixes

Si vous avez du mal à trouver le sens d'un mot, l'analyse de son préfixe peut également vous aider. Dans le tableau ci-après, nous vous indiquons les principaux préfixes.

Préfixes	Sens	Exemples
A(n)(a)-	Négation, dépourvu	Analphabète, anonymat
Ad-	Joindre	Adjonction

Aér(o)-	Air	Aéronef
Agr(o)-	Se rapportant au monde rural	Agronomie
Alter-	Autre	Alternative, alternance
Ambi-	Autour de	Ambivalent
Andr(o)-	Relatif à l'homme	Androgyne
Anté-	Avant	Antécédent, antédiluvien
Anthrop-	Se rapportant à l'être humain	Anthropophage
Ant(i)-	Contre	Antidote
Aut(o)-	Soi-même	Autonome, autobiographie
Archéo-	Ancien	Archéologue
Bén-	Bien	Bénéfice
Bi-	Deux	Bicaméral
Bio-	Vie	Biographie, biologiste
Bibli(o)-	Se rapportant au livre	Bibliophilie
Cac(o)-	Mauvais	Cacophonie
Chrom(ato)-	Couleur	Chromatique
Chron(o)	Relatif au temps	Chronologie
Circon-, circum-	Autour de	Circonférence
Co-, con-	Ensemble	Copropriété, congrégation
Contr-	Opposé	Contradiction
Cosm(o)-	Relatif au monde	Cosmique
Crypt(o)-	Caché	Cryptologie
Dé-	Enlever	Défaire
Dém(o)-	Relatif au peuple	Démagogue, démocratie
Dys-	Mauvais	Dysfonctionnement
É-	Négation, dépourvu de	Émasculé
Ép(i), éph-	Autour	Épicentre
Équ(i)-	Égal	Équitable, équation
Ethn(o)-	Relatif au peuple ou à la race	Ethnique, ethnologie
Exo-	Externe	Exogène
Gloss(o)-	Relatif au langage	Glossaire
Gyn-, gynéco-	Relatif à la femme	Gynécée, gynécologue
Hémi-	Demi	Hémicycle, hémiplégie
Hétér(o)	Différent	Hétérogène
Hom(o)	Identique	Homologue
Hydro-	Relatif à l'eau	Hydrologue
Hyp(o)-	En dessous	Hypoglycémie
Il-, im-, in-	Opposition	Illégal, immature
Inter-	Entre	International
Intra-	À l'intérieur de	Intranet

Macro-	Grand	Macroscopique
Mal-	Mauvais	Malsain, maladroit
Méta-	Au-delà de	Métaphysique
Mono-	Unique	Monocylindre
Multi-	Plusieurs	Multilatéral
Nécro-	Relatif à la mort	Nécrologie
Néo-	Nouveau	Néologisme
Omni-	Tout	Omnipotent, omniscient
Péd(o)-	Relatif à l'enfant	Pédiatre
Péri-	À côté de	Périphérique
Post-	Après	Posthume, postérieur
Pré-	Avant	Précurseur
Pyro-	Relatif au feu	Pyrotechnie
R-, re-, ré-	À nouveau	Reprise
Semi-	Demi	Semi-conducteur
Sub-	Inférieur	Subordonné
Télé-	À distance	Télécommunication

C. Les suffixes

Les suffixes peuvent également vous aider à trouver le sens d'un mot que vous ne connaissez pas. Nous vous indiquons ci-après la liste des principaux suffixes.

Suffixes	Sens	Exemples
-able	Capacité	Valable
-age	Action de	Nettoyage, serrage
-agogue	Guider	Pédagogue
-al	Caractéristique de	Provincial
-algie	Maladie, souffrance	Pubalgie, nostalgie
-archie, -archique, -arque	Relatif au pouvoir	Anarchie, monarque
-at	Fonction	Professorat
-atif, -ation	Action	Réactif, accélération
-céphale	Relatif à la tête	Bicéphale, hydrocéphale
-cide	Qui tue	Pesticide
-cycle	Cercle	Cyclique
-dactylo	Relatif au doigt	Dactyloscopie
-el, -elle	Qui cause	Mortel, accidentelle
-esque, -esse	Caractéristique	Dantesque, petitesse
-eur	Activité	Cultivateur
-forme	En forme de	Uniforme
-fuge	Qui fuit	Hydrofuge
-gonie	Naissance	Cosmogonie

-graphe, -graphie	Relatif à l'écriture	Polygraphie
-gyne, -gynie	Relatif à la femme	Mysognie
-iatre, -iatrie	Relatif à la médecine	Psychiatre
-ie, -if, -ique	État ou caractéristique	Accalmie, craintif, amnésique
-isation	Action de	Cicatrisation
-iste	Adepte de	Royaliste
-logie, -logien, -logique, logiste	Relatif à une science	Dermatologie, théologien
-mètre	Mesure	Anémomètre
-mnésie, -mnésique	Relatif à la mémoire	Amnésique
-nomiste	Spécialiste	Physionomiste
-pathe, -pathie	Relatif à la maladie	Sociopathe
-phile, -philie	Relatif à l'amour	Francophile
-phobe	Qui a peur de / qui rejette	Agoraphobe, xénophobe
-pole	Relatif à la ville	Métropole
-scope	Appareil servant à mesurer ou à voir	Microscope, endoscope
-vore	Manger	Herbivore
-voque	Sens	Univoque, équivoque

D. Le temps des verbes

Prenez également garde au temps de conjugaison des verbes du texte. Ils vous donneront de précieuses indications quant à la compréhension du texte. Un texte conjugué aux temps du passé implique une orientation vers le passé, un texte conjugué au présent délimite le cadre du texte à la période actuelle et un texte conjugué au futur nécessite de se tourner vers l'avenir.

Exemple : un texte évoquant « les moyens de distraction que les hommes appréciaient » implique une référence directe et exclusive au passé, tandis qu'un texte évoquant « les moyens de distraction que les hommes apprécient » se situe dans une perspective résolument actuelle.

De même, l'emploi du conditionnel implique que l'information contenue dans la phrase n'est pas certaine.

Exemple : la phrase : « l'incendie serait d'origine criminelle » signifie que l'incendie peut être d'origine criminelle mais que cela n'est pas certain, contrairement à la signification de la phrase : « l'incendie est d'origine criminelle ».

E. La forme de la phrase

Dans un texte à vocation informative, vous devez également prêter attention à la forme interrogative ou affirmative des phrases. Une phrase présentée à la forme interrogative implique une absence de certitude quant à la véracité de l'information. Une phrase présentée à la forme affirmative signifie que l'information est sûre.

Exemple : la phrase : « le meurtre a-t-il été commis la nuit ? » pose une question, tandis que dans la phrase : « le meurtre a été commis la nuit », on est certain de cette information.

F. Les connecteurs logiques

L'analyse des connecteurs logiques employés par le rédacteur du texte doit vous permettre de « suivre le fil » de sa pensée, notamment s'agissant de ce qu'il entend démontrer ou établir.

Rôle du connecteur	Connecteurs logiques
Addition	Également, et, de surcroît, mais encore, de plus, ainsi que, puis…
Alternative	Tantôt… tantôt, ou… ou, seulement… mais encore, l'un… l'autre, ou, d'un côté… de l'autre…
But	Pour que, dans le dessein de, afin que, en vue que, de manière à…
Cause	Car, en effet, effectivement, comme, eu égard à, sous prétexte que, étant donné que, vu que, grâce à, par suite de…
Comparaison	De même que, plus que, de la même façon que, comme, comme si
Concession	Bien que, malgré, en dépit de, quoique, même si, il est vrai que, toutefois, certes…
Conclusion	Enfin, pour conclure, en définitive, en un mot, en somme…
Supposition ou condition	Si, dans l'hypothèse où, au cas où, à condition que, à supposer que, sans doute, apparemment…
Conséquence	Aussi, donc, par conséquent, par voie de conséquence, c'est pourquoi, ainsi, ainsi donc, si bien que…
Énumération ou classification	En premier lieu, premièrement, d'abord, en second lieu…
Explication	Soit, à savoir que, c'est-à-dire…
Illustration	Par exemple, ainsi, c'est ainsi que, notamment, en particulier, c'est le cas de…
Justification	C'est-à-dire, car, puisque, en sorte que, ainsi, du fait que, non seulement… mais encore...
Liaison	Ainsi, alors, d'ailleurs, en fait, en réalité, de même, également, ensuite, en outre, …
Opposition	Cependant, or, mais, en revanche, alors que, pourtant, néanmoins, au contraire, au lieu de…
Restriction	Toutefois, cependant, hormis sauf, excepté, simplement, mis à part, uniquement…
Temps	Lorsque, quand, comme, avant que, alors que, après que, au moment de, en même temps, alors que…

3. Être prêt le jour J

10 ERREURS À NE PAS COMMETTRE

1. Ne pas s'entraîner à l'épreuve d'étude de texte.
2. Ne pas feuilleter régulièrement le dictionnaire pour apprendre de nouveaux mots.
3. Ne pas lire régulièrement très régulièrement.
4. Ne pas soigner la présentation de sa copie.
5. Écrire phonétiquement.
6. Perdre du temps en rédigeant les réponses au brouillon.
7. Paraphraser le texte dans les réponses.
8. Ne pas tenir compte des règles d'accord des verbes et des adjectifs.
9. Oublier les accents et la ponctuation.
10. Ne pas se relire à la fin de l'épreuve.

10 CONSEILS À SUIVRE

1. S'entraîner très régulièrement à l'épreuve d'étude de texte : plusieurs exercices par semaine peuvent facilement être réalisés sans prendre trop de temps.
2. S'entraîner dans les conditions de l'épreuve : une heure maximum.
3. Surligner les parties importantes du texte ou bien noter les idées au brouillon.
4. Penser toujours à accorder le verbe avec son sujet et l'adjectif avec le nom ou le sujet auquel il se rapporte.
5. Feuilleter le dictionnaire pour apprendre de nouveaux mots.
6. Noter dans un carnet les nouveaux mots appris.
7. Lire régulièrement pour « photographier » les mots.
8. Varier les supports de lecture : articles de journaux, extraits de romans…
9. Bien rédiger ses propres réponses sans paraphraser le texte.
10. Toujours prendre le temps de se relire.

Sujets corrigés

Vous trouverez ci-après deux exercices comportant chacun une série de 15 textes informatifs, suivis de 6 questions.

Pour un entraînement optimal, essayez de répondre à toutes les questions dans un délai de 40 minutes.

SUJET 1 : Étude de texte

DIFFICULTÉ : ✕✕✕ / DURÉE : 40 MIN.

Texte 1

Le dimanche 30 mars à 14h05, deux individus ont été interpellés par les enquêteurs de la Brigade de Recherche de la Gendarmerie de Nantes (44) au niveau de la Porte Océane à Nantes. Les mis en cause se livraient à la revente de lunettes de grandes marques. 146 paires de lunettes de vues, dont certaines avec des étiquettes de magasin récemment cambriolés, ont été saisies. Un des interpellés, qui ne pouvaient justifier de la provenance des objets, était en possession de documents bancaires faisant état d'un solde 34 540 euros sur un compte de la Banque des Pays de Loire.

Questions

❶ Les faits ont eu lieu à Nantes :

☐ a. Vrai ☐ b. Faux ☐ c. On ne peut pas savoir

❷ Les malfaiteurs étaient au nombre de trois :

☐ a. Vrai ☐ b. Faux ☐ c. On ne peut pas savoir

❸ Les malfaiteurs revendaient des bijoux volés :

☐ a. Vrai ☐ b. Faux ☐ c. On ne peut pas savoir

❹ Le nombre d'objets saisis est de 148 :

☐ a. Vrai ☐ b. Faux ☐ c. On ne peut pas savoir

❺ Les interpellés étaient en possession de documents bancaires :

☐ a. Vrai ☐ b. Faux ☐ c. On ne peut pas savoir

❻ La Police nationale a collaboré à cette enquête :

☐ a. Vrai ☐ b. Faux ☐ c. On ne peut pas savoir

Texte 2

Le lundi 10 août à 04h10, à l'angle des rues Saint-Jacques et Charles-de-Gaulle à Romans-sur-Isère (26), un individu a mis le feu à un véhicule en stationnement non signalé volé. L'incendie s'est propagé à un second véhicule de marque stationné à proximité. Ces deux voitures sont entièrement détruites. D'autre part, la façade d'une pharmacie, située en face du premier véhicule, a été noircie et une poubelle a été détruite. Un individu présentant une brûlure au bras gauche a été maintenu sur les lieux en qualité de témoin puis placé en garde à vue sur instructions du parquet.

Questions

❶ Deux véhicules ont pris feu :

☐ a. Vrai ☐ b. Faux ☐ c. On ne peut pas savoir

❷ L'incendie est criminel :

☐ a. Vrai ☐ b. Faux ☐ c. On ne peut pas savoir

❸ La façade d'une pharmacie a été noircie :

☐ a. Vrai ☐ b. Faux ☐ c. On ne peut pas savoir

❹ Les faits ont eu lieu à Romans-sur-Isère :

☐ a. Vrai ☐ b. Faux ☐ c. On ne peut pas savoir

❺ Une poubelle a également été détruite :

☐ a. Vrai ☐ b. Faux ☐ c. On ne peut pas savoir

❻ L'individu interpellé n'était pas blessé :

☐ a. Vrai ☐ b. Faux ☐ c. On ne peut pas savoir

Texte 3

C'est la plus grosse saisie de drogue jamais réalisée en Corse. Les enquêteurs s'orientent désormais vers la piste d'un réseau organisé entre les Pays-Bas et l'île.

Dans cette affaire, 9 personnes ont été mises en examen ce dimanche pour trafic de stupéfiants, blanchiment d'argent et association de malfaiteurs. Cinq personnes ont déjà été incarcérées ce dimanche et quatre ont été placées sous contrôle judiciaire.

Cinq autres suspects étaient présentés devant un juge d'instruction ce lundi. Trois ont déjà été mis en examen et les deux autres devraient l'être dans la soirée. Ils risquent 10 ans de prison, voire le double pour les récidivistes.

La police, qui menait l'enquête depuis plus d'un an, ne s'attendait pas à tomber sur une telle cargaison. En tout, 16 kilos de cocaïne, « de très bonne qualité » selon les enquêteurs, 6 kilos de résine de cannabis, 1 kilo d'herbe et entre 70 000 et 80 000 euros en billets. De source proche de l'enquête, les suspects n'appartiendraient pas au grand banditisme.

Questions

❶ Des armes ont été saisies :

☐ a. Vrai ☐ b. Faux ☐ c. On ne peut pas savoir

❷ L'argent saisi est en devises étrangères :

☐ a. Vrai ☐ b. Faux ☐ c. On ne peut pas savoir

❸ Les personnes interpellées étaient déjà connues de la Justice :

☐ a. Vrai ☐ b. Faux ☐ c. On ne peut pas savoir

❹ Plusieurs types de drogues ont été saisis :

☐ a. Vrai ☐ b. Faux ☐ c. On ne peut pas savoir

❺ Le trafic s'opérait entre la Corse et l'Amérique du Sud :

☐ a. Vrai ☐ b. Faux ☐ c. On ne peut pas savoir

❻ L'enquête a été bouclée en un trimestre :

☐ a. Vrai ☐ b. Faux ☐ c. On ne peut pas savoir

Texte 4

Le mardi 22 janvier à 16h45, au 23, rue Joseph-de-Maistre à Lyon (69), des sapeurs-pompiers qui intervenaient pour un feu d'appartement ont été pris à partie par un groupe de jeunes individus. Des gendarmes ont été la cible de jets de projectiles avant d'être aspergés de gaz lacrymogène. Un gendarme a été très légèrement blessé à la jambe et au visage. Son état n'a pas nécessité de conduite en milieu hospitalier. Un sapeur-pompier a été légèrement blessé par le chien de l'occupant de l'appartement. Il a été conduit en milieu hospitalier.

Questions

❶ Les gendarmes ont essuyé des jets de pierre :

☐ a. Vrai ☐ b. Faux ☐ c. On ne peut pas savoir

❷ Les faits ont eu lieu en ville :

☐ a. Vrai ☐ b. Faux ☐ c. On ne peut pas savoir

❸ Un gendarme a été grièvement blessé :

☐ a. Vrai ☐ b. Faux ☐ c. On ne peut pas savoir

❹ Un pompier a été légèrement blessé :

☐ a. Vrai ☐ b. Faux ☐ c. On ne peut pas savoir

❺ Un appartement a pris feu :

☐ a. Vrai ☐ b. Faux ☐ c. On ne peut pas savoir

❻ Les gendarmes ont employé du gaz lacrymogène :

☐ a. Vrai ☐ b. Faux ☐ c. On ne peut pas savoir

Texte 5

Le samedi 10 mai vers 23h30, un accident corporel léger de la circulation est survenu au 43, rue Bainville à Martigues (13) entre un cyclomotoriste et un véhicule militaire. La victime présente une fracture ouverte de l'auriculaire de la main gauche. Les dépistages alcoolémiques effectués se sont avérés négatifs.

Questions

❶ L'accident a eu lieu la nuit :

☐ a. Vrai ☐ b. Faux ☐ c. On ne peut pas savoir

❷ Un vélo est impliqué dans cet accident :

☐ a. Vrai ☐ b. Faux ☐ c. On ne peut pas savoir

❸ Un véhicule militaire est impliqué dans cet accident :

☐ a. Vrai ☐ b. Faux ☐ c. On ne peut pas savoir

❹ Les faits ont eu lieu à Martigues :

☐ a. Vrai ☐ b. Faux ☐ c. On ne peut pas savoir

❺ Un des conducteurs présentait une alcoolémie :

☐ a. Vrai ☐ b. Faux ☐ c. On ne peut pas savoir

❻ Les véhicules en cause sont détruits :

☐ a. Vrai ☐ b. Faux ☐ c. On ne peut pas savoir

Texte 6

Le dimanche 2 janvier à 12h35, le corps d'une femme de type asiatique, âgée de 30 ans environ, démunie de pièce d'identité, a été repêché dans le canal de Bourgogne, mail Charles-le-Téméraire à Saulieu (21). Le corps ne présente pas de trace suspecte.

Questions

❶ Le corps est celui d'une femme de nationalité chinoise :

☐ a. Vrai ☐ b. Faux ☐ c. On ne peut pas savoir

❷ Il s'agit d'un décès suspect :

☐ a. Vrai ☐ b. Faux ☐ c. On ne peut pas savoir

❸ Le corps a été retrouvé dans l'eau :

☐ a. Vrai ☐ b. Faux ☐ c. On ne peut pas savoir

❹ Le canal du Midi a été dragué :

☐ a. Vrai ☐ b. Faux ☐ c. On ne peut pas savoir

❺ Le corps a été découvert en pleine journée :

☐ a. Vrai ☐ b. Faux ☐ c. On ne peut pas savoir

6. La victime a pu être immédiatement identifiée :

☐ a. Vrai ☐ b. Faux ☐ c. On ne peut pas savoir

Texte 7

Le mardi 10 février, depuis 17h15, à l'occasion de l'ouverture du procès à Brest (29) d'un médecin accusé d'homicide volontaire, une trentaine de personnes, se sont rassemblées aux abords du Palais de Justice, place Cathelineau, pour réclamer justice pour les victimes.

Questions

1. La personne accusée d'homicide est un médecin :

☐ a. Vrai ☐ b. Faux ☐ c. On ne peut pas savoir

2. Le rassemblement regroupe une centaine de personnes :

☐ a. Vrai ☐ b. Faux ☐ c. On ne peut pas savoir

3. Le rassemblement a eu lieu un mardi :

☐ a. Vrai ☐ b. Faux ☐ c. On ne peut pas savoir

4. Le rassemblement a duré plusieurs jours :

☐ a. Vrai ☐ b. Faux ☐ c. On ne peut pas savoir

5. Il s'agit d'une affaire d'homicide involontaire :

☐ a. Vrai ☐ b. Faux ☐ c. On ne peut pas savoir

6. Le Palais de Justice se situe près de la Place Cathelineau :

☐ a. Vrai ☐ b. Faux ☐ c. On ne peut pas savoir

Texte 8

Le mercredi 11 juillet à 18h25, les corps d'un homme âgé d'une trentaine d'années et de sa fillette de deux ans et demi ont été retrouvés dans la cour d'un immeuble situé 15 rue Georges-Buis à Hendaye (64). La fillette présente de nombreuses plaies saignantes provoquées par des coups de couteau. L'homme semble être décédé par précipitation dans le vide. Un couteau de chasse ensanglanté a été retrouvé dans l'appartement.

Questions

1. La fillette est la fille de l'homme décédé :

☐ a. Vrai ☐ b. Faux ☐ c. On ne peut pas savoir

2. Les corps ont été retrouvés dans un appartement

☐ a. Vrai ☐ b. Faux ☐ c. On ne peut pas savoir

3. Un fusil a été retrouvé sur les lieux :

☐ a. Vrai ☐ b. Faux ☐ c. On ne peut pas savoir

❹ L'homme semble avoir été assassiné :

☐ a. Vrai ☐ b. Faux ☐ c. On ne peut pas savoir

❺ La mère de la fillette est portée disparue :

☐ a. Vrai ☐ b. Faux ☐ c. On ne peut pas savoir

❻ La fillette était âgée de 4 ans :

☐ a. Vrai ☐ b. Faux ☐ c. On ne peut pas savoir

Texte 9

Le jeudi 1er avril, un incendie s'est déclaré dans un appartement, inoccupé au moment des faits, au 2e étage d'un immeuble d'habitations privé, situé 156, boulevard Aristote à Caen (14). Deux sapeurs-pompiers ont été brûlés aux 1er et 2e degrés en pénétrant dans les lieux. Ils ont été dirigés sous escorte motocycliste à l'hôpital de Caen. Le sinistre a été maîtrisé à 19h45. Une personne à mobilité réduite a été évacuée par les sapeurs-pompiers. Une résidente enceinte, incommodée légèrement par la fumée, a été dirigée vers l'hôpital de Caen. L'origine de l'incendie est accidentelle.

Questions

❶ Le sinistre est d'origine criminelle :

☐ a. Vrai ☐ b. Faux ☐ c. On ne peut pas savoir

❷ Trois sapeurs-pompiers ont été blessés lors de l'intervention :

☐ a. Vrai ☐ b. Faux ☐ c. On ne peut pas savoir

❸ Les blessés ont été dirigés à l'hôpital de Caen :

☐ a. Vrai ☐ b. Faux ☐ c. On ne peut pas savoir

❹ Des motocyclistes ont effectué une escorte sanitaire :

☐ a. Vrai ☐ b. Faux ☐ c. On ne peut pas savoir

❺ La résidente blessée de l'immeuble attendait un enfant :

☐ a. Vrai ☐ b. Faux ☐ c. On ne peut pas savoir

❻ L'appartement où a eu lieu l'incendie était vide lors du sinistre :

☐ a. Vrai ☐ b. Faux ☐ c. On ne peut pas savoir

Texte 10

Le dimanche 2 novembre, entre 11h30 et 11h45, au 5, avenue Maurice-Halna-du-Fretay à Rennes (35), un couple de personnes âgées, qui regagnait son domicile, a été suivi jusque dans le hall de leur immeuble par deux individus. L'un d'eux a immobilisé le mari pendant que le second maintenait la dame par le cou. Le second individu a sorti une pince coupante de sa poche et a coupé le diamant serti sur sa bague. Les deux individus ont pris la fuite sur une petite moto. Le montant du préjudice est estimé à 15 000 euros.

Questions

❶ Les malfaiteurs étaient deux :

☐ a. Vrai ☐ b. Faux ☐ c. On ne peut pas savoir

❷ Un jeune couple a été agressé :

☐ a. Vrai ☐ b. Faux ☐ c. On ne peut pas savoir

❸ Un collier a été volé :

☐ a. Vrai ☐ b. Faux ☐ c. On ne peut pas savoir

❹ Les malfaiteurs ont pris la fuite en deux-roues :

☐ a. Vrai ☐ b. Faux ☐ c. On ne peut pas savoir

❺ Les victimes ont été menacées avec un couteau :

☐ a. Vrai ☐ b. Faux ☐ c. On ne peut pas savoir

❻ Les victimes sont blessées :

☐ a. Vrai ☐ b. Faux ☐ c. On ne peut pas savoir

Texte 11

Samedi 21 avril, les unités de la Gendarmerie du Nord (59) ont mis en œuvre une opération de contrôles coordonnés d'alcoolémie et de stupéfiants à Lille et sa région. Au cours de cette opération, 2 075 véhicules ont été contrôlés par les effectifs de police et de gendarmerie engagés. Sur 2 047 dépistages d'alcoolémie effectués, 94 se sont révélés positifs. Sur 21 dépistages salivaires permettant d'établir la présence de produits stupéfiants, 6 ont été positifs. Par ailleurs, 12 autres délits ont été constatés et 104 contraventions ont été établies.

Questions

❶ Cette opération a eu lieu dans le sud de la France :

☐ a. Vrai ☐ b. Faux ☐ c. On ne peut pas savoir

❷ Au cours de l'opération, 487 motos ont été contrôlées :

☐ a. Vrai ☐ b. Faux ☐ c. On ne peut pas savoir

❸ L'opération visait aussi bien le dépistage de l'alcoolémie que des stupéfiants :

☐ a. Vrai ☐ b. Faux ☐ c. On ne peut pas savoir

❹ La Police nationale était associée à l'opération :

☐ a. Vrai ☐ b. Faux ☐ c. On ne peut pas savoir

❺ L'opération s'est déroulée la nuit :

☐ a. Vrai ☐ b. Faux ☐ c. On ne peut pas savoir

❻ L'opération n'a concerné que la ville de Lille :

☐ a. Vrai ☐ b. Faux ☐ c. On ne peut pas savoir

Texte 12

Le vendredi 23 juillet à 9h20, un mineur âgé de 15 ans, auteur d'un vol sous la menace d'une arme blanche a été interpellé devant l'église des Templiers à Luz-Saint-Sauveur (65). Des gendarmes ont procédé au contrôle d'un individu qui correspondait en tout point au signalement donné par la victime, alors qu'il tentait de se débarrasser de son sac. Formellement reconnu par cette dernière il a été conduit à la brigade de gendarmerie et placé en garde à vue.

Questions

❶ L'auteur des faits est mineur :
☐ a. Vrai ☐ b. Faux ☐ c. On ne peut pas savoir

❷ Le sac de la victime a été retrouvé :
☐ a. Vrai ☐ b. Faux ☐ c. On ne peut pas savoir

❸ L'auteur des faits a été identifié :
☐ a. Vrai ☐ b. Faux ☐ c. On ne peut pas savoir

❹ Les gendarmes ont retrouvé la victime de l'agression :
☐ a. Vrai ☐ b. Faux ☐ c. On ne peut pas savoir

❺ La victime a été blessée par un coup de couteau :
☐ a. Vrai ☐ b. Faux ☐ c. On ne peut pas savoir

❻ La victime a reconnu son agresseur :
☐ a. Vrai ☐ b. Faux ☐ c. On ne peut pas savoir

Texte 13

Le samedi 3 août à 13h00, le corps sans vie d'un homme sans domicile fixe a été découvert dans un « Algeco », stocké dans un entrepôt, au 13 rue Jünger à Rouen (76). Le défunt, un homme d'une quarantaine d'années, non identifié, présente des traces de coups au niveau de la tête. Les causes de la mort sont ignorées.

Questions

❶ Le décès est suspect :
☐ a. Vrai ☐ b. Faux ☐ c. On ne peut pas savoir

❷ Le corps a été retrouvé au petit matin :
☐ a. Vrai ☐ b. Faux ☐ c. On ne peut pas savoir

❸ La victime est une jeune fille :
☐ a. Vrai ☐ b. Faux ☐ c. On ne peut pas savoir

❹ Des traces de sang ont été constatées :

☐ a. Vrai ☐ b. Faux ☐ c. On ne peut pas savoir

❺ L'identité de la victime est connue :

☐ a. Vrai ☐ b. Faux ☐ c. On ne peut pas savoir

❻ La victime a été retrouvée dans son domicile :

☐ a. Vrai ☐ b. Faux ☐ c. On ne peut pas savoir

Texte 14

Entre le 21 et le 23 novembre, un cambriolage a été commis dans l'enceinte du collège Henri Vincenot sis 5, rue de Compostelle à Noyers-sur-Serein (89). Le ou les auteurs ont dérobé les clefs permettant d'accéder à l'intégralité des pièces de l'établissement ainsi qu'un véhicule utilitaire appartenant à l'établissement. Une porte permettant d'accéder à un atelier a été détruite.

Questions

❶ Plusieurs auteurs ont commis le vol :

☐ a. Vrai ☐ b. Faux ☐ c. On ne peut pas savoir

❷ Un véhicule a été volé :

☐ a. Vrai ☐ b. Faux ☐ c. On ne peut pas savoir

❸ On connaît avec exactitude le moment où les faits ont été commis :

☐ a. Vrai ☐ b. Faux ☐ c. On ne peut pas savoir

❹ Il n'y a aucune dégradation matérielle dans l'enceinte du collège :

☐ a. Vrai ☐ b. Faux ☐ c. On ne peut pas savoir

❺ L'effraction a eu lieu la nuit :

☐ a. Vrai ☐ b. Faux ☐ c. On ne peut pas savoir

❻ Des clefs ont été dérobées :

☐ a. Vrai ☐ b. Faux ☐ c. On ne peut pas savoir

Texte 15

Le lundi 8 mai à 02h10, au 2, avenue de la Division du Général-Leclerc à La Chapelle-en-Vercors (26), une fuite de gaz enflammée s'est produite au pied d'un immeuble d'habitation de quatre étages pour une raison indéterminée. Les occupants ont été évacués sans incident. Les sapeurs-pompiers ont procédé à la prospection des appartements. Il n'y a pas de blessé. Ils ont dû faire creuser une tranchée à 200 mètres de l'immeuble pour écraser la canalisation de gaz. L'incendie a été éteint à 05h20.

Questions

❶ Le sinistre a duré moins d'une heure :

☐ a. Vrai ☐ b. Faux ☐ c. On ne peut pas savoir

❷ L'immeuble compte trois étages :

☐ a. Vrai ☐ b. Faux ☐ c. On ne peut pas savoir

❸ Les occupants de l'immeuble ont pu rester chez eux pendant l'intervention :

☐ a. Vrai ☐ b. Faux ☐ c. On ne peut pas savoir

❹ Plusieurs personnes ont été blessées :

☐ a. Vrai ☐ b. Faux ☐ c. On ne peut pas savoir

❺ Les pompiers sont intervenus :

☐ a. Vrai ☐ b. Faux ☐ c. On ne peut pas savoir

❻ Il s'agit d'un immeuble de bureaux :

☐ a. Vrai ☐ b. Faux ☐ c. On ne peut pas savoir

Corrigé

Texte n° 1 : 1-a, 2-b, 3-b, 4-b, 5-a, 6-c

Texte n° 2 : 1-a, 2-a, 3-a, 4-a, 5-a, 6-b

Texte n° 3 : 1-b, 2-b, 3-c, 4-a, 5-b, 6-b

Texte n° 4 : 1-c, 2-a, 3-b, 4-a, 5-a, 6-c

Texte n° 5 : 1-a, 2-b, 3-a, 4-a, 5-b, 6-c

Texte n° 6 : 1-c, 2-b, 3-a, 4-b, 5-a, 6-b

Texte n° 7 : 1-a, 2-b, 3-a, 4-c, 5-b, 6-a

Texte n° 8 : 1-a, 2-b, 3-b, 4-b, 5-c, 6-b

Texte n° 9 : 1-b, 2-b, 3-a, 4-a, 5-a, 6-a

Texte n° 10 : 1-a, 2-b, 3-b, 4-a, 5-b, 6-c

Texte n° 11 : 1-b, 2-c, 3-a, 4-b, 5-b, 6-b

Texte n° 12 : 1-a, 2-a, 3-a, 4-a, 5-b, 6-a

Texte n° 13 : 1-a, 2-b, 3-b, 4-c, 5-a, 6-b

Texte n° 14 : 1-c, 2-a, 3-b, 4-b, 5-c, 6-a

Texte n° 15 : 1-b, 2-b, 3-b, 4-b, 5-a, 6-b

SUJET 2 : Étude de texte

DIFFICULTÉ : ✕✕✕ / **DURÉE :** 40 MINUTES

Texte 1

Le lundi 10 mai à 13h00, environ 70 manifestants opposés au régime poldève se sont rassemblés place de la Reine Hortense à Bayonne (64), non loin du consulat de Poldavie (pays imaginaire). Invités à regagner la place du Sénégal où le rassemblement était autorisé, les manifestants ont refusé de s'y rendre. Ils ont alors tenté de gagner les abords immédiats du consulat de Poldavie avant d'être contenus par les gendarmes mobiles. Le signataire du rassemblement, qui n'a pas respecté le lieu de celui-ci, va faire l'objet d'une procédure judiciaire. Les manifestants ont été raccompagnés dans les transports en commun pour s'y disperser par petits groupes à 17h10.

Questions

❶ Cet événement a débuté le matin :

☐ a. Vrai ☐ b. Faux ☐ c. On ne peut pas savoir

❷ Les manifestants étaient une centaine :

☐ a. Vrai ☐ b. Faux ☐ c. On ne peut pas savoir

❸ Au départ, cette manifestation était autorisée :

☐ a. Vrai ☐ b. Faux ☐ c. On ne peut pas savoir

❹ La manifestation s'est poursuivie à Biarritz :

☐ a. Vrai ☐ b. Faux ☐ c. On ne peut pas savoir

❺ Le maintien de l'ordre a été confié aux gendarmes mobiles :

☐ a. Vrai ☐ b. Faux ☐ c. On ne peut pas savoir

❻ Le signataire du rassemblement fera l'objet d'une procédure judiciaire :

☐ a. Vrai ☐ b. Faux ☐ c. On ne peut pas savoir

Texte 2

Le jeudi 12 décembre à 18h, un particulier a fait savoir qu'il venait d'être victime d'un vol par effraction à son domicile au 97, rue Paul Morand à Villefranche-sur-Mer (06). Les faits se sont produits entre 15h30 et 17h30 le même jour. Le ou les auteurs ont pénétré dans les lieux en fracturant la porte d'entrée ; ils se sont emparés de plusieurs bijoux dont la valeur est estimée à

600 000 euros au total par le couple de victimes. La brigade de recherche de Nice est chargée de l'enquête.

Questions

❶ Le cambriolage a eu lieu un mercredi :
☐ a. Vrai ☐ b. Faux ☐ c. On ne peut pas savoir

❷ Des tableaux ont été volés :
☐ a. Vrai ☐ b. Faux ☐ c. On ne peut pas savoir

❸ Les gendarmes de Villefranche-sur-Mer procéderont aux investigations sur ce cambriolage :
☐ a. Vrai ☐ b. Faux ☐ c. On ne peut pas savoir

❹ Le cambriolage a eu lieu dans des locaux professionnels :
☐ a. Vrai ☐ b. Faux ☐ c. On ne peut pas savoir

❺ Il y a eu plusieurs auteurs :
☐ a. Vrai ☐ b. Faux ☐ c. On ne peut pas savoir

❻ Le cambriolage a eu lieu alors que propriétaires étaient absents :
☐ a. Vrai ☐ b. Faux ☐ c. On ne peut pas savoir

Texte 3

Le mardi 20 décembre vers 16h15, quatre individus qui circulaient à bord d'un véhicule, signalé volé, ont fait l'objet d'un contrôle routier, allée Jacques-Perret à Vannes (56). Au moment du contrôle, ils ont soudainement pris la fuite à pied. Trois d'entre eux ont été interpellés par les gendarmes. Ils ont été placés en garde à vue à la Brigade de gendarmerie de Vannes. Le dernier est parvenu à prendre la fuite.

Questions

❶ Il y a trois interpellés :
☐ a. Vrai ☐ b. Faux ☐ c. On ne peut pas savoir

❷ L'individu en fuite est le chauffeur du véhicule :
☐ a. Vrai ☐ b. Faux ☐ c. On ne peut pas savoir

❸ Les individus sont partis en marchant :
☐ a. Vrai ☐ b. Faux ☐ c. On ne peut pas savoir

❹ Les interpellés ont été confiés à la Police nationale :
☐ a. Vrai ☐ b. Faux ☐ c. On ne peut pas savoir

❺ La voiture était volée :
☐ a. Vrai ☐ b. Faux ☐ c. On ne peut pas savoir

❻ L'individu en fuite a été identifié par la suite :
☐ a. Vrai ☐ b. Faux ☐ c. On ne peut pas savoir

Texte 4

Le lundi 2 novembre à 19h20, au 5 avenue Michel-Mohrt à Saint-Brieuc (22), un individu s'est retranché dans l'appartement de son ex-conjointe, à la suite d'un différend, armé d'un couteau, en déclarant vouloir attenter à ses jours. Les gendarmes sont intervenus et ont interpellé l'individu à 20h10 sans incident et l'ont conduit à la gendarmerie de Saint-Brieuc où il a été placé en garde à vue. Il n'y a pas eu de blessé.

Questions

1. L'individu a blessé sa femme :
☐ a. Vrai ☐ b. Faux ☐ c. On ne peut pas savoir

2. La négociation avec l'individu a duré deux heures :
☐ a. Vrai ☐ b. Faux ☐ c. On ne peut pas savoir

3. L'individu voulait se suicider :
☐ a. Vrai ☐ b. Faux ☐ c. On ne peut pas savoir

4. L'interpellation a été mouvementée :
☐ a. Vrai ☐ b. Faux ☐ c. On ne peut pas savoir

5. L'individu fait l'objet d'une procédure judiciaire :
☐ a. Vrai ☐ b. Faux ☐ c. On ne peut pas savoir

6. Le couple est séparé :
☐ a. Vrai ☐ b. Faux ☐ c. On ne peut pas savoir

Texte 5

Le dimanche 7 mars à 18h35, une centaine de jeunes de la cité de la Goule Noire s'est rassemblée sur la commune de Valence (26). À l'arrivée des gendarmes mobiles, ils ont été pris à partie et un individu a fait usage à une reprise d'un tir de flash-ball dans leur direction. Il n'y a eu aucun blessé, ni interpellation. La ligne de bus D a été momentanément déviée. Une sécurisation a été mise en place par les autorités du département.

Questions

1. Le maintien de l'ordre s'est déroulé en pleine nuit :
☐ a. Vrai ☐ b. Faux ☐ c. On ne peut pas savoir

2. Un individu a tiré sur les gendarmes mobiles :
☐ a. Vrai ☐ b. Faux ☐ c. On ne peut pas savoir

❸ Les transports en commun ont continué à fonctionner pendant les opérations de maintien de l'ordre :

☐ a. Vrai ☐ b. Faux ☐ c. On ne peut pas savoir

❹ Plusieurs fauteurs de trouble ont pu être arrêtés :

☐ a. Vrai ☐ b. Faux ☐ c. On ne peut pas savoir

❺ Après les faits, les forces de l'ordre continueront d'être présentes dans la cité de la Goule Noire :

☐ a. Vrai ☐ b. Faux ☐ c. On ne peut pas savoir

❻ Les gendarmes mobiles étaient au nombre d'une centaine :

☐ a. Vrai ☐ b. Faux ☐ c. On ne peut pas savoir

Texte 6

Le samedi 1er janvier 2010, à 00h30, à l'hôpital René-Quinton situé 66 avenue du Général Leclerc à Nancy (54), un homme blessé par balle à une cuisse s'est présenté aux urgences. Ce dernier, peu loquace, aurait déclaré s'être fait tirer dessus avenue Lénine à Nancy par un inconnu. Le signalement de deux individus ayant déposé la victime, communiqué par le personnel hospitalier, permettra l'interpellation du conducteur du véhicule à 00h45. La victime, dont le pronostic vital n'est pas engagé, a été admise à l'hôpital.

Questions

❶ La victime est entre la vie et la mort :

☐ a. Vrai ☐ b. Faux ☐ c. On ne peut pas savoir

❷ La victime s'est montrée coopérative avec les forces de l'ordre :

☐ a. Vrai ☐ b. Faux ☐ c. On ne peut pas savoir

❸ La victime a reçu un coup de couteau :

☐ a. Vrai ☐ b. Faux ☐ c. On ne peut pas savoir

❹ La victime est blessée au bras :

☐ a. Vrai ☐ b. Faux ☐ c. On ne peut pas savoir

❺ Deux individus ont été arrêtés dans cette affaire :

☐ a. Vrai ☐ b. Faux ☐ c. On ne peut pas savoir

❻ La victime connaissait son agresseur

☐ a. Vrai ☐ b. Faux ☐ c. On ne peut pas savoir

Texte 7

Le mercredi 8 juillet à 21h45, au 5, avenue des Chouans à Quiberon (56), dans une épicerie, trois individus masqués et vêtus de noir, dont l'un muni d'une bombe lacrymogène, ont pénétré dans l'établissement et se sont fait remettre la somme de 350 euros. Ils ont pris la fuite à pied dans une direction ignorée. Il n'y a pas eu de blessé.

Questions

❶ Les malfaiteurs étaient une demi-douzaine :

☐ a. Vrai ☐ b. Faux ☐ c. On ne peut pas savoir

❷ Le gérant de l'épicerie a été roué de coups :

☐ a. Vrai ☐ b. Faux ☐ c. On ne peut pas savoir

❸ Le montant du préjudice est de 450 euros :

☐ a. Vrai ☐ b. Faux ☐ c. On ne peut pas savoir

❹ Les malfaiteurs ont agi le visage dissimulé :

☐ a. Vrai ☐ b. Faux ☐ c. On ne peut pas savoir

❺ Les malfaiteurs étaient en possession d'une bombe lacrymogène :

☐ a. Vrai ☐ b. Faux ☐ c. On ne peut pas savoir

❻ Les malfaiteurs ont pris la fuite pédestrement :

☐ a. Vrai ☐ b. Faux ☐ c. On ne peut pas savoir

Texte 8

Le samedi 10 octobre, la trentaine de militants du syndicat FTR qui stationnait depuis 9h00 dans le bureau du Secrétaire Général de l'hôpital Jérôme Lejeune, au 17, avenue Saint-Thomas-d'Aquin à Dax (40) pour protester contre les restructurations en cours dans l'hôpital, ont quitté les lieux à 18h30 après l'arrivée du directeur de l'établissement et le début de négociations avec une délégation dans une salle de l'hôpital.

Questions

❶ Il s'agit d'un conflit du travail :

☐ a. Vrai ☐ b. Faux ☐ c. On ne peut pas savoir

❷ Certains locaux hospitaliers ont été occupés par les manifestants :

☐ a. Vrai ☐ b. Faux ☐ c. On ne peut pas savoir

❸ Le directeur de l'hôpital est intervenu :

☐ a. Vrai ☐ b. Faux ☐ c. On ne peut pas savoir

❹ L'hôpital est en cours de restructuration :

☐ a. Vrai ☐ b. Faux ☐ c. On ne peut pas savoir

❺ Les manifestants ont été reçus par la direction de l'hôpital :

☐ a. Vrai ☐ b. Faux ☐ c. On ne peut pas savoir

❻ Les gendarmes ont dû déloger les manifestants :

☐ a. Vrai ☐ b. Faux ☐ c. On ne peut pas savoir

Texte 9

Le mercredi 10 mai à 16h30, grâce à un renseignement anonyme, les enquêteurs de la Brigade de recherche de Limoges (87) en collaboration avec les douanes de Périgueux (24) ont procédé à l'interpellation d'un individu en flagrant délit devant son domicile, 17 rue Nicolas-Bouvier à Limoges. L'individu était en possession de 24 cartouches de cigarettes et de 900 grammes de tabac à narguilé. Lors de la perquisition de son domicile, 504 cartouches de cigarettes de marque MR étaient découvertes.

Questions

❶ L'individu interpellé a été placé en garde à vue :

☐ a. Vrai ☐ b. Faux ☐ c. On ne peut pas savoir

❷ La perquisition de son domicile a été positive :

☐ a. Vrai ☐ b. Faux ☐ c. On ne peut pas savoir

❸ Dix douaniers accompagnaient les gendarmes :

☐ a. Vrai ☐ b. Faux ☐ c. On ne peut pas savoir

❹ Les douaniers venaient de Limoges :

☐ a. Vrai ☐ b. Faux ☐ c. On ne peut pas savoir

❺ Un total de 528 cartouches était découvert :

☐ a. Vrai ☐ b. Faux ☐ c. On ne peut pas savoir

❻ L'individu a été arrêté sur son lieu de travail :

☐ a. Vrai ☐ b. Faux ☐ c. On ne peut pas savoir

Texte 10

Le mercredi 4 mai à 21h25, 4 avenue Léon-de-Montesquiou à Auch (32), les gendarmes en patrouille ont interpellé un individu cagoulé se dissimulant derrière un véhicule en stationnement. Le mis en cause était porteur d'un sac à dos contenant un pistolet à plomb, une bombe lacrymogène et un marteau brise-vitre.

Questions

❶ Les gendarmes ont arrêté l'individu d'initiative :
☐ a. Vrai ☐ b. Faux ☐ c. On ne peut pas savoir

❷ L'individu arrêté était armé :
☐ a. Vrai ☐ b. Faux ☐ c. On ne peut pas savoir

❸ L'individu a cherché à se cacher :
☐ a. Vrai ☐ b. Faux ☐ c. On ne peut pas savoir

❹ L'individu a été arrêté le matin :
☐ a. Vrai ☐ b. Faux ☐ c. On ne peut pas savoir

❺ Les gendarmes étaient au nombre de trois :
☐ a. Vrai ☐ b. Faux ☐ c. On ne peut pas savoir

❻ L'individu allait commettre une agression :
☐ a. Vrai ☐ b. Faux ☐ c. On ne peut pas savoir

Texte 11

Le jeudi 5 août à 00h40, 4 rue des Janissaires à Blois (41), une femme s'est jetée de la fenêtre de son appartement située au 7e étage. Découverte inanimée par un voisin qui l'avait entendu chuter dans la cour intérieure de l'immeuble, elle est décédée à 01h00 malgré un massage pratiqué par le SAMU. Aucun élément suspect n'a été découvert.

Questions

❶ Il s'agit vraisemblablement d'un suicide :
☐ a. Vrai ☐ b. Faux ☐ c. On ne peut pas savoir

❷ La victime était mineure :
☐ a. Vrai ☐ b. Faux ☐ c. On ne peut pas savoir

❸ La victime a connu une longue agonie :
☐ a. Vrai ☐ b. Faux ☐ c. On ne peut pas savoir

❹ La victime a chuté sur dix étages :
☐ a. Vrai ☐ b. Faux ☐ c. On ne peut pas savoir

❺ La victime était seule dans son appartement :
☐ a. Vrai ☐ b. Faux ☐ c. On ne peut pas savoir

❻ Un voisin a donné l'alerte :
☐ a. Vrai ☐ b. Faux ☐ c. On ne peut pas savoir

Texte 12

Le mardi 15 juin en début de matinée, une jeune adolescente de 15 ans qui avait disparu depuis le 1er juin dans le quartier du Port à Nantes (44), s'est présentée d'elle-même à la gendarmerie de Pornic (44). La jeune fille a déclaré avoir fugué pour échapper à un placement en internat et avoir été hébergée par des amis.

Questions

❶ Il s'agit d'une mineure en fugue :
☐ a. Vrai ☐ b. Faux ☐ c. On ne peut pas savoir

❷ La jeune fille était disparue depuis près d'un mois :
☐ a. Vrai ☐ b. Faux ☐ c. On ne peut pas savoir

❸ Pendant sa fugue, la jeune fille a dormi dans la rue :
☐ a. Vrai ☐ b. Faux ☐ c. On ne peut pas savoir

❹ La jeune fille s'est rendue à la police :
☐ a. Vrai ☐ b. Faux ☐ c. On ne peut pas savoir

❺ Au départ, la trace de la jeune fille a été perdue à Nantes :
☐ a. Vrai ☐ b. Faux ☐ c. On ne peut pas savoir

❻ La jeune fille n'a pu expliquer son geste :
☐ a. Vrai ☐ b. Faux ☐ c. On ne peut pas savoir

Texte 13

Le lundi 7 avril dès 11h, un rassemblement des adjoints techniques municipaux est organisé à l'appel du syndicat TFG-PLMK, afin de protester contre la réforme gouvernementale des municipalités, place Fouquet à Dijon (21), aux abords du Conseil régional de Bourgogne. Une centaine de personnes y a participé.

Questions

❶ La manifestation entend s'opposer à un projet gouvernemental :
☐ a. Vrai ☐ b. Faux ☐ c. On ne peut pas savoir

❷ La manifestation a eu lieu près d'un bâtiment public :
☐ a. Vrai ☐ b. Faux ☐ c. On ne peut pas savoir

❸ La manifestation a rassemblé moins de 50 personnes :
☐ a. Vrai ☐ b. Faux ☐ c. On ne peut pas savoir

❹ La manifestation est spontanée :

☐ a. Vrai ☐ b. Faux ☐ c. On ne peut pas savoir

❺ La manifestation a commencé en début d'après-midi :

☐ a. Vrai ☐ b. Faux ☐ c. On ne peut pas savoir

❻ La manifestation a pris fin à 17h30 :

☐ a. Vrai ☐ b. Faux ☐ c. On ne peut pas savoir

Texte 14

Le samedi 8 mars, une tentative de vol à main armée a été commise vers 09h30, au préjudice du magasin « Les bijoux merveilleux » sis 5/6, rue Antoine-Blondin à Limours (87). Un individu porteur d'une arme de poing a menacé une employée afin de se faire remettre du numéraire. Face à la panique de la victime, le malfaiteur a renoncé et s'est enfui à pied dans une direction ignorée. Il n'y a eu ni coup de feu, ni personne blessée.

Questions

❶ Le montant du préjudice est nul :

☐ a. Vrai ☐ b. Faux ☐ c. On ne peut pas savoir

❷ L'employée a fait preuve de sang-froid :

☐ a. Vrai ☐ b. Faux ☐ c. On ne peut pas savoir

❸ Le malfaiteur était aidé d'un complice :

☐ a. Vrai ☐ b. Faux ☐ c. On ne peut pas savoir

❹ L'arme de poing était factice :

☐ a. Vrai ☐ b. Faux ☐ c. On ne peut pas savoir

❺ Le malfaiteur s'est enfui par un moyen ignoré :

☐ a. Vrai ☐ b. Faux ☐ c. On ne peut pas savoir

❻ La boutique a déjà fait l'objet de plusieurs braquages :

☐ a. Vrai ☐ b. Faux ☐ c. On ne peut pas savoir

Texte 15

Le mercredi 10 janvier à 12h20, un homme de 37 ans a été interpellé pour des faits d'infraction à la législation sur les stupéfiants. L'individu procédait à une transaction à l'angle de l'avenue des Compagnons-de-Jéhu et de la rue Pierre-Joubert à Château-Landon (77). Il était en possession de 50 grammes d'héroïne. La perquisition de son domicile a amené la découverte de 45 grammes d'héroïne, de 12 grammes de cocaïne, de 11 grammes d'herbe, de bicarbonate, d'une balance de précision, du matériel nécessaire au conditionnement des substances et de 1 500 euros. Aucun acheteur n'a été appréhendé.

Questions

❶ L'homme arrêté est un trafiquant de stupéfiants :
☐ a. Vrai ☐ b. Faux ☐ c. On ne peut pas savoir

❷ Le domicile de l'interpellé a été fouillé :
☐ a. Vrai ☐ b. Faux ☐ c. On ne peut pas savoir

❸ Lors de son arrestation, l'individu détenait de la cocaïne :
☐ a. Vrai ☐ b. Faux ☐ c. On ne peut pas savoir

❹ Du numéraire a été découvert au cours de l'enquête :
☐ a. Vrai ☐ b. Faux ☐ c. On ne peut pas savoir

❺ L'homme a été arrêté en pleine nuit :
☐ a. Vrai ☐ b. Faux ☐ c. On ne peut pas savoir

❻ L'individu avait déjà eu affaire à la Justice :
☐ a. Vrai ☐ b. Faux ☐ c. On ne peut pas savoir

Corrigé

Texte n° 1 : 1-b, 2-b, 3-a, 4-b, 5-a, 6-a

Texte n° 2 : 1-b, 2-b, 3-b, 4-b, 5-c, 6-c

Texte n° 3 : 1-a, 2-c, 3-b, 4-b, 5-a, 6-c

Texte n° 4 : 1-b, 2-b, 3-a, 4-b, 5-a, 6-a

Texte n° 5 : 1-b, 2-a, 3-b, 4-b, 5-a, 6-c

Texte n° 6 : 1-b, 2-b, 3-b, 4-b, 5-b, 6-c

Texte n° 7 : 1-b, 2-b, 3-b, 4-a, 5-a, 6-a

Texte n° 8 : 1-a, 2-a, 3-a, 4-a, 5-a, 6-b

Texte n° 9 : 1-c, 2-a, 3-c, 4-b, 5-a, 6-b

Texte n° 10 : 1-a, 2-a, 3-a, 4-b, 5-c, 6-c

Texte n° 11 : 1-a, 2-c, 3-b, 4-b, 5-c, 6-a

Texte n° 12 : 1-a, 2-b, 3-b, 4-b, 5-a, 6-b

Texte n° 13 : 1-a, 2-a, 3-b, 4-b, 5-b, 6--c

Texte n° 14 : 1-a, 2-b, 3-b, 4-c, 5-b, 6-c

Texte n° 15 : 1-a, 2-a, 3-b, 4-a, 5-b, 6-c

SUJET 3 : Étude de texte – Annales 2021

DIFFICULTÉ : ×× × / DURÉE : 1 HEURE

TEXTE N° 1

AUSTRALIE : CES GRAPHIQUES QUI RÉVÈLENT L'AMPLEUR D'INCENDIES HISTORIQUES

Les Échos, Leïla Marchand, Jules Grandin
Publié le 10 janvier 2020

(...)

Où se situent les incendies ?

Des incendies se sont déclarés dans tous les États australiens, mais la Nouvelle-Galles du Sud - dont Sydney est la capitale - est la plus durement touchée. Les déserts s'étendant sur une grande partie du centre du pays, les feux se sont surtout déclarés sur les côtes, dans les zones de végétation. Certaines des plus grandes villes ont été touchées, notamment Melbourne et Sydney

Les flammes qui ont dévoré les forêts tropicales ont particulièrement alarmé les scientifiques, de tels feux étant très rares dans ces zones plus fraîches et humides.

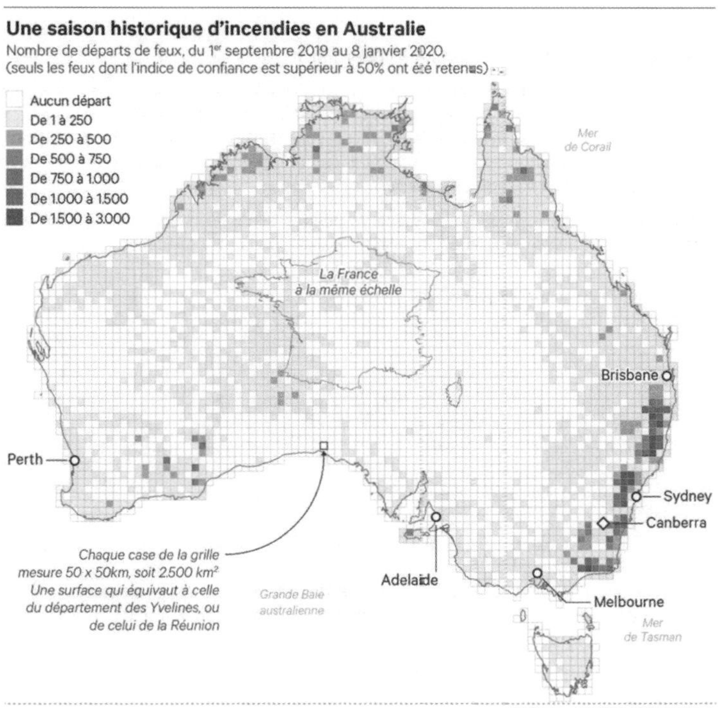

Quelles surfaces ont brûlé ?

Les flammes ont ravagé plus de 80.000 km^2 de brousse, zones boisées et parcs nationaux. Cela correspond à la superficie de l'Irlande ou à deux fois la superficie de la Suisse. Si les incendies avaient lieu en France, cela correspondrait à la totalité de la région Nouvelle-Aquitaine.

Un bilan pire que celui des récents incendies en Amazonie. Pour rappel, près de 25.000 kilomètres carrés sont partis en fumée en août dans la plus grande forêt tropicale au monde. En 2018, les incendies en Californie avaient détruit près de 8.000 kilomètres carrés lors d'une des pires saisons de feux de forêt qu'ait connue cet État américain.

Surface brûlée depuis le début de la vague d'incendies et comparaison avec d'autres surfaces, en km2

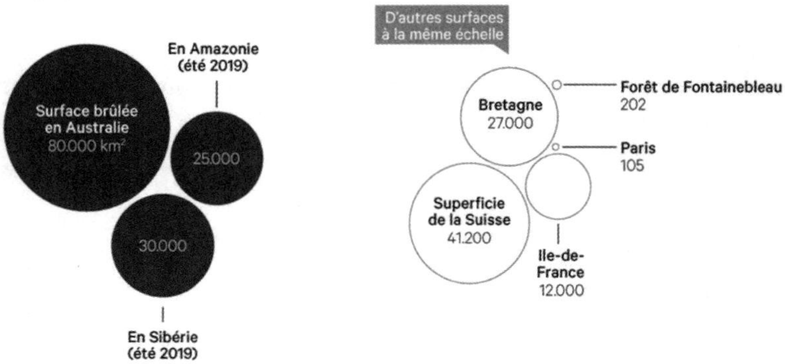

«LES ÉCHOS» / SOURCES : NASA, MODIS C6, AFP

(...)

Pourquoi cette année le sinistre est-il plus important ?

Bien que l'île-continent, très aride, connaisse chaque année des feux de brousse, cette saison a été pire que la normale et a commencé très tôt. Des températures records, une sécheresse prolongée et des vents forts soufflant à travers le territoire se sont additionnés pour créer des conditions propices à des feux de grande ampleur. À la mi-décembre, le mercure est monté à des niveaux jamais vu, avec un record à 41,9 degrés Celsius.

Selon les services météorologiques australiens, la période allant de janvier à novembre a été la deuxième plus sèche jamais enregistrée depuis 1902 ainsi que la plus chaude jamais observée.

Précipitations moyennes annuelles depuis 1940
en millimètres

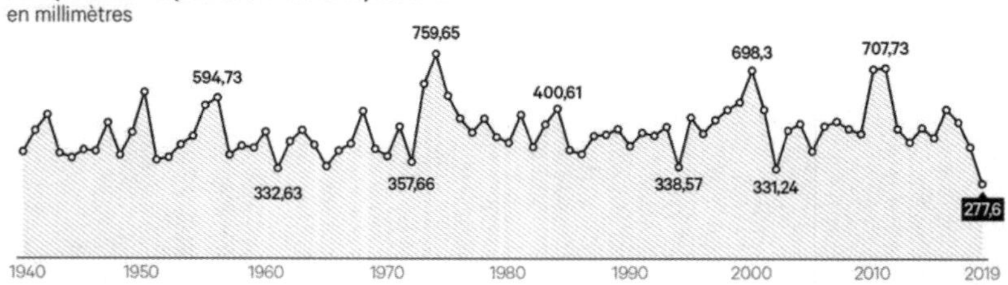

«LES ÉCHOS» / SOURCE : BUREAU OF METEOROLOGY (GOUVERNEMENT AUSTRALIEN)

Des actes criminels sont parfois à blâmer dans le déclenchement des incendies, ainsi que le défrichement des terres. Mais ce contexte climatique extrême confirme les prédictions des scientifiques : les incendies meurtriers deviendront plus fréquents et plus intenses à mesure que le réchauffement climatique s'aggrave. Depuis 1910, les températures du pays se sont élevées en moyenne d'environ un degré Celsius.

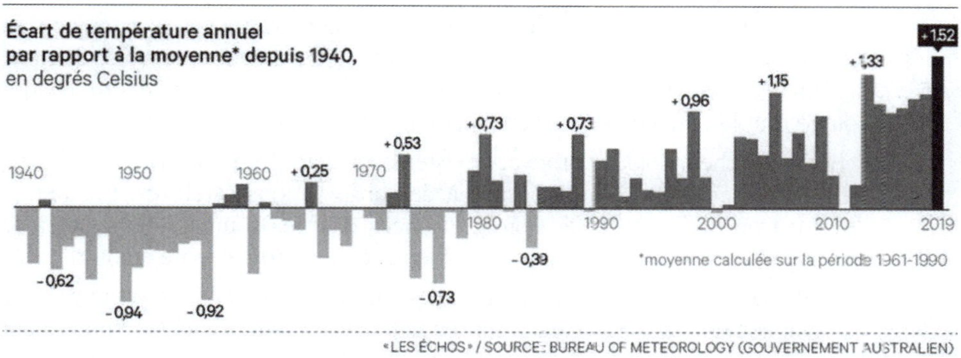

TEXTE N° 2

Les incendies de 2019 et 2020 en Australie ont projeté autant de fumée dans la stratosphère qu'une éruption volcanique

Selon une étude publiée dans la revue « Science », une couverture de fumée est restée au moins six mois dans la stratosphère, avec des conséquences importantes sur le climat.

Le Monde avec AFP Publié le 19 mars 2021

Les incendies massifs qui ont ravagé l'Australie, en 2019 et 2020, ont projeté autant de fumée qu'une importante éruption volcanique avec des conséquences importantes sur le climat, révèle une étude publiée jeudi 18 mars dans la revue scientifique Science.

La stratosphère, qui est la deuxième couche constituant l'atmosphère – au-dessus de la troposphère dans laquelle nous vivons – a été particulièrement affectée. La quantité de fumée est comparable à celle entraînée par l'éruption du mont Pinatubo en 1991 dans les Philippines, la deuxième plus grosse éruption au XXe siècle.

« Nous avons été extrêmement surpris » par ces résultats, a confié à l'Agence France-Presse (AFP) Ilan Koren, professeur au Weizmann Institute of Science, en Israël, et coauteur de l'étude. La fumée « a quitté l'Australie par l'est, et est revenue sur l'Australie depuis l'ouest au bout de deux semaines, c'est incroyable », a-t-il expliqué. « Je n'ai jamais vu une telle injection dans la stratosphère. »

« Couvre tout l'hémisphère Sud »

La fumée a atteint cette hauteur à cause d'une combinaison de trois facteurs, selon l'étude. D'abord, l'intensité des feux. Ensuite, le fait qu'une partie d'entre eux ait été située très au sud, là où la limite entre la troposphère et la stratosphère est plus basse. Enfin, les incendies se situaient également près d'une région de fortes tempêtes, ce qui a contribué à élever les fumées en altitude.

Le fait qu'elles aient atteint cette hauteur est crucial : dans l'atmosphère basse, la fumée ne subsiste que quelques jours ou semaines. « Mais lorsqu'elle atteint la stratosphère, elle reste entre plusieurs mois ou années », explique Ilan Koren. De plus, les vents y sont plus forts, ce qui a pour conséquence de diffuser la fumée loin et vite. « Ce qu'on obtient, c'est une fine couverture de fumée qui couvre tout l'hémisphère Sud pendant de nombreux mois », résume M. Koren.

Les chercheurs ont pu prouver l'existence de cette fumée de janvier à juillet 2020, soit pendant six mois, grâce à des observations satellites. Ensuite, il devient trop difficile de séparer ces fumées d'autres sources, mais, selon le chercheur, elles subsistent « très probablement » en partie encore aujourd'hui.

Cette couche de fumée a pour principal effet de refléter et renvoyer une partie du rayonnement solaire. « Cela a clairement un effet refroidissant », notamment sur les océans situés en-dessous, dit le chercheur. Avec potentiellement de lourdes conséquences, par exemple sur les algues qui font de la photosynthèse, particulièrement présentes dans l'hémisphère Sud. Par ailleurs, une partie du rayonnement peut être absorbé par la fumée, et provoquer au contraire un réchauffement localisé, dont les conséquences « ne sont pas encore claires ».

Questions sur le texte 1

❶ La vague d'incendies de 2019-2020 en Australie a concerné :
☐ a. tous les États australiens à des degrés divers.
☐ b. surtout les zones de déserts situées dans le centre du continent.
☐ c. notamment des zones de forêts tropicales.
☐ d. uniquement la Nouvelle-Galles du Sud.

❷ Les départs de feux ont été plus particulièrement nombreux :
☐ a. dans le Sud-Est de l'île-continent.
☐ b. dans le Sud-Ouest de l'île-continent.
☐ c. dans le Centre-Ouest de l'île-continent.
☐ d. dans la région de Sydney.
☐ e. dans la région de Perth.

❸ Les flammes ont ravagé des étendues :
☐ a. supérieures à la superficie de l'Île-de-France.
☐ b. comparables à la superficie de la Suisse.
☐ c. équivalentes à la superficie de l'Irlande.
☐ d. inférieures à la superficie de la Bretagne.

❹ Les surfaces brulées par les incendies y ont été :
☐ a. plus de trois fois supérieures aux surfaces brûlées en Amazonie en 2019.
☐ b. deux fois supérieures à la superficie de la Sibérie.
☐ c. supérieures à celles ravagées par les incendies de 2018 en Californie.

❺ L'Australie connaît globalement un climat :
☐ a. aride.
☐ b. tempéré.
☐ c. humide.
☐ d. comportant peu de précipitations.

❻ Indiquez l'(les) affirmation(s) exacte(s) relative(s) aux précipitations que connaît l'Australie depuis 1940 :
☐ a. c'est dans les années 1980 que l'Australie a connu l'année la plus humide.
☐ b. l'année la plus humide correspond à un pic d'environ 760 mm de précipitations.
☐ c. les principaux creux de précipitations correspondant aux années sèches se sont produits après 1960.
☐ d. 2019 est l'année la plus sèche enregistrée.

❼ Quel(s) facteur(s) peu(ven)t expliquer ou aggraver le déclenchement des incendies ?
☐ a. le défrichement des terres.
☐ b. des actes criminels.
☐ c. le réchauffement climatique.

❽ Indiquez l'(les) affirmation(s) exacte(s) relative(s) aux températures que connaît l'Australie depuis 1940 :
☐ a. La température moyenne a augmenté de 1,52 degré Celsius depuis 1940.
☐ b. L'année 2019 se caractérise par un écart à la moyenne de +1,52 degré Celsius.
☐ c. Les années les plus chaudes se sont majoritairement produites depuis 1990.

Questions sur le texte 2

❶ Quelle est ou quelles sont la(les) thèse(s) présentée(s) dans l'article ?
☐ a. Les incendies de 2019 et 2020 en Australie ont produit davantage de fumée qu'une éruption volcanique.
☐ b. Les incendies récents en Amazonie ont produit autant de fumée qu'une éruption volcanique.
☐ c. Les incendies de 2019 et 2020 en Australie ont produit autant de fumée qu'une éruption volcanique.
☐ d. Ces incendies ont des conséquences sur le climat.
☐ e. Ces incendies ont endommagé la troposphère.

❷ Dans quelle revue a été publiée l'étude abordée dans cet article ?
☐ a. Le Monde.
☐ b. Science.
☐ c. Agence France Presse.

❸ Qui est Ilan Koren ?
☐ a. Un journaliste de l'AFP.
☐ b. Un scientifique.
☐ c. Un des auteurs de l'étude citée.
☐ d. L'unique auteur de l'étude citée.
☐ e. Un témoin direct des incendies.

❹ Qu'est-ce que la stratosphère ?
☐ a. Les strates de l'atmosphère terrestre.
☐ b. La couche la plus basse de l'atmosphère terrestre.
☐ c. La couche la plus haute de l'atmosphère terrestre.
☐ d. La deuxième couche de l'atmosphère terrestre.
☐ e. La couche de l'atmosphère terrestre dans laquelle nous vivons.

❺ Comment s'appelle la couche la plus basse de l'atmosphère terrestre ?
☐ a. La troposphère.
☐ b. La stratosphère.
☐ c. La thermosphère.
☐ d. La mésosphère.

❻ La quantité de fumée produite par les incendies australiens :
☐ a. est comparable à celle produite par la plus grande éruption du XXe siècle.
☐ b. est comparable à celle produite par l'éruption du Pinatubo en 1991.
☐ c. est comparable à celle de la deuxième plus grosse éruption du XXe siècle.
☐ d. est supérieure à celle de toutes les éruptions volcaniques du XXe siècle.

❼ Pourquoi la fumée a-t-elle atteint la stratosphère ?
☐ a. Car les incendies ont été d'une intensité exceptionnelle.
☐ b. Car il n'y a pas eu de vent.
☐ c. Du fait de la présence de tempêtes qui ont contribué à élever les fumées.
☐ d. Car la limite entre la troposphère et la stratosphère est plus basse au sud du globe.
☐ e. Car une éruption volcanique a eu lieu en même temps que les incendies.

❽ « La stratosphère [...] a été particulièrement affectée » (ligne 5), cela signifie que :
☐ a. La stratosphère a été très atteinte par ces fumées.
☐ b. Une infection a gagné la stratosphère, se propageant dans l'air qu'on respire.
☐ c. La stratosphère a été épargnée par les fumées.
☐ d. La stratosphère a été très peu touchée par les fumées.

❾ La fumée « a quitté l'Australie par l'est, et est revenue sur l'Australie depuis l'ouest au bout de deux semaines, c'est incroyable ». Pourquoi ?
☐ a. Parce que la fumée est restée sur l'Australie, d'abord à l'est, puis à l'ouest.
☐ b. Parce qu'une fumée reste normalement sur place en cas d'incendie.
☐ c. Parce que cela signifie que la fumée a fait le tour de la Terre en deux semaines.

❿ Une « combinaison de facteurs », c'est :
☐ a. une opération mathématique qui permet de calculer la vitesse de la fumée.
☐ b. une tenue de lutte contre l'incendie.
☐ c. plusieurs causes qui interviennent en même temps.

⓫ Indiquez la signification ou un (des) exemple(s) de « hémisphère » :
☐ a. petite sphère.
☐ b. moitié d'une sphère.
☐ c. moitié du globe terrestre.
☐ d. couche de l'atmosphère.

⓬ Quelle est ou quelles sont la (les) conséquence(s) du fait que la fumée demeure dans la stratosphère ?

☐ a. Les vents y sont plus forts et diffusent la fumée plus loin et plus vite.

☐ b. La fumée reste plus longtemps dans l'atmosphère.

☐ c. La fumée se dissout plus rapidement dans l'atmosphère.

⓭ Pourquoi « le fait qu'elles aient atteint cette hauteur » est-il « crucial » ?

☐ a. Parce que les fumées qui restent dans la couche basse de l'atmosphère n'y restent pas très longtemps, contrairement à celles qui atteignent la stratosphère.

☐ b. Parce que dans la stratosphère les vents plus forts propagent les fumées plus vite.

☐ c. Parce que les fumées ont disparu rapidement.

☐ d. Parce que les fumées ont eu moins de conséquences sur les hommes.

⓮ Quelle est ou quelles sont la (les) conséquence(s) des fumées de ces incendies sur le climat?

☐ a. Les fumées reflètent et renvoient une partie des rayons du soleil, ce qui refroidit le climat et notamment les océans.

☐ b. Les fumées absorbent les rayonnements et provoquent un réchauffement localisé.

☐ c. Les fumées accentuent le phénomène de réchauffement climatique au niveau mondial.

☐ d. Les fumées provoquent des vents violents.

⓯ « Les algues qui font de la photosynthèse » (ligne 35), cela signifie que les algues :

☐ a. absorbent les bactéries nocives qui les entourent.

☐ b. transforment le carbone grâce à la lumière.

☐ c. dégagent de l'oxygène.

⓰ De quelle(s) façon(s) les chercheurs ont-ils prouvé la persistance des fumées ?

☐ a. en relevant les températures en Australie.

☐ b. en relevant la température des océans pendant 6 mois.

☐ c. en étudiant la composition de l'atmosphère.

☐ d. en les observant avec des satellites pendant 6 mois.

⓱ « ...elles subsistent "très probablement" en partie encore aujourd'hui. » (ligne 31), cela signifie que :

☐ a. les fumées restent de façon certaine encore aujourd'hui dans l'atmosphère.

☐ b. Il est vraisemblable qu'une partie des fumées se trouve encore certainement aujourd'hui dans l'atmosphère.

☐ c. des fumées continuent à être produites aujourd'hui dans la région des incendies.

⓲ Australie : le nom de ce pays vient de l'adjectif « austral » et signifie :

☐ a. qu'on y a découvert de nombreux ossements d'Australopithèques.

☐ b. qu'il se situe dans l'Hémisphère Sud.

☐ c. que les premiers colons ont trouvé le pays austère.

☐ d. que le premier à découvrir ce territoire s'appelait « Austral ».

⓳ L'adjectif de la même famille que « stratosphère » est :

☐ a. stratosphéreux.

☐ b. stratosphérique.

☐ c. stratosphéré.

⑳ « ... elles subsistent "très probablement" encore aujourd'hui » (ligne 31). Quel est ou quels sont le(s) synonyme(s) du verbe subsister ?

☐ a. Tester.
☐ b. S'étendre.
☐ c. Continuer.
☐ d. Survoler.

㉑ Quel est ou quels sont le(s) mot(s) de la famille de « volcan » ?

☐ a. Volcanologue.
☐ b. Vulcanien.
☐ c. Volute.
☐ d. volubile.

㉒ Quel est ou quels sont l'(les) antonyme(s) de « crucial » (ligne 21) ?

☐ a. Insignifiant.
☐ b. Important.
☐ c. extraordinaire.
☐ d. dangereux.

Corrigé du texte 1

❶ a. Tous les États australiens à des degrés divers.

❷ b. Dans le Sud-Ouest de l'île-continent.

❸ c. Équivalentes à la superficie de l'Irlande.

❹ a. Plus de trois fois supérieures aux surfaces brûlées en Amazonie en 2019 et c. Supérieures à celles ravagées par les incendies de 2018 en Californie.

❺ a. Aride.

❻ b. L'année la plus humide correspond à un pic d'environ 760 mm de précipitations, c. Les principaux creux de précipitations correspondant aux années sèches se sont produits après 1960 et d. 2019 est l'année la plus sèche enregistrée.

❼ b. Des actes criminels et c. Le réchauffement climatique.

❽ b. L'année 2019 se caractérise par un écart à la moyenne de +1,52 degré Celsius et c. Les années les plus chaudes se sont majoritairement produites depuis 1990.

Corrigé du texte 2

❶ c. Les incendies de 2019 et 2020 en Australie ont produit autant de fumée qu'une éruption volcanique et d. Ces incendies ont des conséquences sur le climat.

❷ b. Science.

❸ b. Un scientifique et c. Un des auteurs de l'étude citée.

❹ d. La deuxième couche de l'atmosphère terrestre.

❺ a. La troposphère.

❻ b. Est comparable à celle produite par l'éruption du Pinatubo en 1991 et c. Est comparable à celle de la deuxième plus grosse éruption du XXe siècle.

❼ a. Car les incendies ont été d'une intensité exceptionnelle, c. Du fait de la présence de tempêtes qui ont contribué à élever les fumées et d. Car la limite entre la troposphère et la stratosphère est plus basse au sud du globe.

❽ a. La stratosphère a été très atteinte par ces fumées.

❾ b. Parce qu'une fumée reste normalement sur place en cas d'incendie.

❿ c. Plusieurs causes qui interviennent en même temps.

⓫ b. Moitié d'une sphère et c. Moitié du globe terrestre.

⓬ a. Les vents y sont plus forts et diffusent la fumée plus loin et plus vite et b. La fumée reste plus longtemps dans l'atmosphère.

⓭ a. La troposphère.

⓮ a. Les fumées reflètent et renvoient une partie des rayons du soleil, ce qui refroidit le climat et notamment les océans.

⓯ b. Transforment le carbone grâce à la lumière.

⓰ d. En les observant avec des satellites pendant 6 mois.

⓱ b. Il est vraisemblable qu'une partie des fumées se trouve encore certainement aujourd'hui dans l'atmosphère.

⓲ b. Qu'il se situe dans l'Hémisphère Sud.

⓳ b. Stratosphérique.

⓴ c. Continuer.

㉑ a. Volcanologue.

㉒ a. Insignifiant.

QCM de mathématiques (concours externe)

DURÉE 1 HEURE

COEFFICIENT 1

Planning de révisions

À titre indicatif, nous vous indiquons un planning de préparation à l'épreuve d'étude de texte :

PÉRIODES	CONTENU DES RÉVISIONS	NOS OUTILS
Période 1 Une ou deux semaines	Présentation de l'épreuve de mathématiques	Méthodologie et conseils p. 97
Période 2 Une ou deux semaines	Les quatre opérations, nombres entiers et décimaux, fractions Les mesures de longueur, surface et volume	Tout le cours p. 100 à 107
Période 3 Une ou deux semaines	La règle de trois et les pourcentages Les nombres complexes : le temps, les unités de temps, conversion, vitesses et vitesse moyenne	Tout le cours p. 108 à 111
Période 4 Une ou deux semaines	Les équations à une ou deux inconnues Petits exercices d'entraînement	Tout le cours p. 112
Période 5 Une ou deux semaines	Entraînement : problèmes d'entraînement	Entraînement p. 114
Période 6 Une ou deux semaines	Entraînement : QCM d'entraînement n° 1 et 2 et sujet 2021	Sujets corrigés p. 123

Méthodologie et conseils

1. Les conditions de l'épreuve

Destinée aux candidats du concours externe, l'épreuve de mathématiques dure une heure et est affectée d'un coefficient 1. Elle consiste en un QCM sur des problèmes de mathématiques.

Puisque la calculette est autorisée, pensez bien à en prendre une pour le jour de l'épreuve et à vérifier les piles. Idéalement, à titre de sécurité, munissez-vous de piles supplémentaires.

Vous devez uniquement utiliser un stylo-bille à encre bleue ou noire non effaçable.

Répondez aux questions en indiquant la (ou les) réponse(s) uniquement sur la grille de réponses fournie le jour du concours dans le respect des consignes transmises.

Aucune inscription ou annotation (signature, tâche, signe distinctif…) autre que celle(s) indiquée(s) dans le formulaire de réponses ne doit figurer sur votre grille.

Les feuilles de brouillons et/ou l'original du questionnaire ne seront pas corrigés.

2. Le programme de l'épreuve

Selon l'arrêté organisant le concours de caporal de sapeurs-pompiers professionnels, le programme de mathématiques est le suivant :

- les quatre opérations : nombres entiers, nombres décimaux, fractions, mesures de longueur, surfaces, capacités, poids, densité, règles de trois, partages proportionnels ;
- les lignes droites, perpendiculaires, autres polygones, cercles, secteurs, segments, arc ;
- volumes courants : parallélépipède, prisme, cylindre, cône, sphère ;
- nombres complexes : le temps, les unités de temps, conversions, vitesse moyenne.

Ces problèmes pourront prendre l'aspect d'exercices numériques ou de géométrie (calcul d'aires, de volume, mesures de quantité, de temps, de longueur…).

3. Le barème de l'épreuve

Le barème de correction est le suivant :

- réponse intégralement juste : + 1 point ;
- réponse juste mais partielle : + 0,5 point ;
- réponse fausse : – 1 point ;
- absence de réponse : 0 point.

Il peut donc y avoir plusieurs bonnes réponses pour une même question, ce qui implique de bien lire l'ensemble des propositions, et non de s'arrêter à la première bonne proposition.

De même, une absence de réponse apporte 0 point, tandis qu'une réponse fausse pénalise d'un point. Par conséquent, il est préférable de s'abstenir de répondre à une question dont on ne connaît pas la réponse, plutôt que de répondre au hasard et risquer ainsi d'être pénalisé par un point en moins.

4. Quelques conseils pour réussir l'épreuve

■ **Le jour du concours**, vous aurez à résoudre les QCM de mathématiques en 1 heure. La gestion du temps est donc essentielle :

- lisez attentivement les questions posées, mais ne perdez pas de temps si vous ne trouvez pas rapidement la réponse, passez à la question suivante, quitte à y revenir par la suite ;
- n'utilisez votre brouillon que pour effectuer les opérations, et non pas pour tout rédiger ;
- pensez à garder du temps pour relire vos réponses et pouvoir les compléter si besoin.

■ **Pour les questions de calcul :**

- pour effectuer une suite de calculs, posez des calculs entre parenthèses et commencez par ceux-ci ;
- la valeur généralement retenue pour π est 3,14 : entraînez-vous donc en prenant cette valeur.

■ **En géométrie**, lors du concours, il y a régulièrement des calculs d'aire ou de périmètre avec des dessins géométriques complexes. Dans ce cas :

- décomposez le dessin en différentes figures géométriques simples et dont vous connaissez les formules de calcul d'aire ou de périmètre (exemple : un rectangle et un triangle) ;
- calculez l'aire ou le périmètre de chaque figure géométrique, puis additionnez les résultats.

10 ERREURS À NE PAS COMMETTRE

1. Négliger d'apprendre les rappels essentiels de mathématiques.
2. Ne pas s'entraîner à l'épreuve de QCM mathématiques.
3. Ne pas lire avec attention l'énoncé des questions.
4. Vouloir aller trop vite.
5. Perdre du temps à rédiger toutes les réponses au brouillon.
6. Ne pas cocher de manière claire et univoque les cases des réponses choisies.
7. Ne pas faire les calculs dans la bonne unité.
8. Ne pas surveiller sa montre pour tenir compte de la durée de l'épreuve.
9. Perdre du temps sur une réponse que l'on ne trouve pas.
10. Ne pas se relire à la fin de l'épreuve.

10 CONSEILS À SUIVRE

1. Bien apprendre les connaissances de mathématiques figurant au programme de l'épreuve.
2. Porter une attention particulière aux conversions d'unités (poids, surface, volume et temps) et aux calculs des surfaces, des volumes et des pourcentages.
3. S'entraîner très régulièrement aux mathématiques : plusieurs problèmes par semaine peuvent facilement être réalisés sans prendre trop de temps.
4. Lire attentivement l'énoncé des questions.
5. N'hésitez pas à souligner les points importants des questions.
6. Prenez votre temps pour faire vos calculs : si un calcul est faux au départ d'une question, il risque fort de fausser une bonne partie des calculs suivants.
7. Faites attention aux unités.
8. Si vous restez bloqué sur une question, passez au problème suivant.
9. Ne répondez jamais au hasard car cela est très pénalisant en cas d'erreur.
10. Prenez toujours le temps de vous relire.

1. Les quatre opérations, nombres entiers et décimaux, fractions

A. Les quatre opérations

Les quatre opérations (addition, soustraction, division et multiplication) des nombres entiers ne doivent pas vous poser de problème. Toutefois, entraînez-vous au calcul mental, dans l'hypothèse où la calculette ne serait pas autorisée au concours que vous passerez.

Vous pouvez vous entraîner au calcul mental en posant par écrit des opérations mathématiques (additions, multiplications, soustractions, divisions, pourcentages, fractions…). Au quotidien, ne négligez pas toutes les occasions de pratiquer le calcul mental : lors de vos courses, calculs de distances ou de vitesses, lors de trajets à pied ou en voiture, calculs de moyenne, ramener à l'unité inférieure ou supérieure (**Exemple :** convertir un salaire mensuel en un salaire annuel).

B. Quelques astuces pour le calcul mental

Afin de simplifier le calcul mental et de vous faire gagner un temps précieux lors des épreuves, il existe quelques astuces simples à retenir.

Pour multiplier par 10, 100, 1 000…, il suffit de déplacer la virgule vers la droite autant de fois qu'il y a de 0.

Diviser par 10, 100, 1 000… revient à multiplier par 0,1 ; 0,01 ; 0,001…

Pour multiplier par 0,1 ; 0,01 ; 0,001…, il faut décaler la virgule vers la gauche autant de fois qu'il y a de 0.

Pour multiplier par 5, 50, 500…, il faut diviser par 2 et multiplier par 10, 100, 1 000…

Pour diviser par 5, 50, 500…, il faut multiplier par 2 et diviser par 10, 100, 1 000…

Multiplier par 0,5 revient à diviser par 2.

Diviser par 0,5 revient à multiplier par 2.

Multiplier par 0,25 revient à diviser par 4.

Diviser par 0,25 revient à multiplier par 4.

Multiplier par 0,75 revient à multiplier par 3 et à diviser ensuite par 4.

Diviser par 0,75 revient à multiplier par 4 et à diviser ensuite par 3.

C. Les nombres entiers

Petit rappel préalable : la valeur absolue d'un nombre est la valeur de ce nombre sans son signe (exemple : la valeur absolue de – 6 est 6).

Additionner des nombres de même signe ne pose pas de problème particulier. Il suffit d'additionner les valeurs absolues de ces nombres et de donner le signe commun de ces nombres au résultat de l'addition.

Exemple : (– 6) + (– 8) = – (6 + 8) = – 14

Additionner des nombres de signes contraires revient en fait à opérer une soustraction. On soustrait le plus petit en valeur absolue au plus grand en valeur absolue. Le résultat est le signe du plus grand.

Exemple :

(– 5) + 7 = 7 – 5 = 2

4 + (– 9) = – (9 – 4) = – 5

Pour soustraire un nombre négatif, il faut ajouter un nombre positif. De même, soustraire un nombre positif revient à un ajouter un nombre négatif.

Exemple :

(– 5) – (– 6) = (– 5) + (+ 6) = + (6 – 5) = + 1 = 1

(– 4) – (+ 2) = (– 4) + (– 2) = – (4 + 2) = – 6

Quand on divise ou multiplie des nombres de même signe, le résultat est toujours positif. Quand on divise ou multiplie des nombres de signes différents, le résultat est négatif.

Exemples :

(– 3) × (– 6) = + 18 = 18

(– 2) × 3 = – 6

(– 6) ÷ 3 = – 2

(– 8) ÷ (– 2) = + 4 = 4

6 ÷ (– 3) = (+ 6) ÷ (– 3) = – 2

D. La priorité des opérations

La division et la multiplication sont prioritaires sur l'addition et la soustraction. Par conséquent, il faut toujours effectuer les divisions et les multiplications, avant les additions et les soustractions.

Exemples :

5 × 2 + 1 = (5 × 2) + 1 = 10 + 1 = 11

8 ÷ 4 – 1 = (8 ÷ 4) – 1 = 2 – 1 = 1

Si une suite de calculs comporte des parenthèses, il faut effectuer d'abord les calculs entre parenthèses.

Exemples :

[(5 × 2) – 3] + 4 = (10 – 3) + 4 = 7 + 4 = 11

E. Les nombres décimaux

Pour les nombres décimaux, entraînez-vous également à poser par écrit vos calculs.

Exemples : 6,3 × 12 =

[(6,3 × 10) × 12] ÷ 10 =

(63 × 12) ÷ 10 =

756 ÷ 10 = 75,6

F. Les fractions

Pour le concours, vous devez savoir simplifier une fraction, comparer deux fractions et effectuer les quatre opérations sur les fractions.

En considérant que a et b sont des nombres entiers, $\frac{a}{b}$ est une fraction, dont a est le numérateur et b le dénominateur.

Pour simplifier une fraction, il faut diviser le numérateur et le dénominateur par un nombre identique.

Exemples :

$$\frac{6}{21} = \frac{2 \times 3}{7 \times 3} = \frac{2}{7}$$

$$\frac{270}{330} = \frac{2 \times 3 \times 5 \times 9}{2 \times 3 \times 5 \times 11} = \frac{9}{11}$$

Il est simple de comparer deux fractions qui ont un dénominateur identique : il suffit de comparer leurs numérateurs.

Exemples :

$$\frac{9}{11} < \frac{10}{11}$$

Si les deux fractions n'ont pas le même dénominateur, il faut d'abord leur donner un dénominateur commun.

Exemples :

$\frac{3}{5}$ et $\frac{1}{3}$

$$\frac{3}{5} = \frac{3 \times 3}{5 \times 3} = \frac{9}{15}$$

$$\frac{1}{3} = \frac{1 \times 5}{3 \times 5} = \frac{5}{15}$$

Pour additionner ou soustraire deux fractions, il faut d'abord les simplifier s'il y a besoin. Ensuite, il faut les réduire au même dénominateur, puis additionner ou soustraire les numérateurs. Enfin, on doit simplifier si possible la fraction obtenue.

Exemples :

$$\frac{1}{12} + \frac{5}{14}$$

$12 = 6 \times 2$

$14 = 7 \times 2$

$6 \times 2 \times 7 = 84$

Donc : $\frac{1}{12} + \frac{5}{14} = \frac{1 \times 7}{84} + \frac{5 \times 6}{84} = \frac{7}{84} + \frac{30}{84} = \frac{37}{84}$

Pour multiplier des fractions, on doit d'abord multiplier les numérateurs et dénominateurs entre eux. Puis, si cela est possible, simplifier la fraction obtenue.

Exemples :

$$\frac{3}{4} \times \frac{7}{9} = \frac{3 \times 7}{4 \times 9} = \frac{21}{36} = \frac{7}{12}$$

Pour diviser une fraction par une autre, il faut multiplier la première fraction par l'inverse de la seconde.

Exemples :

$$\frac{8}{11} \div \frac{1}{5} = \frac{8}{11} \times \frac{5}{1} = \frac{8 \times 5}{11 \times 1} = \frac{40}{11}$$

✎ Entraînement | DIFFICULTÉ : ××× / DURÉE : 10-15 MIN

Questions

❶ $\frac{3}{4} + \frac{5}{6}$

❷ $\frac{1}{3} + \frac{4}{18} + \frac{3}{5}$

❸ $\frac{5}{12} - \frac{1}{3}$

❹ $\frac{11}{14} - \frac{1}{5}$

❺ $\frac{7}{8} - \frac{2}{7}$

❻ $\frac{1}{4} \times \frac{1}{3}$

❼ $(\frac{3}{11} \times \frac{3}{4}) - \frac{1}{11}$

❽ $\frac{5}{3} \times \frac{2}{5}$

❾ $\frac{1}{6} \div \frac{3}{4}$

❿ $\frac{7}{8} \div \frac{1}{2}$

Corrigé

❶ $\frac{3}{4} + \frac{5}{6} = \frac{9}{12} + \frac{10}{12} = \frac{19}{12}$

❷ $\frac{1}{3} + \frac{4}{18} + \frac{3}{5} = \frac{1}{3} + \frac{2}{9} + \frac{3}{5} = \frac{15}{45} + \frac{10}{45} + \frac{27}{45} = \frac{52}{45}$

❸ $\frac{5}{12} - \frac{1}{3} = \frac{5}{12} - \frac{4}{12} = \frac{1}{12}$

❹ $\frac{11}{14} - \frac{1}{5} = \frac{55}{70} - \frac{14}{70} = \frac{41}{70}$

❺ $\frac{7}{8} - \frac{2}{7} = \frac{49}{56} - \frac{16}{56} = \frac{33}{56}$

❻ $\frac{1}{4} \times \frac{1}{3} = \frac{1 \times 1}{4 \times 3} = \frac{1}{12}$

❼ $\left(\frac{3}{11} \times \frac{3}{4}\right) - \frac{1}{11} = \frac{3 \times 3}{11 \times 4} - \frac{1}{11} = \frac{9}{44} - \frac{1}{11} = \frac{9}{44} - \frac{1 \times 4}{11 \times 4} = \frac{9}{44} - \frac{4}{44} = \frac{5}{44}$

❽ $\frac{5}{3} \times \frac{2}{5} = \frac{5 \times 2}{3 \times 5} = \frac{10}{15} = \frac{2 \times \cancel{5}}{3 \times \cancel{5}} = \frac{2}{3}$

❾ $\frac{1}{6} \div \frac{3}{4} = \frac{1}{6} \times \frac{4}{3} = \frac{1 \times 4}{6 \times 3} = \frac{4}{18} = \frac{\cancel{2} \times 2}{\cancel{2} \times 9} = \frac{2}{9}$

❿ $\frac{7}{8} \div \frac{1}{2} = \frac{7}{8} \times \frac{2}{1} = \frac{7 \times 2}{8 \times 1} = \frac{14}{8} = \frac{\cancel{2} \times 7}{\cancel{2} \times 4} = \frac{7}{4}$

2. Les mesures de longueur, surface et volume

A. Les périmètres et les aires

L'unité légale des mesures de longueur est le mètre (m).

10 m	= 1 dam	1 dm	= 0,1 m
10 dam	= 1 hm	1 cm	= 0,01 m
10 hm	= 1 km	1 mm	= 0,001 m

Un mètre carré (m^2) est l'aire d'un carré de 1 m de côté.

1 centiare = 1 ca = 1 m^2

1 are = 1 a = 100 m^2

1 hectare = 1 ha = 10 000 m^2

Périmètres (P) et aires (A)

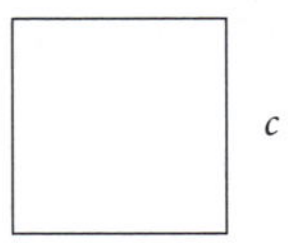	**Carré :** P = $c \times 4 = 4c$ A = $c \times c = c^2$
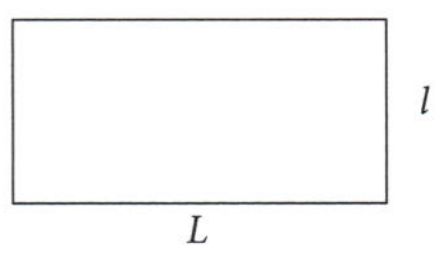	**Rectangle :** P = $2(l + L)$ A = $l \times L$
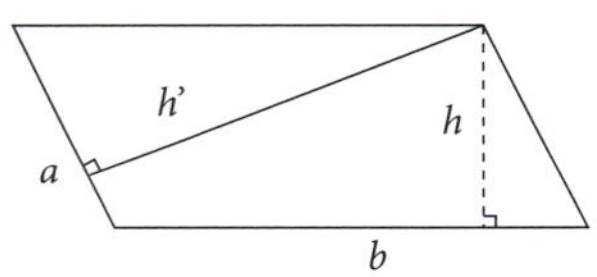	**Parallélogramme :** P = $2(a + b)$ A = $b \times h$
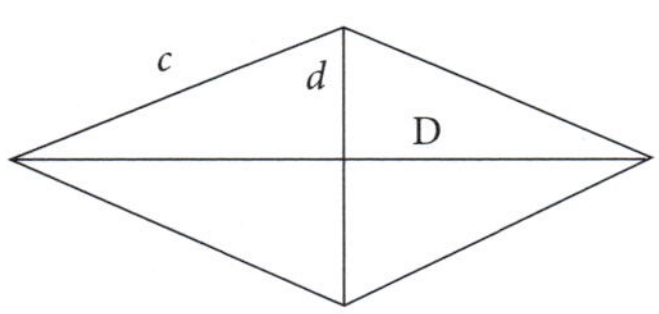	**Losange :** P = $4c$ A = $\frac{d \times D}{2}$
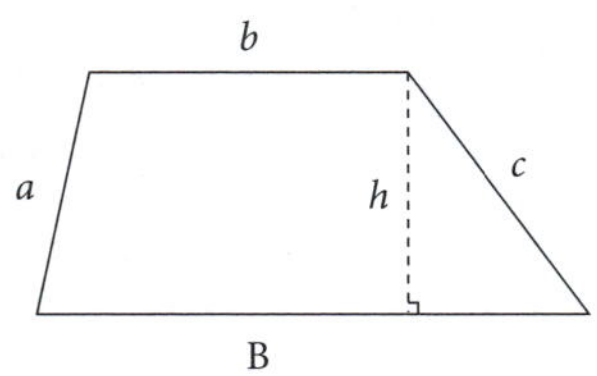	**Trapèze :** P = $a + b + c + B$ A = $\frac{(b + B) \times h}{2}$

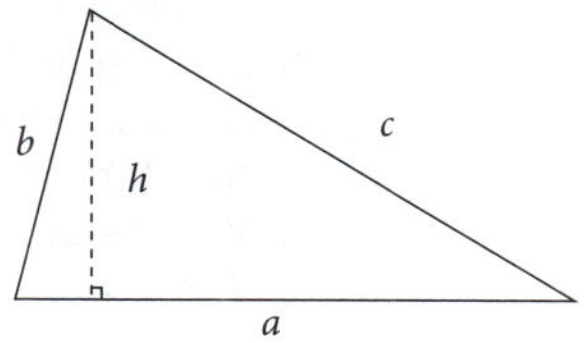	**Triangle :** $P = a + b + c$ $A = \frac{1}{2}ah.$
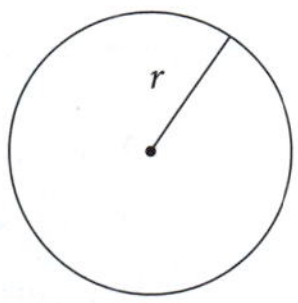	**Cercle :** $P = 2\pi r$ **Disque :** $A = \pi r^2$

B. Les mesures des aires et volumes des solides

1 m^3 est le volume d'un cube de 1 m d'arête.
1 m^3 équivaut à 1 000 litres.
1 m^3 = 1 000 dm^3.
1 dm^3 = 1 000 cm^3.

Aires et volumes des solides

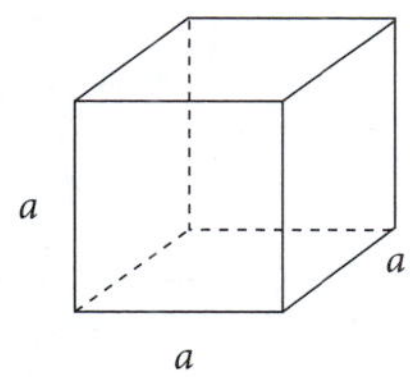	**Cube :** $A = 6a^2$ $V = a^3$
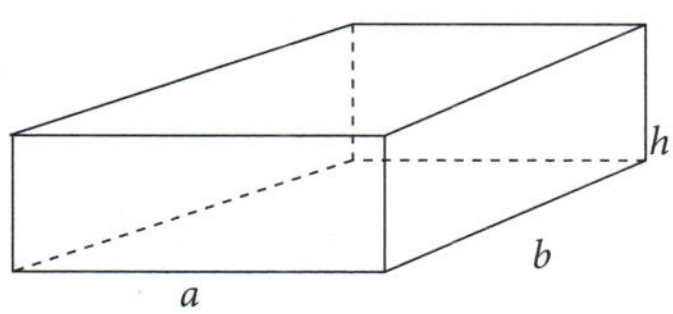	**Pavé droit :** $A = 2\,ab + 2\,(a + b) \times h$ $V = a \times b \times h$
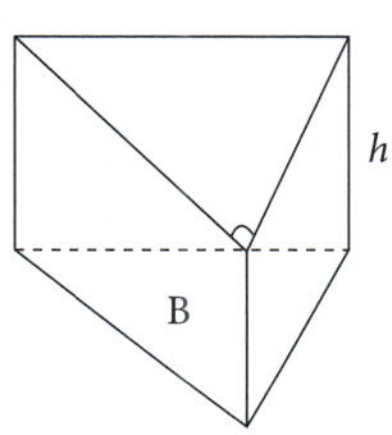	**Prisme droit :** $A = 2B + P \times h$ $V = Bh$ B = aire de la base P = périmètre de la base

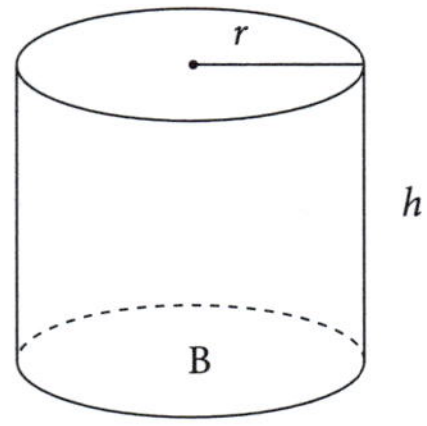	**Cylindre droit** B = aire de la base A = 2B + aire latérale $A = 2\pi r^2 + (2\pi r \times h)$ V = aire de la base × h $V = \pi r^2 h$
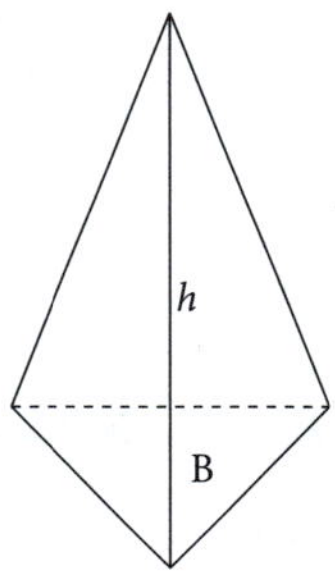	**Pyramide :** A = somme des aires des faces $V = \frac{1}{3}$ × aire de la base × h B = aire de base
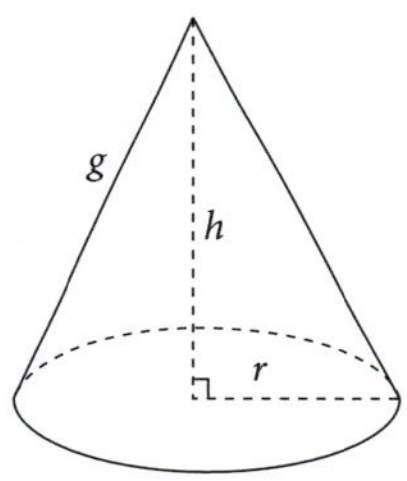	**Cône de révolution :** $A = \pi r^2 + \pi rg$ $V = \frac{1}{3} \pi r^2 h$
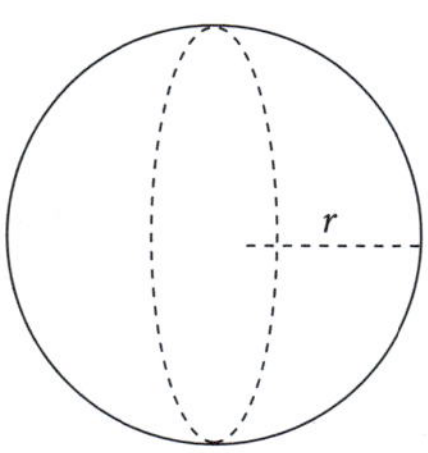	**Sphère :** $A = 4\pi r^2$ $V = \frac{4}{3} \pi r^3$

C. Les conversions d'unités

L'unité légale des mesures de longueur est le mètre (m).
10 m = 1 dam
1 dm = 0,1 m
10 dam = 1 hm
1 cm = 0,01 m
10 hm = 1 km
1 mm = 0,001 m

Un mètre carré (m^2) est l'aire d'un carré de 1 m de côté.
1 centiare = 1 ca = 1 m^2 = 10 000 cm^2
1 are = 1 a = 100 m^2
1 hectare = 1 ha = 10 000 m^2

1 m^3 est le volume d'un cube de 1 m d'arête.
1 m^3 équivaut à 1 000 litres
1 m^3 = 1 000 dm^3
1 dm^3 = 1 000 cm^3 = 1 litre

1 kilogramme (kg) est égal à 1 000 g
1 t = 1 000 kg
1q (quintal) = 100 kg
1 litre d'eau pèse 1 kg

Entraînement DIFFICULTÉ : ××× / DURÉE : 10-15 MIN

Questions

Dans ce problème, on prendra $\pi = 3{,}14$.
La société BELENSEIGNE fabrique des enseignes publicitaires composées de deux cônes de révolution de même diamètre 24 cm et de même hauteur 40 cm.

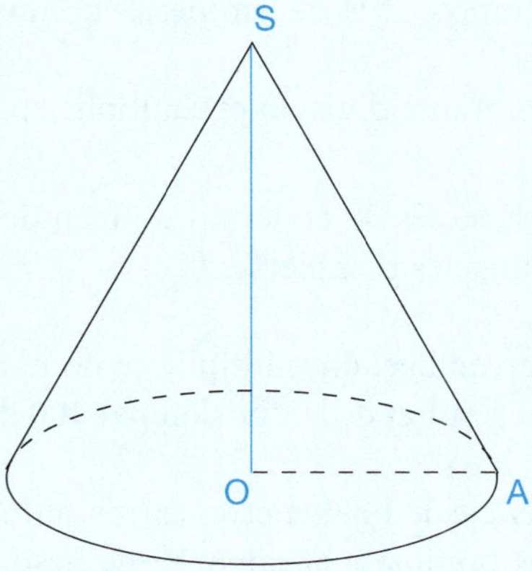

(Schéma d'un cône de révolution
SO = hauteur
OA = rayon)

❶ Calculez le volume d'une enseigne.
Donnez d'abord la valeur exacte en cm^3, puis la valeur en dm^3 arrondie à l'unité.

❷ Pour le transport, chaque enseigne est rangée dans un étui en carton ayant la forme d'un cylindre le plus petit possible et ayant même base que les cônes.
Calculez le volume de cet étui en négligeant l'épaisseur du carton.
Donnez la valeur exacte en cm^3, puis la valeur en dm^3 arrondie à l'unité.

Corrigé

❶ La formule pour le calcul du volume d'un cône de révolution est : $(\pi \times r^2 \times h) \div 3$.
Donc : $(3{,}14 \times 12^2 \times 40) \div 3 = 18\,086{,}4 \div 3 = 6\,028{,}8$ cm³.
Pour calculer le volume de l'enseigne, il faut multiplier par 2 le volume d'un cône (l'enseigne est composée de deux cônes de révolution de dimensions identiques), donc :
$2 \times 6\,028{,}8 = 12\,057{,}6$ cm³ ≈ 12 dm³.

❷ La formule pour le calcul du volume d'un cylindre est : $\pi \times r^2 \times h$.
Le volume de l'étui est donc : $3{,}14 \times 12^2 \times 40 = 18\,086{,}4$ cm³ = 18 dm³.

3. La règle de trois et les pourcentages

A. La règle de trois

La règle de trois vous sera très utile pour résoudre de nombreux problèmes de mathématiques lors du concours.

Le principe de la règle de trois est de ramener à l'unité.

Exemple : Il faut 9 heures de travail à un ouvrier pour produire 4 portières de voiture. Combien de temps lui faut-il pour produire 11 portières de voiture ?

En 9 heures, 4 portières sont fabriquées. Donc, il faut $\frac{9}{4}$ heures pour produire une portière.

Par conséquent, pour produire 11 portières, il faut à un ouvrier :
$(9 \times 11) \div 4 = 99 \div 4 = 24{,}75$ heures.

B. Les pourcentages

Pour calculer le pourcentage d'un nombre, on multiplie ce nombre par le pourcentage.

Exemple : Un caserne de 50 sapeurs-pompiers compte 20 % de femmes, le nombre de femmes est donc de : $(50 \times 20) \div 100 = 10$.

Pour calculer un pourcentage, il faut procéder à une division et multiplier par 100.

Exemple : Sur 497 interventions des pompiers, seules 38 étaient des incendies. Le pourcentage d'incendies parmi les interventions des pompiers est :
$38 \div 439 \approx 0{,}0865 \times 100 = 8{,}65$ %.

Pour augmenter un nombre d'un certain pourcentage, on multiplie ce nombre par le coefficient obtenu par l'addition de 1 et du résultat de la division par 100 du chiffre du pourcentage.

Exemple : La caserne des pompiers, d'une superficie de 1 890 mètres carrés, aurait besoin de 20 % de surface supplémentaire. Les pompiers auraient donc besoin d'une caserne d'une superficie de $1\,890 \times [1 + (20 \div 100)] = 1\,890 \times (1 + 0{,}2) = 1\,890 \times 1{,}2 = 2\,268$ mètres carrés.

Pour diminuer un nombre d'un certain pourcentage, on multiplie ce nombre par le coefficient obtenu par la soustraction de 1 et du résultat de la division par 100 du chiffre du pourcentage.

Exemple : Le budget de fonctionnement était de 45 millions d'euros l'an passé et cette année il vient de baisser de 5 %. Le budget de fonctionnement de cette année sera donc de : $45 \times [1 - (5 \div 100)] = 45 \times (1 - 0{,}05) = 45 \times 0{,}95 = 42{,}75$ millions d'euros.

Entraînement | DIFFICULTÉ : ××× / DURÉE : 10-15 MIN

Questions

Parmi le groupe de sapeurs-pompiers étudié, on a relevé les résultats suivants :
- 2 personnes souffrent de malnutrition ;
- 324 personnes sont dans les normes ;
- 28 personnes sont en surpoids ;
- 5 personnes sont obèses ;
- 1 personne souffre d'obésité massive.

❶ Quel est le pourcentage de sapeurs-pompiers qui se situent dans la catégorie « dans les normes » ?

❷ On souhaiterait que 95 % des sapeurs-pompiers soient dans cette catégorie. Combien de sapeurs-pompiers doivent alors perdre du poids ?

Corrigé

Nombre total de sapeurs-pompiers ayant participé à l'étude :
$2 + 324 + 28 + 5 + 1 = 360$.

❶ Pourcentage de sapeurs-pompiers dans la catégorie « dans les normes » :

$324 \div 360 = 0{,}9 = \frac{90}{100}$ soit 90 % des sapeurs-pompiers.

❷ Soit x le nombre de sapeurs-pompiers qui devraient être dans la catégorie « dans les normes »

$x \div 360 = \frac{95}{100}$.

Donc $x = 0{,}95 \times 360 = 342$.
Dans cette catégorie, il devrait y avoir 342 sapeurs-pompiers pour avoir un pourcentage de 95 %.
Nombre de sapeurs-pompiers qui devraient perdre du poids : $342 - 324 = 18$ sapeurs-pompiers.

4. Les unités de temps et de vitesse

A. La mesure du temps

Une minute (min) compte 60 secondes (s).
Une heure (h) compte 60 minutes.
Un jour compte 24 heures (h).

Ces règles permettent de convertir les unités de temps entre elles (**exemple :** 135 minutes = $\frac{135}{60}$ = 2,25 = 2 heures 15 minutes).

Pour additionner ou soustraire les unités de temps entre elles, il faudra les convertir (**exemple :** 7 h 32 min 26 s + 1 h 40 min 37 s = 8 h 72 min 63 s ; en convertissant les unités, on a 72 min = 1 h 12 min et 63 s = 1 min 03 s ; donc le résultat de l'addition est : 9 h 13 min 3 s).

B. Vitesse et vitesse moyenne

La vitesse en kilomètre-heure d'un objet en mouvement est égale au rapport de la distance parcourue en kilomètre (km) par la durée du trajet en heure (h).

Exemple : un train parcourt 300 kilomètres en 1 heure 30 minutes. Sa vitesse est donc de $\frac{300}{1,5}$ = 200 km/h.

Entraînement | **DIFFICULTÉ :** ××× / **DURÉE :** 15-20 MIN

Questions

Exercice 1

Une piscine rectangulaire de 12,50 m sur 6,30 m doit être remplie d'eau à ras bord. Le fond de cette piscine est en pente comme l'indique le schéma ci-dessous :

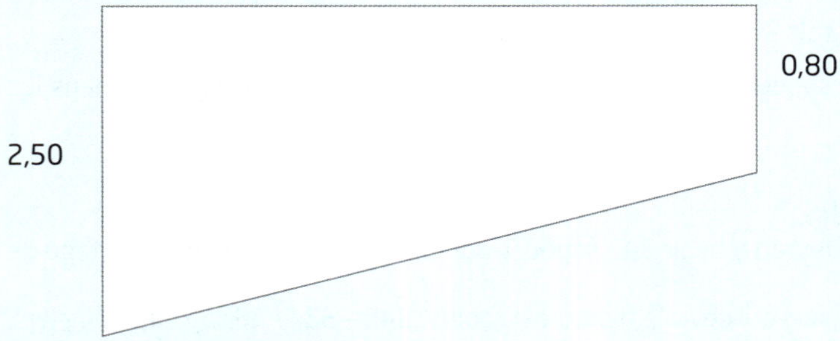

Longueur de la piscine (L) : 12,50 m
Largeur de la piscine (l) : 6,30 m
Hauteur de la piscine dans sa partie la plus importante (H) : 2,50 m
Hauteur de la piscine dans sa partie la moins importante (h) : 0,80 m.

❶ À l'aide des mesures indiquées près du schéma, calculez le pourcentage de pente de cette piscine.

❷ Quel est le volume d'eau contenu dans cette piscine ? (en m^3)

❸ Combien faut-il de temps pour remplir cette piscine avec une pompe ayant un débit de 18 m^3 / heure ? (en heures, minutes et secondes)

❹ Cette piscine est totalement carrelée sur les côtés et sur le fond. Quelle est la surface de carrelage nécessaire ?

❺ Le carrelage utilisé était affiché à 84 francs le m^2. Le fournisseur fait une remise de 30 %. Quel est le prix d'un mètre carré de ce carrelage soldé en euros, prix arrondi à 2 décimales (1 euro = 6,55957 francs) ?

Exercice 2

Un automobiliste part avec un plein de carburant et parcourt une distance de 235 km en 3 heures 18 minutes et 50 secondes.

❶ Quelle est sa vitesse de déplacement ? (en km/h et m/s)

❷ À son arrivée, il complète son plein de carburant en prenant 5 litres. Quelle est la consommation de la voiture aux 100 km ? (en litres)

❸ Il décide également de changer 2 pneus, qui lui sont facturés 113,62 euros TTC. Sachant que le taux de TVA est de 20 %, quel est le prix HT d'un pneu ? (arrondi au centième)

❹ Il participe ensuite, avec des clients, à une réunion de travail qui commence à 17 h 40 pour se terminer à 22 h 15. Quelle est la durée de la réunion ? (en heures et minutes)

❺ Il peut facturer ces heures de travail à 21,60 euros de l'heure HT. Quel est le montant TTC de la facture qu'il peut présenter à ses clients (TVA 20 %) ?

Corrigé

Exercice 1

❶ Le pourcentage de pente de la piscine est :
$(2,5 - 0,8) \div 12,5 = 1,7 \div 12,5 = 0,136 \times 100\ \% = 13,6\ \%$.

❷ La formule pour le calcul du volume de la piscine est :
$(L \times l \times H) - [(L \times l \times (2,50 - 0,80)) \div 2] = (12,5 \times 6,30 \times 2,50) - [(12,5 \times 6,30 \times 1,70) \div 2] = 196,875 - 66,9375 = 129,9375$.
Le volume d'eau de la piscine est donc de 129,9375 m^3, soit 129,94 m^3.

❸ Le débit de la pompe est de 18 m^3 par heure.
Le volume d'eau de la piscine est de 129,94 m^3 (arrondi à deux chiffres après la virgule).
Donc, $129,94 \div 18 = 7,2188$.
Il faut donc 7 heures pour remplir 126 m^3, il reste alors 3,94 m^3.
0,2 h = 12 minutes, qui suffisent à remplir 3,6 m^3, il reste 0,34 m^3.
0,018 h = 1 minute 8 secondes.
Donc, il faudra 7 h 13 minutes et 8 secondes pour remplir la piscine.

❹ La superficie du carrelage est égale à :
$[(0,80 \times 12,5) \times 2] + [[(12,5 \times 1,7) \div 2] \times 2] + [(0,80 \times 6,3) \times 2] + (1,7 \times 6,3) + [\sqrt{(1,70^2 + 12,5^2)} \times 6,30] = 20 + 21,25 + 10,08 + 10,71 + 79,47 = 141,518\ m^2$.

❺ Le tarif est de 84 francs, moins une remise de 30 %, soit $84 \times 0,7 = 58,8$ francs par m^2.
En euros, le prix est de : $58,8 \div 6,55957 = 8,96$ (arrondi à deux chiffres après la virgule).

Exercice 2

❶ L'automobiliste parcourt une distance de 235 km en 3 heures 18 minutes et 50 secondes.
235 km = 235 000 m
3 heures 18 minutes et 50 secondes = [(60 × 60) × 3] + (18 × 60) + 50 = (3 600 × 3) + 1 080 + 50 = 11 930 secondes.
Donc, la vitesse de déplacement est de 235 000 m ÷ 11 930 s = 19,70 m/s (arrondi à deux chiffres après la virgule).
En km/h, la vitesse est de : [(19,70 × 3 600) ÷ 1 000] = 19,7 × 3,6 = 70,92 km/h.

❷ L'automobiliste est parti avec le plein et, après avoir parcouru 235 km, il a besoin de remettre 5 litres d'essence pour avoir de nouveau le plein. Donc, il a consommé 5 litres d'essence pour parcourir 235 km.
Sa consommation est de : (5 × 100) ÷ 235 = 500 ÷ 235 = 2,13 litres aux 100 kilomètres.

❸ Un pneu coûte : 113,62 ÷ 2 = 56,81 euros TTC. Le prix HT d'un pneu est :
$56{,}81 \div \frac{(100 + 20)}{100}$ soit 56,81 ÷ 1,2 ≈ 47,34 euros.

❹ La réunion débute à 17 h 40 et se termine à 22 h 15. Sa durée est donc de :
22 h 15 – 17 h 40 = 4 heures 35 minutes.

❺ L'heure de travail est facturée 21,60 euros HT, soit en prix TTC : 21,60 × 1,20 = 25,92 euros. Le coût de la minute de travail est donc de : 25,92 ÷ 60 = 0,43 euro (arrondi à deux chiffres après la virgule). Le travail a duré 4 h 35, soit 275 minutes. Le coût du travail pouvant être facturé aux clients est donc de : 275 × 0,43 = 118,25 euros TTC.

5. Les équations à une ou deux inconnues

Une équation est une égalité comportant une ou plusieurs inconnues. Résoudre une équation consiste à trouver la valeur d'une ou de plusieurs inconnues.

Exemple : $5 + x = 11$.

x est l'inconnue. Pour trouver sa valeur, il faut faire : $x = 11 - 5 = 6$.

Ainsi, pour trouver la valeur d'une inconnue x, il convient de l'isoler en posant une égalité de type $x = \ldots$

Exemple : $3x + 12 = 24$

$x = (24 - 12) \div 3$

$x = 12 \div 3$

$x = 4$

Exemple : $3x + 1 = 6x - 17$

$6x = 3x + 1 + 17$

$6x = 3x + 18$

$6x - 3x = 18$

$3x = 18$

$x = 6$

Exemple : $x - 16 = 49$

$x = 16 + 49$

$x = 65$

Le cas des équations à deux inconnues est plus complexe. Pour déterminer la valeur des inconnues x et y, il faut poser plusieurs égalités et parvenir à isoler x ou y en obtenant une formule comme par exemple $x = y + \ldots$ Ensuite, on remplacera x par sa valeur ainsi exprimée et on obtiendra alors une équation à une seule inconnue.

Exemple :

$x + 3 = y - 2$
$3x - 2 = y + 3$
Donc, puisque $x + 3 = y - 2$, alors $x = y - 3 - 2 = y - 5$.
Étant donné que $x = y - 5$, on peut remplacer x par $y - 5$ dans la seconde équation :
$3x - 2 = y + 3$
$3(y - 5) - 2 = y + 3$
$3y - 15 - 2 = y + 3$
$3y - 17 = y + 3$
$3y = y + 17 + 3$
$3y = y + 20$
$3y - y = 20$
$2y = 20$
$y = 10$
Si $y = 10$, alors $x = y - 5 = 10 - 5 = 5$.

Exemple :

$4x + 7 = 3y + 2$
$2y - 4 = 11 + x$
Donc, étant donné que $2y - 4 = 11 + x$, alors $2y - 4 - 11 = x = 2y - 15$.
Étant donné que $x = 2y - 15$, alors :
$4x + 7 = 3y + 2$
$4\ (2y -15) + 7 = 3y + 2$
$8y - 60 + 7 = 3y + 2$
$8y - 53 = 3y + 2$
$8y = 3y + 53 + 2$
$8y = 3y + 55$
$8y - 3y = 55$
$5y = 55$
$y = 11$
Puisque $y = 11$, alors $x = 2y - 15 = 22 - 15 = 7$.

Entraînement

1. Questions

❶ Additionnez un tiers et un quart. Donnez le résultat au centième près.

❷ Résolvez l'équation suivante : $8x - 11 = 5x + 10$.

❸ Le budget de l'année N d'une brigade de gendarmerie est de 450 000 euros. L'année N + 1, il est réduit de 20 %, puis l'année N + 2, il est augmenté de 7 %. Quel sera le montant du budget pour l'année N + 2 ?

❹ Un car consomme 270 décilitres d'essence pour rouler pendant 100 kilomètres. Quelle sera sa consommation, en litres, pour parcourir 65 kilomètres ?

❺ Le rendement moyen d'un champ de blé est de 70 quintaux par hectare. Convertissez ce rendement en grammes par mètre carré.

❻ Une bouteille de désherbant permet de traiter 140 m^2 de pelouse. Combien faut-il de bouteilles pour une pelouse mesurant 8 ares ?

❼ Calculez $(-5^2 + 17) - (98 \div 7) + 48$.

❽ Pour s'entraîner au tir, un policier utilise 24 munitions par trimestre. Au terme d'une carrière de 34 ans, combien aura-t-il tiré de cartouches lors de ses entraînements ?

❾ Un premier invité reçoit $\frac{1}{4}$ du gâteau, un deuxième invité en reçoit $\frac{2}{5}$. Quelle part recevra le dernier invité ?

❿ Un premier motard roule à 90 km/h. Un second motard part 20 minutes plus tard sur la même route, et il roule à 105 km/h. Combien de temps mettra le second motard pour rattraper le premier ?

⓫ Trouvez le plus grand nombre de la liste suivante : – 0,9 ; – 0,10 ; – 1 ; 0 ; – 0,01 ; – 0,909.

⓬ Sylvain décide de repeindre son appartement pendant ses vacances. Sachant qu'un pot de peinture couvre environ 20 m^2, combien de pots devra-t-il acheter pour peindre les 48 m^2 de son appartement ?

⓭ Un ouvrier a reçu 800 euros pour 16 journées de travail. Quelle somme aurait-il reçue s'il avait travaillé 24 jours de plus ?

⓮ Un laboureur doit tracer 180 sillons de 51 m chacun ; il parcourt 17 m à la minute. À quelle heure aura-t-il fini son travail s'il commence à 5 heures du matin et s'il prend 2 heures de repos dans la journée ?

⓯ Deux trains partent en même temps d'une ville et se dirigent en sens contraire. Le premier parcourt 45 km à l'heure et le second 56 km à l'heure. À quelle distance seront-ils l'un de l'autre au bout de 3 heures ?

⓰ Classez dans l'ordre décroissant (du plus lourd au plus léger) les poids suivants :

a. 1 269 hg **b.** 0,1178 kg **c.** 411,27 q **d.** 3 186,5 g

⑰ Résolvez l'équation suivante : $\frac{8x}{12} = \frac{4x}{5} - 10$.

⑱ Un marchand a acheté 300 m de tissu à 2,085 euros le mètre. Il veut gagner en moyenne 5,25 euros par mètre. Il vend d'abord 160 m de tissu à 7,50 euros le mètre. Combien doit-il vendre le mètre de ce qui reste pour réaliser le bénéfice indiqué ?

⑲ Un régiment devait mettre 18 jours pour arriver à sa destination ; mais, chaque journée de marche étant augmentée de 6 km, il arrive 3 jours plus tôt. Combien devait-il parcourir de kilomètres en tout ?

⑳ Un champ rectangulaire de 7 ha 5 ares de surface a 125 m de largeur. Quelle est sa longueur ? (en m)

㉑ Un rectangle mesure 54 centimètres sur sa longueur et 285 millimètres sur sa largeur. Quelle est sa superficie en centimètres carrés ?

㉒ En roulant à 54 kilomètres/heure, combien de temps en minutes met un train pour parcourir 180 kilomètres ?

㉓ Résoudre : $(13 \div 4) + 48 - (8 \times 3)$.

㉔ Après un rabais de 15 %, une voiture coûte 14 200 euros. Quel était son prix initial ? (Pour le résultat, on arrondira au chiffre entier inférieur.)

㉕ Quel est le volume en litres d'un cube mesurant 30 centimètres de côté ?

㉖ Une course cycliste qui se déroulait sur un parcours de 124 kilomètres a vu ce dernier réduit de 25 %. Quelle est en mètres la longueur du nouveau parcours de la course ?

㉗ Si pour produire 20 tonnes d'aluminium il faut 270 000 litres d'eau, combien de litres d'eau seront nécessaires à la production de 3 000 kilos d'aluminium ?

㉘ Un véhicule consomme habituellement 11 litres d'essence pour parcourir 100 kilomètres. En augmentant son chargement, la consommation a progressé de 20 %. Dans ce dernier cas, quelle sera la consommation du véhicule pour parcourir 450 kilomètres ?

㉙ Un homme pèse 1,10 quintal et sa femme 68 000 grammes. Quelle est en kilogrammes leur différence de poids ?

㉚ Résolvez l'équation : $8x + 13 = 11x + 1$.

Corrigé des questions

❶ $\frac{1}{4} = 0{,}25$

$\frac{1}{3} = 0{,}33$

0,25 + 0,33 = 0,58

❷ $8x - 11 = 5x + 10$
$8x = 11 + 5x + 10$
$8x = 21 + 5x$
$8x - 5x = 21$
$3x = 21$
$x = 7$

❸ Budget N = 450 000 euros
Budget N + 1 = 450 000 - 20 % = 450 000 × 0,8 = 360 000 euros
Budget N + 2 = 360 000 + 7 % = 360 000 × 1,07 = 385 200 euros

❹ 270 décilitres = 27 litres
Pour 100 kilomètres, la consommation est de 27 litres.
Pour 65 kilomètres, la consommation sera de : (27 ÷ 100) × 65 = 17,55 litres.

❺ 70 quintaux = 7 000 kilogrammes = 7 000 000 grammes.
1 hectare = 10 000 mètres carrés.
Le rendement sera donc de 700 grammes par mètre carré.

❻ 1 are = 100 m^2
8 ares = 800 m^2
Il faut une bouteille de désherbant pour 140 m^2.
Donc, pour 800 m^2, il faudra : 800 ÷ 140 = 5,71, soit 6 bouteilles.

❼ $(-5^2 + 17) - (98 / 7) + 48$
$= (-25 + 17) - 14 + 48$
$= -8 - 14 + 48 = 26$

❽ 24 cartouches par trimestre représentent 96 cartouches par an (24 × 4).
En 34 ans de carrière, cela fera 96 × 34 = 3 264 cartouches.

❾ $\frac{1}{4} + \frac{2}{5} = \frac{5}{20} + \frac{8}{20} = \frac{13}{20}$

Le dernier invité recevra donc : $\frac{20}{20} - \frac{13}{20} = \frac{7}{20}$.

❿ Le premier motard roule à 90 km/h et le second à 105 km/h.
Le second motard part 20 minutes après le premier.
Le second motard mettra donc pour rattraper le premier : la distance parcourue en 20 minutes à 90 km/h, divisée par la différence de vitesse des deux motards. Soit 30 km à 15 km/h = 2 heures.

⓫ $-1 < -0{,}909 < -0{,}9 < -0{,}1 < -0{,}01 < 0$
Le plus grand nombre est donc 0.

⓬ 1 pot pour 20 m^2. 48 m^2 ÷ 20 m^2 = 2,4. 3 pots seront donc nécessaires.

⓭ La paie est de 800 euros pour 16 jours de travail.
Pour 40 jours (16 + 24), la paie serait donc de $\frac{40}{16} \times 800 = 2{,}5 \times 800 = 2\,000$ euros.

⓮ 180 sillons de 51 mètres représentent une longueur totale de 9 180 mètres.
Le laboureur laboure 17 mètres à la minute, soit 1 020 mètres en une heure (17 mètres × 60 minutes).
Pour labourer 9 180 mètres, il lui faudra 9 heures (9 180 ÷ 1 020).
En débutant son travail à 5 heures du matin et en prenant 2 heures de repos, le laboureur aura donc fini sa tâche à 16 heures.

⓯ En trois heures, le premier train aura parcouru : 45 × 3 = 135 kilomètres.
En trois heures, le second train aura parcouru : 56 × 3 = 168 kilomètres.
La distance entre les deux trains sera donc de : 135 + 168 = 303 kilomètres.

⓰ **a.** 1 269 hg = 126 900 g = 126,9 kg **b.** 0,1178 kg
c. 411,27 q = 41 127 kg **d.** 3 186,5 g = 3,1865 kg
L'ordre décroissant (du plus lourd au plus léger) de poids sera donc : **c.**, **a.**, **d.** et **b.**

⓱ $\frac{8x}{12} = \frac{4x}{5} - 10$

$\frac{40x}{60} = \frac{48x}{60} - 10$

$\frac{40x}{60} - \frac{48x}{60} = -10$

$-\frac{8x}{60} = -10$

$\frac{8x}{60} = 10$

$8x = 60 \times 10$
$8x = 600$
$x = 75$ ou $+ 75$ (seule la réponse $- 75$ sera comptée fausse).

⓲ Le marchand a acheté 300 m de tissu à 2,085 euros le mètre, soit un coût total de 625,5 euros.
Il veut gagner en moyenne 5,25 euros par mètre, soit un bénéfice total de 1 575 euros.
Il a vendu d'abord 160 mètres de tissu à 7,5 euros le mètre, soit un total de 1 200 euros.
Il lui reste donc : 300 – 160 = 140 mètres de tissu à vendre.
Il espère réaliser un chiffre d'affaires de 1 575 euros, et il a déjà vendu pour 1 200 euros de tissu. Il doit donc gagner encore : (1 575 – 1 200) + 625,5 = 1 000,50 euros.
Le marchand doit donc vendre les 140 mètres de tissu pour 1 000,50 euros, soit 7,15 euros le mètre (arrondi à deux chiffres après la virgule).

⓳ Soit x la distance parcourue en une journée de marche et y la distance totale :
$18\,x = y$ $y = 15\,x + (6 \times 15)$
Donc $y = 15x + (6 \times 15) = 18x$
$18x = 15x + (6 \times 15) = 15x + 90$
$18x - 15x = 90$
$3x = 90$
$x = 30$
Puisque $y = 18x$, la distance totale parcourue était de 540 km (18 × 30).

⓴ 7 ha 5 ares = 70 000 m² + 500 m² = 70 500 m².
Le champ est rectangulaire, donc sa superficie est obtenue en multipliant sa longueur par sa largeur. La largeur du champ est de 125 mètres.
Donc sa longueur sera de : 70 500 ÷ 125 = 564 m.

㉑ 285 millimètres = 28,5 cm.
La superficie d'un rectangle est le produit de sa longueur et de sa largeur.
La superficie de ce rectangle sera donc de : 54 × 28,5 = 1 539 cm².

㉒ Le train roule à 54 km/h et doit parcourir 180 kilomètres.
180 ÷ 54 = 3,33 heures = 3 heures et 20 minutes = 200 minutes.

㉓ (13 ÷ 4) + 48 – (8 × 3) = 3,25 + 48 – 24 = 3,25 + 24 = 27,25

㉔ Après un rabais de 15 %, une voiture coûte 14 200 euros.
Le prix initial de la voiture est donc de : $\frac{1}{0,85}$ × 14 200 = 16 705 euros (chiffre arrondi à l'unité inférieure).

㉕ Le volume d'un cube est le produit des trois côtés.
Le volume d'un cube de 30 cm de côté sera donc de : 30 × 30 × 30 = 27 000 cm³ = 27 litres.

㉖ Le parcours initial était de 124 km, mais il a été réduit de 25 %.
La longueur du nouveau parcours est donc de : 124 – 25 % = 124 × 0,75 = 93 km = 93 000 mètres.

㉗ Si pour produire 20 tonnes d'aluminium il faut 270 000 litres d'eau, pour la production de 3 000 kilos d'aluminium, il faudra :

3 000 kg = 1 tonne

$\frac{270\,000}{20}$ × 3 = 40 500 litres.

㉘ La consommation habituelle de 11 litres d'essence pour 100 kilomètres parcourus a augmentée de 20 %, passant ainsi à : 11 + 20 % = 11 × 1,2 = 13,2 litres d'essence pour parcourir 100 kilomètres.
Pour parcourir 450 kilomètres, il faudra donc : $\frac{450}{100}$ × 13,2 = 59,4 litres d'essence.

㉙ 1,1 quintal = 110 kilogrammes
68 000 grammes = 68 kilogrammes
110 – 68 = 42 kilogrammes.

㉚ $8x + 13 = 11x + 1$
$8x = -13 + 11x + 1$
$8x = -12 + 11x$
$8x = 11x - 12$
$11x - 8x = 12$
$3x = 12$
$x = 4$

2. Problèmes

Problème n° 1

Un bassin de forme parallélépipédique rectangle (longueur : 50 m, largeur : 20 m, hauteur : 90 cm) et dont le niveau d'eau atteint 90 % de la hauteur doit être complètement vidangé.

❶ Quel est le volume total du bassin ?

❷ La vidange est réalisée à l'aide de deux pompes (P_1 et P_2). Le débit Q_1 de P_1 est le triple du débit Q_2 de P_2. La vidange avec ce dispositif est réalisée en 10 h 07 min 30 s. Quel est le débit (volume par unité de temps, en m^3/h) des pompes P_1 et P_2 ?

❸ Une fois le bassin nettoyé, on décide de le remplir à nouveau mais à 80 % de son volume. Une seule pompe P_3 de débit Q_3 = 1 300 litres/min est utilisée. Le remplissage débute à 11 h 48, à quelle heure sera-t-il achevé ?

Problème n° 2

Les villes de « PICOUGNOU » et de « LILOU » sont distantes par la route de 847 km, dont un tronçon de 463 km sur autoroute. Un automobiliste souhaite rallier ces deux villes, il dispose d'un véhicule dont la consommation moyenne est de 5,7 L/100 km. Le prix du litre de carburant ce jour est égal à 0,97 €.

❶ La personne quitte la ville de « PICOUGNOU » à 14 h 01. Sachant que sa vitesse moyenne sur route normale est de 79 km/h et que sur autoroute elle est de 124 km/h, à quelle heure l'automobiliste arrivera-t-il à « LILOU » ?

❷ Quelle est la vitesse moyenne sur l'ensemble de ce trajet ?

❸ Le véhicule a un réservoir de 40 litres. Initialement, il est rempli au 1/5e. Combien de fois cet automobiliste devra-t-il effectuer le plein du réservoir pour effectuer l'aller-retour ?

❹ Le droit de péage sur autoroute est de 0,11 €/km. Combien aura réellement coûté l'aller-retour ?

Problème n° 3

❶ Trois amis, Hugo, Jules et Léa, partent en vacances avec la voiture d'Hugo.
La jauge de cette voiture indique qu'il y a un quart du réservoir rempli. Ce réservoir a une capacité de 60 litres. Combien le remplissage du réservoir va-t-il coûter, sachant que le prix au litre affiché dans la station est de 1,30 € ?

❷ Jules et Léa décident qu'ils paieront chacun deux cinquièmes du plein.
Quelle somme restera à payer par Hugo ?

❸ Ils partent à 6 h 45 et font une pause de 3/4 d'heure au bout d'une heure et demie. Ils ont alors parcouru 120 km. On suppose que, pour la suite du trajet, la vitesse moyenne reste inchangée. À quelle heure arrivent-ils, sachant que le trajet total est de 260 km ?

❹ Pendant leur séjour, ces 3 personnes décident de louer du matériel de plongée pour une somme totale de 180 €. Hugo l'utilise 9 jours, Jules 12 jours et Léa 3 jours. Chacun paie proportionnellement au temps qu'il l'utilise. Calculez ce que paie Hugo.

❺ Lors du retour, le carburant est à 1,26 € le litre. Calculez le pourcentage de baisse.

❻ Lors du trajet du retour, Léa annonce : « Attention Hugo, si tu roules à plus de 25 m/s, tu ne respectes pas la limitation de vitesse ! » Que penser de sa remarque s'ils roulaient sur une route où la vitesse est limitée à 90 km/h ?

Problème n° 4

❶ Une usine commercialise des saladiers ayant la forme d'une demi-sphère de diamètre 24 cm. Calculez le volume de ce saladier.

❷ La pâte pour la préparation d'un gâteau représente 1,5 L. Quelle place reste-t-il dans ce saladier une fois la préparation dedans ?

❸ Un saladier est vendu 5,50 € pièce. Au-delà de 1 000 pièces, chaque saladier est vendu aux de son prix. Quel est le pourcentage de remise sur le 1 001e saladier et les suivants ?

❹ Combien coûtera une commande livrée de 800 exemplaires sachant que la livraison représente 2,5 % du prix de la marchandise ?

❺ Un client en achète 1 200, combien va-t-il payer sans la livraison ?

❻ Combien de pièces a achetées une entreprise si elle a payé 5 445 € hors frais de livraison ?

Corrigé des problèmes

Problème n° 1

❶ 90 cm = 0 ,9 m
Le volume total du bassin sera de 50 × 20 × 0,9 = 900 m³.

❷ Il convient de calculer au préalable le volume d'eau du bassin. Le niveau d'eau atteint 90 % de sa hauteur. Le volume d'eau du bassin est donc de : 900 × 90 % = 900 × 0,9 = 810 m³.
Le Q_1 de P_1 est le triple du débit Q_2 de P_2.
Par conséquent, $Q_1 = 3\ Q_2$
Le vidage avec les deux pompes Q_1 et Q_2 a été réalisé en 10 h 07 min 30 s, soit en 10,125 heures (7 min 30 s = 0,125 h).
Donc, 810 m³ d'eau ont été vidés en 10,125 heures par les deux pompes.
Nous obtenons donc l'équation suivante :

$$\frac{810}{10{,}125} = Q_1 + Q_2$$

$$\frac{810}{10{,}125} = 3\ Q_2 + Q_2$$

$80 = 4\ Q_2$
$Q_2 = 20$
$Q_1 = 3\ Q_2 = 60$.
Le débit Q_1 de la pompe P_1 sera donc de 60 m³/h.
Le débit Q_2 de la pompe P_2 sera donc de 20 m³/h.

❸ Si le bassin est rempli à 80 % de son volume, le volume d'eau sera de :
900 × 80 %
= 900 × 0,8
= 720 m³, soit 720 000 litres.
La pompe P_3 a un débit Q_3 de 1 300 L/min.
Pour remplir le bassin avec cette pompe, il faudra donc : $\frac{720\,000}{1\,300}$ = 554 minutes (arrondi à l'unité supérieure), soit 9 h 14.
Le remplissage débutant à 11 h 48, il sera achevé à 11 h 48 + 9 h 14 = 21 h 02.

Problème n° 2

❶ La distance entre les deux villes est de 847 km, dont 463 km sur autoroute. Le tronçon de route normale sera de : 847 – 463 = 384 km.

Pour parcourir les 384 km de route normale à 79 km/h, il faudra : $\frac{384}{79}$ = 4,87 heures (arrondi à l'unité supérieure) = 4 heures 52 minutes (arrondi à l'unité supérieure).

Pour parcourir les 463 km d'autoroute à 124 km/h, il faudra : $\frac{463}{124}$ = 3,74 heures (arrondi à l'unité supérieure) = 3 heures 45 minutes (arrondi à l'unité supérieure).
La durée totale du trajet sera donc de : 4 h 52 min + 3 h 45 min = 8 h 37 min.
En partant à 14 h 01, l'automobiliste arrivera à 22 h 38 min (14 h 01 min + 8 h 37 min).

❷ La vitesse moyenne sur ce trajet sera de :
$\frac{847 \text{ km}}{8 \text{ h } 37} = \frac{847}{8{,}62}$ = (arrondi) = 99 km/h (arrondi à l'unité supérieure).

❸ Le véhicule a un réservoir de 40 litres. Celui-ci est rempli au 1/5e, soit avec $\frac{40}{5}$ = 8 litres d'essence.
La consommation moyenne du véhicule est de $\frac{5{,}7 \text{ L}}{100 \text{ km}}$.
L'aller-retour représente une distance de : 847 × 2 = 1 694 km.
Avec une consommation moyenne de $\frac{5{,}7 \text{ L}}{100 \text{ km}}$, il faudra :
5,7 × ($\frac{1\,694}{100}$) = 96,558 litres d'essence pour effectuer le trajet.
Le réservoir d'essence comptait au départ 8 litres d'essence, il faudra donc rajouter :
96,558 - 8 = 88,558 litres d'essence pour effectuer ce trajet.
Le réservoir a un volume de 40 litres, donc il faudra : $\frac{88{,}558}{40}$ = 3 pleins d'essence (nécessairement arrondi à l'unité supérieure).

❹ Le droit de péage est de 0,11 euro par kilomètre. Le trajet aller-retour représente 926 km d'autoroute (463 × 2). Le droit de péage à acquitter sera de : 926 × 0,11 = 101,86 euros.
L'essence coûte 0,97 euro le litre. Le véhicule consommera 96,558 litres de carburant durant le trajet aller-retour. Le coût du carburant sera de : 96,558 × 0,975 = 94,14 euros (arrondi).
Le coût total du trajet aller-retour sera donc de : 186,34 + 101,86 = 288,20 euros.

Problème n° 3

❶ Les 3/4 du réservoir devront être remplis pour avoir le plein, soit 45 litres. Le coût du plein est donc 45 × 1,30 = 58,50 €.

❷ Chacun paiera : $\frac{2}{5}$ × 58,50 = 23,40 €.
Au total Hugo récupérera : 2 × 23,40 = 46,80 €.
Il paiera donc 58,50 - 46,80 = 11,70 €.

❸ Ils parcourent 120 km en 1 h 30 (soit 1,5 h). Leur vitesse moyenne est donc :
$\frac{120}{1{,}5}$ = 80 km/h.
Il reste à parcourir 260 - 120 = 140 km.
La durée pour la deuxième partie du parcours est donc : $\frac{140}{80}$ = 1,75 h, soit 1 h 45.
En résumé :
- 6 h 45 : départ
- 8 h 15 : pause
- 9 h 00 : départ pour la 2e partie du trajet
- 10 h 45 : arrivée

❹ Au total, ils partent 9 + 12 + 3 = 24 jours / personne.
Hugo utilise le matériel 9 jours sur 24.

Il paiera donc 9/24e des 180 €, soit $(\frac{9}{24}) \times 180 = 67{,}50$ €.

❺ Il a baissé de 1,30 - 1,26 = 0,04 €.
Il a baissé de $\frac{0{,}04 \times 100}{1{,}30} \approx 3{,}08$ %.

❻ 90 km/h = $\frac{90\,000 \text{ m}}{3\,600 \text{ s}} = \frac{90\,000}{3\,600 \text{ m/s}} = 25$ m/s
Léa a donc raison.

Problème n° 4

❶ Le rayon (R) de la demi-sphère est de $\frac{20}{2} = 10$
Le volume du saladier est :

$$\frac{(\frac{4}{3} \times \pi \times R^3)}{2} \text{ soit } \frac{(\frac{4}{3} \times 3{,}14 \times 10^3)}{2} \approx 2\,093{,}33 \text{ cm}^3$$

❷ 2 093,33 $cm^3 \approx 2{,}09\ dm^3 \approx 2{,}09$ L.
Il reste donc : 3,62 - 2,09 = 1,53 L.

❸ La réduction est de $\frac{1}{4}$ du prix à l'unité.

$\frac{1}{4} \times 100 = 25$ % de réduction

❹ Prix des saladiers : 800 × 5,5 = 4 400 €

Frais de livraison : $(\frac{2{,}5}{100}) \times 4\,400 = 110$ €

Coût total : 4 400 + 110 = 4 510 €

❺ Prix des 1 000 premiers : 1 000 × 5,5 = 5 500 €

Prix des 200 suivants : $\frac{3}{4} \times 200 \times 5{,}5 = 825$ €

Coût total : 5 500 + 825 = 6 325 €

❻ $\frac{5\,445}{5{,}5} = 990$.
Cette grande surface en a acheté 990.

Sujets corrigés

SUJET 1 : QCM de mathématiques

DIFFICULTÉ : ✕✕✕ / **DURÉE :** 1 HEURE

Questions

❶ Lequel de ces nombres est divisible par 3, 4, 5 et 6 ?

☐ a. 90 ☐ b. 120 ☐ c. 140 ☐ d. 160

❷ Un polygone régulier dont les quatre côtés sont égaux et les quatre angles ont la même mesure est :

☐ a. un losange ☐ b. un carré ☐ c. un rectangle ☐ d. un cube

❸ Une cuve de 2 m^3 est à moitié pleine. Combien de litres d'eau doit-on ajouter pour la remplir ?

☐ a. 100 ☐ b. 1 000 ☐ c. 10 000 ☐ d. 100 000

❹ Pascal a un placard de 1,85 m de large et 2 m de haut dans lequel il doit ranger des boîtes hautes et larges de 30 cm. Combien doit-il faire d'étagères pour ranger 25 boîtes ?

☐ a. Il n'a pas assez de place ☐ b. 5

☐ c. 7 ☐ d. 3

❺ Un quart de cercle mesure :

☐ a. 45 degrés ☐ b. 90 degrés ☐ c. 120 degrés ☐ d. 180 degrés

❻ Combien d'hectares mesure un champ d'une largeur de 40 mètres et d'une longueur de 60 mètres ?

☐ a. 2,4 ha ☐ b. 24 ha ☐ c. 0,24 ha ☐ d. 0,024 ha

❼ À quelle vitesse correspond un déplacement de 100 mètres par minute ?

☐ a. 6 km/heure ☐ b. 10 km/heure

☐ c. 12 km/heure ☐ d. 18 km/heure

❽ Combien représentent sur le terrain 3 centimètres sur une carte au 1/25 000e ?

☐ a. 75 mètres ☐ b. 750 mètres

☐ c. 7 500 mètres ☐ d. 75 000 mètres

❾ Quel est l'équivalent d'un kilomètre carré ?

☐ a. 1 000 000 m^2 ☐ b. 10 000 m^2

☐ c. 1 000 m^2 ☐ d. 100 m^2

⑩ Quelle est la conversion de 15 235 secondes en heures, minutes, secondes ?

☐ a. 3 heures 13 minutes et 55 secondes
☐ b. 4 heures 12 minutes et 55 secondes
☐ c. 4 heures 13 minutes et 55 secondes
☐ d. 4 heures 14 minutes et 55 secondes

⑪ Le gradient thermique est d'environ -0,6 °C par élévation de 100 m d'altitude. La température relevée à 300 m est de 15 °C, quelle sera la température à 600 m ?

☐ a. 16,8 °C ☐ b. 15 °C ☐ c. 13,2 °C ☐ d. 12,8 °C

⑫ Un terrain couvre une surface de 12 ares. Le prix au m² est de 12 €. Quel est le prix du terrain ?

☐ a. 14 400 € ☐ b. 144 000 € ☐ c. 1 440 000 € ☐ d. 14 400 000 €

⑬ Pour carreler une terrasse rectangulaire mesurant 6 mètres de longueur et 4 mètres de largeur, combien faudra-t-il de dalles de 50 × 50 cm ?

☐ a. 72 ☐ b. 96 ☐ c. 124 ☐ d. 144

⑭ Un livre a été lu par 34 personnes sur 850. Quel pourcentage de personnes a lu ce livre ?

☐ a. 7 % ☐ b. 5 % ☐ c. 4 % ☐ d. 3 %

⑮ (a + b) (a – b) est égal à :

☐ a. $a^2 + 2ab + b^2$ ☐ b. $a^2 - 2ab + b^2$
☐ c. $a^2 - b^2$ ☐ d. $a^2 + b^2 + ab$

⑯ Vous pensez à un nombre. Vous lui ajoutez 12. Vous doublez le résultat, puis vous retranchez 10. Enfin vous calculez la moitié du résultat obtenu. Vous trouvez 37. Quel est le nombre auquel vous avez pensé ?

☐ a. 29 ☐ b. 30 ☐ c. 31 ☐ d. 32

⑰ Il y a 15 km de distance entre la ville A et la ville B. Quelle sera cette distance sur une carte au 1/200 000e ?

☐ a. 0,75 cm ☐ b. 3 cm ☐ c. 7,5 cm ☐ d. 10 cm

⑱ Quel est le volume d'une boule de glace parfaitement sphérique sachant qu'elle a un diamètre de 4 cm ?

☐ a. $\frac{256\pi}{3}$ ☐ b. 32π ☐ c. $\frac{32\pi}{3}$ ☐ d. 16π

⑲ L'écriture décimale de 3 heures 15 minutes est :

☐ a. 3,15 ☐ b. 3,20 ☐ c. 3,25 ☐ d. 3,40

⑳ L'aire du disque est égale à :

☐ a. πr^2 ☐ b. $2 \pi r$ ☐ c. $\frac{4}{3} \pi r^3$ ☐ d. $6 \pi r^2$

㉑ Le résultat d'une division est :

☐ a. un quotient ☐ b. un dividende ☐ c. un reste ☐ d. une fraction

㉒ Le préfixe Méga multiplie une unité par :

☐ a. 1 000 ☐ b. 10 000 ☐ c. 100 000 ☐ d. 1 000 000

㉓ La section d'un cylindre par un plan perpendiculaire à son axe est :

☐ a. un disque ☐ b. un cercle ☐ c. un rectangle ☐ d. une sphère

㉔ La valeur qui partage un groupe statistique en deux sous-groupes de même effectif est :

☐ a. la médiane ☐ b. la moyenne ☐ c. l'écart type ☐ d. la bissectrice

㉕ Un article coûte 37,80 euros après avoir subi une réduction de 10 %. L'équation qui permet de calculer le prix initial x est :

☐ a. $37{,}80 - 0{,}1x = x$ ☐ b. $37{,}80 = x - 0{,}1x$

☐ c. $0{,}1x = 37{,}80 - x$ ☐ d. $37{,}80 = x + 0{,}1x$

Corrigé

❶ b. **120**

❷ b. **un carré**

❸ b. **1 000**. Car 1 m³ contient 1 000 litres d'eau.

❹ b. **5**
Dans le sens de la largeur, il est possible de ranger : 185 ÷ 30 = 6 (arrondi au chiffre entier inférieur).
Donc, pour ranger 25 boîtes, il faudra : 25 ÷ 6 = 5 (arrondi au chiffre entier supérieur).

❺ b. **90 degrés**
Un cercle = 360 degrés. Un quart de cercle : $\frac{360}{4}$ = 90 degrés.

❻ c. **0,24 ha**
Un champ de 40 mètres sur 60 mètres occupe : 60 × 40 = 2 400 m²
1 ha = 10 000 m²

❼ a. **6 km/heure**
1 heure = 60 minutes
100 mètres par minute = 6 000 mètres en 1 heure = 6 km/h

❽ b. **750 mètres**
25 0000 × 3 = 75 000 cm = 750 m

❾ a. 1 000 000 m²
1 km = 1 000 m
1 000 000 m² = 1 000 m ×1 000 m

❿ c. **4 heures 13 minutes et 55 secondes**
1 heure = 3 600 secondes
1 minute = 60 secondes
15 235 ÷ 3 600 = 4 (arrondi au chiffre entier inférieur)
15 235 - (3 600 × 4) = 15 235 - 14 400 = 835
835 ÷ 60 = 13 (arrondi au chiffre entier inférieur)
835 - (60 × 13) = 835 - 780 = 55

⓫ c. **13,2 °C**
600 - 300 = 300
$\frac{300}{100} = 3$
3 × 0,6 = 1,8
15 - 1,8 = 13,2

⓬ a. **14 400 €**
Un are mesure 100 m²
12 ares = 1 200 m²
1 200 m² × 12 = 14 400 euros

⑬ b. **96**
Surface de la terrasse en cm² : 600 × 400 = 240 000
Surface d'une dalle en cm² : 50 × 50 = 2 500
Nombre de dalles nécessaires : $\frac{240\,000}{2\,500} = 96$

⑭ c. **4 %**
$\frac{34}{850} = 0{,}04 = 4\ \%$

⑮ c. **$a^2 - b^2$**

⑯ b. **30**
Soit x le nombre inconnu :
$\frac{[[(x + 12) \times 2] - 10]}{2} = 37$
$[[(x + 12) \times 2] - 10] = 37 \times 2$
$[[(x + 12) \times 2] - 10] = 74$
$[(x + 12) \times 2] - 10 = 74 + 10$
$[(x + 12) \times 2] = 84$
$(x + 12) = \frac{84}{2}$
$(x + 12) = 42$
$x = 42 - 12$
$x = 30$

⑰ c. **7,5 cm**
15 km = 1 500 000 cm
$\frac{1\,500\,000}{200\,000} = 7{,}5$

⑱ c. $\mathbf{\frac{32\pi}{3}}$
La formule de calcul pour le volume d'une sphère est : $(\frac{4}{3}) \times \pi \times R \times R \times R$
Le rayon R de la sphère est ici égal à 2 (le diamètre de 4 divisé par 2)
Le volume V est donc ici de : $\frac{(4\pi \times 2^3)}{3}$
$V = \frac{(4\pi \times 8)}{3}$
$V = \frac{32\pi}{3}$

⑲ c. **3,25**
15 minutes = un quart d'heure = 0,25 heure

⑳ a. **πr^2**

㉑ a. **un quotient**

㉒ a. **1 000**

㉓ a. **un disque**

㉔ a. **la médiane**

㉕ b. **$37{,}80 = x - 0{,}1x$**
10 % = 0,1

SUJET 2 : QCM de mathématiques

DIFFICULTÉ : ××× / DURÉE : 1 HEURE

Questions

❶ Combien de sommet(s) compte une pyramide dont la base est un hexagone ?

☐ a. 1 ☐ b. 6 ☐ c. 7 ☐ d. 8

❷ Dans un triangle, l'intersection des trois médiatrices est :

☐ a. le centre de gravité du triangle ☐ b. le centre du cercle circonscrit

☐ c. le centre du cercle inscrit ☐ d. la médiane du cercle

❸ Pour calculer un prix TTC, pour un taux de TVA de 5,5 %, le coefficient à appliquer est :

☐ a. 1,55 ☐ b. 0,55 ☐ c. 1,055 ☐ d. 15,05

❹ Lequel, parmi ces nombres est premier ?

☐ a. 1111 ☐ b. 507 ☐ c. 223 ☐ d. 666

❺ Dans le cadre d'une représentation graphique à l'aide d'un diagramme circulaire, un effectif de 125 sur 500 correspond à un angle de :

☐ a. 45 degrés ☐ b. 90 degrés ☐ c. 125 degrés ☐ d. 180 degrés

❻ 30 000 secondes sont égales à :

☐ a. 8 heures 20 minutes ☐ b. 9 heures 40 minutes

☐ c. 10 heures 00 minute ☐ d. 10 heures 30 minutes

❼ Dans une ville, il y a 2 000 habitants. 1/5e sont des enfants, 2/8e de ceux qui restent sont des femmes. Combien y a-t-il d'hommes dans cette ville ?

☐ a. 400 ☐ b. 800 ☐ c. 1 200 ☐ d. 1 400

❽ Une course d'endurance équestre se court sur une distance de 20 km à 12 km/heure. Quel est le temps effectué par le cavalier ?

☐ a. 1 heure 20 minutes ☐ b. 1 heure 40 minutes

☐ c. 1 heure 50 minutes ☐ d. 1 heure 55 minutes

❾ Avec un taux de TVA de 20 %, combien allez-vous payer le flacon de parfum qui coûte, hors taxe, 50 euros ?

☐ a. 80 euros ☐ b. 70 euros ☐ c. 60 euros ☐ d. 80 euros

❿ On veut remplir un bassin rectangulaire de 8 m de long sur 3 m de large, avec de l'eau, jusqu'à une hauteur de 0,75 m. Quel est le volume d'eau nécessaire ?

☐ a. 18 m³ ☐ b. 20 m³ ☐ c. 22 m³ ☐ d. 24 m³

⓫ Une personne détenant le tiers de la valeur d'une maison décide de partager équitablement entre ses 4 héritiers. Combien chacun possédera de la maison ?

☐ a. 1/6e ☐ b. 1/8e ☐ c. 1/12e ☐ d. 1/20e

⓬ Un article de 500 € subit en décembre une hausse de 11 %, puis en janvier une baisse de 11 %. Quelle est sa valeur finale ?

☐ a. 445,15 € ☐ b. 493,95 € ☐ c. 500,00 € ☐ d. 616,05 €

⓭ Un père a 36 ans, ses deux fils ont l'un 8 ans et l'autre 4 ans. Quel âge aura le père quand la somme des âges des deux enfants sera égale à 60 ans ?

☐ a. 50 ans ☐ b. 60 ans ☐ c. 70 ans ☐ d. 80 ans

⓮ Un train roule à 100 km/h sur une distance de 250 km. Tous les 100 km, il effectue un arrêt de 5 minutes. En supposant que sa vitesse soit constante, combien de temps mettra-t-il pour effectuer le trajet ?

☐ a. 2 h 30 ☐ b. 2 h 35 ☐ c. 2 h 40 ☐ d. 2 h 45

⓯ Quel est le périmètre de la figure ci-après sachant que le côté du carré mesure 1 cm ?

☐ a. 4,14 cm ☐ b. 5,14 cm ☐ c. 7,14 cm ☐ d. 9,14 cm

⓰ Un agent immobilier vend un terrain plus une maison posée dessus 200 000 €. Sachant que la maison vaut 120 000 € de plus que le terrain, combien vaut le terrain ?

☐ a. 40 000 € ☐ b. 70 000 € ☐ c. 90 000 € ☐ d. 100 000 €

⓱ Delphine a passé la moitié de ses vacances à la plage, un tiers en Auvergne et dix jours à la campagne. Quelle a été la durée totale de ses vacances ?

☐ a. 30 jours ☐ b. 40 jours ☐ c. 60 jours ☐ d. 70 jours

⓲ La fraction $\frac{7}{2}$ divisée par $\frac{3}{4}$ est égale à :

☐ a. $\frac{14}{3}$ ☐ b. $\frac{21}{8}$ ☐ c. $\frac{7}{6}$ ☐ d. $\frac{8}{7}$

⓳ Quel est le nombre qui, étant augmenté de 24, devient cinq fois plus grand qu'il ne l'était auparavant ?

☐ a. 1 ☐ b. 15 ☐ c. 6 ☐ d. 8

⓴ Quel est le plus grand diviseur commun entre 1 001 et 2 310 ?

☐ a. 77 ☐ b. 39 ☐ c. 44 ☐ d. 54

㉑ Quel est le plus petit diviseur commun entre 1 001 et 2 310 ?

☐ a. 5 ☐ b. 7 ☐ c. 9 ☐ d. 11

㉒ On sait que la largeur d'un rectangle est le quart de sa longueur et qu'elle mesure 30 cm de moins que sa longueur. Quelle est l'aire du rectangle ?

☐ a. 2 dm² ☐ b. 7,5 cm² ☐ c. 4 dm² ☐ d. 6 dm²

㉓ Vous faites procéder à des travaux de réfection dans votre habitation principale, une maison du XIXe siècle. Vous bénéficiez d'une nouvelle mesure fiscale, ces travaux ne sont plus soumis à une TVA de 19,6 % mais à une TVA de 5,5 %. Quel est votre gain pour des travaux d'un coût hors taxes de 8 000 € ?

☐ a. 828 € ☐ b. 1 028 € ☐ c. 1 128 € ☐ d. 2 228 €

㉔ Pour le dernier match, 2 742 billets ont été vendus. Le dernier billet vendu porte le n° 7855. Quel numéro porte le premier billet vendu ?

☐ a. 5 113 ☐ b. 5 114 ☐ c. 10 597 ☐ d. 11 584

㉕ Mon frère souhaite repeindre en deux couches les murs et le plafond de sa cuisine qui mesure 4 m de long, 3 m de large et 2 m de haut. Un pot d'un kilo de peinture permet de couvrir 12 m². Combien de pots devra-t-il acheter ?

☐ a. 4 ☐ b. 5 ☐ c. 7 ☐ d. 8

Corrigé

❶ c. **7**

❷ b. **le centre du cercle circonscrit**

❸ c. **1,055**

Prix TTC = prix hors taxe × 1,055

❹ c. **223**

Un nombre premier est un nombre qui ne peut être divisé que par lui-même ou par 1.

❺ b. **90 degrés**

$\frac{125}{500} = \frac{1}{4} = 0,25$

Un cercle mesure 360 degrés

360 × 0,25 = un quart de cercle = 90 degrés

❻ a. **8 heures 20 minutes**

$\frac{30\,000 \text{ secondes}}{60} = 500 \text{ minutes}$

$\frac{500 \text{ minutes}}{60} = 8,33 \text{ heures} = 8 \text{ heures et } 20 \text{ minutes}$

❼ c. **1 200**

Nombre total d'habitants dans la ville : 2 000

Nombre d'enfants : $\frac{1}{5} \times 2\,000 = 0,2 \times 2\,000 = 400$

Les 2/8ᵉ de ceux qui restent sont des femmes. Donc, le nombre de femmes est de :

$(2\,000 - 400) \times \frac{2}{8} = 1\,600 \times 0,25 = 400$

Nombre d'hommes : 2 000 - (400 + 400) = 2 000 - 800 = 1 200

❽ b. **1 heure 40 minutes**

$\frac{20}{12} = 1,66 = 1 \text{ heure et } 40 \text{ minutes}$

❾ c. **60 euros**

Prix TTC = prix hors taxe + TVA

Prix du flacon de parfum : 50 + TVA = 50 + 20 % = 50 × 1,2 = 60 euros

❿ a. **18 m³**

Le volume du bassin sera le suivant : longueur × largeur × hauteur = 8 × 3 × 0,75 = 18 m³

⓫ c. **1/12ᵉ**

$\frac{1}{3}$ divisé par 4 = 1/12ᵉ

⑫ b. **493,95 €**
500 × 1,11 = 555
555 × (1 - 0,11) = 493,95

⑬ b. **60 ans**
Soit x l'âge du plus jeune fils :
$x + (x + 4) = 60$
$2x = 64$
$x = 32$
Par conséquent, les fils auront 32 + (32 - 4) = 60 soit 32 + 28 = 60
Puisque l'aîné des fils a 8 ans quand son père en a 36 : 32 - 8 = 24 ans, donc le père aura 36 + 24 = 60 ans

⑭ c. **2 h 40**
Si le train ne s'arrêtait pas, il mettrait 2 h 30 car il roule à 100 km/h.
Mais comme il effectue deux arrêts de 5 minutes, le trajet dure 2 h 40.

⑮ a. **4,14 cm**
Les deux demi-cercles de la figure forment, une fois réunis, un cercle.
Leur diamètre est de 1 cm, soit un rayon de 0,5 cm.
Périmètre d'un cercle : (rayon × 2) × π
Périmètre du cercle formé par la réunion des deux demi-cercles de la figure :
(0,5 × 2) × π = 1 × π = 3,14
Périmètre de la figure : 3,14 + 1 + 1 = 5,14 cm

⑯ a. **40 000 €**
Soit M le prix de la maison et T le prix du terrain, nous obtenons :
T + M = 200 000
M = 120 000 + T
Donc : 200 00 = T + (120 000 + T)
200 000 = 2T + 120 000
2T = 200 000 - 120 000
2T = 80 000
T = 40 000

⑰ c. **60 jours**
Soit x le nombre total de jours de vacances :
$\frac{1}{2}x + \frac{1}{3}x + 10 = x$
$\frac{5}{6}x + 10 = x$
$x - \frac{5}{6}x = 10$
$\frac{1}{6}x = 10$
donc $x = 60$

⑱ a. $\frac{14}{3}$
En mathématiques, diviser par une fraction revient à multiplier par l'inverse de cette fraction.
Donc :
$\frac{7}{2} \div \frac{3}{4} = \frac{7}{2} \times \frac{4}{3}$

Fusion en une seule fraction

$= \frac{(7 \times 4)}{(2 \times 3)}$

$= \frac{28}{6}$

Simplification de la fraction

$= \frac{(14 \times 2)}{(3 \times 2)}$

$= \frac{14}{3}$

⑲ c. **6**

6 + 24 = 30

30 ÷ 5 = 6

⑳ a. **77**

㉑ b. **7**

㉒ c. **4 dm²**

Soit x la longueur du rectangle et y la largeur

Pour déterminer sa longueur, on sait que la largeur du rectangle est égale au quart de la longueur et qu'elle mesure 30 cm de moins que celle-ci.

Donc, $y = \frac{1}{4}x$

$y = x - 30$

Par conséquent, si y est égal aux deux expressions figurant ci-dessus, les deux expressions sont elles aussi égales : $\frac{1}{4}x = x - 30$

$\frac{1}{4}x \times 4 = (x - 30) \times 4$

$\frac{1}{4}x \times 4 = x \times 4 - 30 \times 4$

$x = 4x - 120$

$x - 4x = 4x - 4x - 120 - 3x = -120$

$3x = 120$

$\frac{3x}{3} = \frac{120}{3}$

$x = 40$ cm

La longueur du rectangle est donc de 40 cm.

Concernant la largeur du rectangle :

$y = \frac{1}{4}x$

$y = x - 30$

$y = \frac{1}{4} \times 40 = \frac{1}{4} \times \frac{40}{1} = \frac{(1 \times 40)}{(4 \times 1)} = \frac{40}{4} = 10$ cm

$y = 40 - 30 = 10$ cm

Donc, la largeur du rectangle est de 10 cm

L'aire A du rectangle est égale à sa longueur multipliée par sa largeur :

$A = x \times Y$

$A = 40 \times 10$

$A = 400$ cm²

Donc 400 cm² = 4 dm²

㉓ c. **1 128 €**

$(8\,000 \times \frac{19,6}{100} - (8\,000 \times \frac{5,5}{100}) = 1\,128$

㉔ b. **5 114**

(7 855 - 2 742) + 1 = 5 114

㉕ c. **7**

Surface des murs :
2 murs : (4 × 2 m² = 8) × 2 = 16 m²
2 murs : (3 × 2 m² = 6) × 2 = 12 m²
Surface du plafond : 1 plafond avec 4 × 3 m² = 12 m²
Total à couvrir : 16 + 12 + 16 = 40 m²
Pour deux couches : 80 m²

Il faut $\frac{80}{12}$ pots = 6,6666 pots, donc on achète 7 pots.

SUJET 3 : QCM de mathématiques – Annales 2021

DIFFICULTÉ : ××× / DURÉE : 1 HEURE

On prendra π = 3,14 / Volume du cylindre : $\pi r^2 h$ / Circonférence du cercle : $2\pi r$

PROBLÈME N° 1 : Feu de ferme en lisière d'une forêt escarpée

Un incendie se déclare dans une ferme située à la lisière d'une forêt escarpée dont la zone peut être schématisée par le plan ci-dessous :

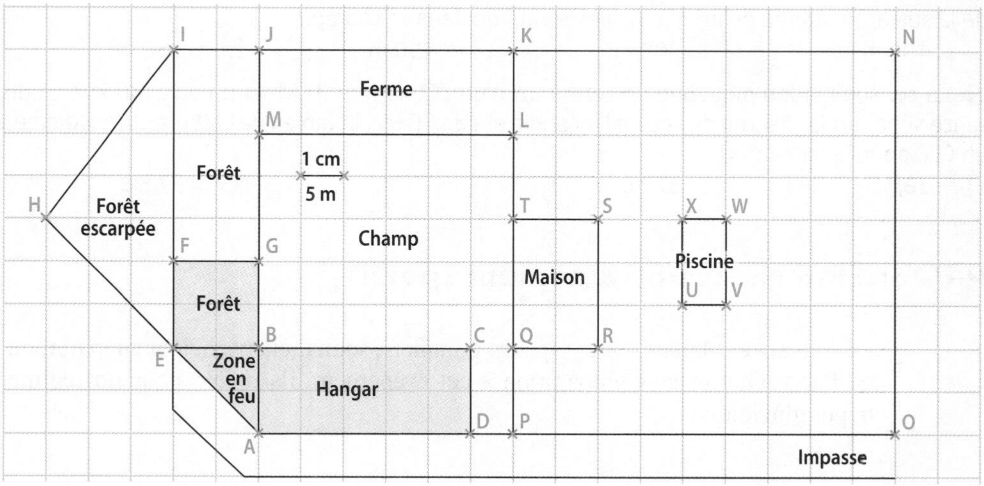

Questions

❶ À l'aide du plan, calculez l'aire de la zone en feu AEFGBCD en m² puis en ares (a).

☐ **a.** 350 m² = 3,5 a ☐ **b.** 400 m² = 40 a ☐ **c.** 400 m² = 4 a ☐ **d.** 350 m² = 35 a

❷ Les sapeurs-pompiers décident d'utiliser un hélicoptère bombardier d'eau pour éteindre le départ de feu en forêt escarpée. Sachant que la piscine mesure 7 m de longueur, 3 m de largeur et 1,50 m de hauteur, et qu'elle est remplie d'eau aux deux tiers de sa hauteur, quel volume d'eau contient-elle ?

☐ **a.** 21 m³ = 21 000 L

☐ **b.** 31,5 m³ = 31 500 L

☐ **c.** 21 m³ = 2 100 L

☐ **d.** 31,5 m³ = 3150 L

❸ L'hélicoptère doit verser 15 000 litres d'eau pour éteindre le départ de feu en forêt. L'hélicoptère utilise l'eau de la piscine pour remplir son bambi bucket d'une contenance de 1 m³. En comptant le temps de remplissage et le trajet aller-retour vers la zone de feu, le temps mis par l'hélicoptère pour effectuer chaque largage est de 4 minutes. Quelle durée totale mettra l'hélicoptère pour éteindre le départ de feu en forêt escarpée ?

☐ a. 6 minutes ☐ b. 30 minutes ☐ c. 1 heure ☐ d. 1 heure 30 minutes

❹ Par ailleurs, un groupe d'attaque composé de 4 Camions Citerne Feu de forêt (CCF) d'une contenance de 4 000 litres chacun et comportant chacun un canon de toit, traite les lisières du feu afin d'éviter qu'il se propage dans le champ cultivé et dans la ferme. De quel volume d'eau dispose le groupe d'attaque ?

☐ a. 1,6 m³ ☐ b. 16 m³ ☐ c. 160 m³ ☐ d. 1 600 m³

❺ Sachant que chaque CCF est équipé d'un canon de toit avec un débit de 33,33 L/s, combien de temps faut-il pour vider une citerne ?

☐ a. 1 minute ☐ b. 2 minutes ☐ c. 3 minutes ☐ d. 4 minutes

❻ 40 % de la surface du champ MLQB ont quand même été détruits par le feu. Calculer l'aire de la surface cultivée en m² qui a pu être sauvée dans ce champ.

☐ a. 400 m² ☐ b. 300 m² ☐ c. 450 m² ☐ d. 350 m²

❼ La consommation moyenne en carburant d'un CCF est de 31 litres (L) aux 100 km. La distance séparant la caserne du lieu de l'incendie est de 60 km. Combien de carburant consommera un CCF pour l'aller-retour ?

☐ a. 38,7 L ☐ b. 372 L ☐ c. 387 L ☐ d. 37,2 L

PROBLÈME N° 2 : Entraînement sportif

Sylvain et Mathéo, deux sapeurs-pompiers, souhaitent participer au marathon de Paris. Durant leur préparation à cet évènement, ils optent pour un régime hyper glucidique.

Questions

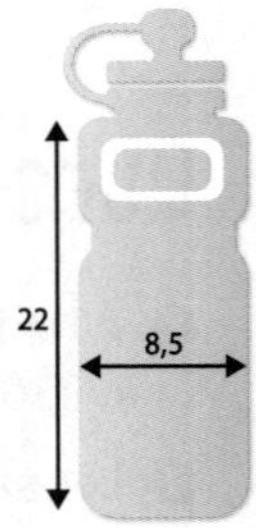

❽ Pour préparer leur boisson dite « de récupération », ils doivent diluer un tiers de jus de fruit dans de l'eau. Leur gourde a la forme d'un cylindre (sur la figure, qui n'est pas à l'échelle, les dimensions sont exprimées en cm). Calculer le volume en litre de jus de fruit contenu dans la gourde.

☐ a. 0,195 L ☐ b. 1,66 L ☐ c. 0,416 L ☐ d. 0,614 L

❾ Pour compléter leur alimentation, ils achètent un lot de 6 barres de céréales. Ils profitent d'une promotion de – 34 %. Sachant qu'ils ont payé le lot 16,50 €, quel était le prix avant la réduction ?

☐ a. 40,50 € ☐ b. 25 € ☐ c. 22,11 € ☐ d. 16,84 €

❿ Chaque barre de céréales pèse 18 grammes et contient 48,5 % de céréales. Quelle est la masse en gramme, de céréales contenues dans le lot acheté ?

☐ a. 52,38 g ☐ b. 17,515 g ☐ c. 27,27 g ☐ d. 15 g

⑪ Durant leur entraînement, ils s'exercent au fractionné sur la piste de leur caserne (voir plan ci-dessous). Calculer la longueur de la piste.

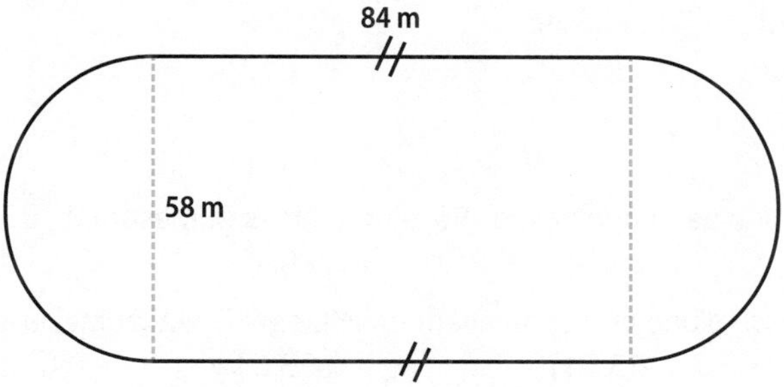

☐ a. 284 mètres ☐ b. 532 mètres ☐ c. 350 mètres ☐ d. 896 mètres

Après s'être entraînés pendant des mois, Sylvain et Mathéo souhaitent évaluer leur état de forme avant de s'engager.
Pour cela, ils ont réalisé un test dit de « Cooper » : l'objectif est de courir, sur une piste d'athlétisme, la plus grande distance possible en 12 minutes. La distance parcourue détermine la forme physique de la personne.
Pour des questions pratiques, ils décident de faire le test dans le club d'athlétisme de la ville dont la piste à une longueur de 400 m.

⑫ Exprimez 12 minutes en heure.
☐ a. 0,22 heure ☐ b. 0,12 heure ☐ c. 0,25 heure ☐ d. 1/5 h

⑬ Sylvain a réalisé 8 tours et 100 mètres. Calculer sa vitesse moyenne en km/h.
☐ a. 27,5 km/h ☐ b. 16,5 km/h ☐ c. 13,2 km/h ☐ d. 15 km/h

⑭ Mathéo a réalisé le test avec une vitesse moyenne de 15 km/h. Combien de tours complets a-t-il parcouru ?
☐ a. 9 tours ☐ b. 4 tours ☐ c. 7 tours ☐ d. 6 tours

PROBLÈME N° 3 : Poids

Doc. 1 : Le surpoids

Le surpoids est devenu un problème majeur de santé, celui-ci prédispose à beaucoup de maladies et diminue l'espérance de vie.

Doc. 2 : Calcul de l'indice de masse corporelle (IMC)

L'IMC est une grandeur internationale permettant de déterminer la corpulence d'une personne adulte entre 18 ans et 65 ans. Il se calcule avec la formule suivante :

$$\text{IMC} = \text{poids} / \text{taille}^2$$

Normes :

- IMC < 18,5 : maigreur

- $18{,}5 \leq IMC < 25$: corpulence normale ;
- $25 \leq IMC < 30$: surpoids ;
- $IMC \geq 30$: obésité.

Questions

⓯ Quel est l'IMC d'une personne pesant 86 kilogrammes et mesurant 188 cm ?

☐ a. 24,3 ☐ b. 23,2 ☐ c. 26,4 ☐ d. 22,3

⓰ Quelle est la masse d'une personne ayant un IMC égal à 18,5 et mesurant 175 cm ?

☐ a. 37 kg ☐ b. 48,5 kg ☐ c. 56,6 kg ☐ d. 32,3 kg

Après avoir fait le bilan de l'IMC des sapeurs-pompiers de la caserne, le médecin reporte les résultats trouvés dans le tableau suivant dans lequel les IMC ont été arrondis à l'unité près.

IMC	17	20	22	23	24	25	29	30	33
Effectifs	1	11	18	14	11	2	1	1	1

⓱ Déterminer l'IMC moyen des sapeurs-pompiers de cette caserne arrondi à l'unité.

☐ a. 26 ☐ b. 23 ☐ c. 25 ☐ d. 21

⓲ Lors du précédent bilan, l'IMC moyen était descendu de 27 à 25. Calculer le pourcentage de baisse de l'IMC moyen.

☐ a. 12,5 % ☐ b. 8 % ☐ c. 92 % ☐ d. 7,4 %

⓳ Quel est le pourcentage de sapeurs-pompiers en surpoids ?

☐ a. 6,6 % ☐ b. 8 % ☐ c. 5 % ☐ d. 3 %

⓴ On souhaiterait que 95 % des sapeurs-pompiers soient dans la catégorie « corpulence normale ». Combien de sapeurs-pompiers doivent perdre du poids pour atteindre cet objectif ?

☐ a. 2 ☐ b. 3 ☐ c. 4 ☐ d. 5

Corrigé

❶ c. **400 m² = 4** a.

Pour calculer la zone en feu AEFGBCD, il faut la décomposer en trois figures géométriques :
- le carré FGBE ;
- le triangle rectangle EBA ;
- le rectangle BCDA.

Aire du carré FGBE : $10 \times 10 = 100$ m².
Aire du triangle rectangle EBA : $(10 \times 10) / 2 = 100 / 2 = 50$ m².
Aire du rectangle BCDA : $25 \times 10 = 250$ m².
Aire de la surface en feu AEFGBCD : $100 + 50 + 250 = 400$ m² = 4 ares

❷ a. **21 m³ = 21 000 L**

Volume total de la piscine : $7 \times 3 \times 1{,}5 = 31{,}5$ m³
Volume d'eau présent dans la piscine : $(31{,}5 \times 2) / 3 = 63 / 3 = 21$ m³ = 21 000 litres.

❸ c. **1 h**

Puisque l'hélicoptère doit verser 15 000 litres d'eau, soit 15 m³, il doit effectuer 15 opérations de remplissage de son bambi bucket.

La durée de chaque opération étant de 4 minutes, la durée totale pour éteindre le départ de feu en forêt escarpée sera de : 4 × 15 = 60 minutes = 1 heure.

❹ b. **16 m³**

Volume d'eau dont dispose le groupe d'attaque : 4 × 4 000 = 16 000 litres = 16 m^3.

❺ b. **2 mn**

Temps nécessaire pour vider une citerne : 4 000 / 33,33 = 120 secondes = 2 minutes.

❻ c. **450 m²**

Surface totale du champ MLQB (qui est un rectangle) : 25 × 30 = 750 m^2.
Pourcentage de la surface sauvée : 100 - 40 = 60 %.
Surface sauvée dans le champ : 750 × 60 % = 750 × 0,6 = 450 m^2.

❼ d. **37,2 L**

Distance aller-retour : 60 × 2 = 120 km.
Consommation du CCF sur un aller-retour : 31 × (120 / 100) = 31 × 1,2 = 37,2 L.

❽ c. **0,416 L**

On prendra π = 3,14.
Volume du cylindre : $\pi r^2 h$.
Rayon de la gourde : 8,5 / 2 = 4,25 cm.
Volume total de la gourde : $\pi \times 4{,}25^2 \times 22 = 3{,}14 \times 18{,}0625 \times 22 = 1\,247{,}7575$ cm^3.
Volume de jus de fruit dans la gourde : 1 247,7575 × 1/3 = 416 cm^3 (arrondi) = 0,416 L.

❾ b. **25 €**

Prix du lot de barres de céréales avant la réduction : [16,5 / (100 - 34)] × 100 = (16,5 / 66) × 100 = 0,25 × 100 = 25 €.

❿ a. **52,38 g**

Il y a 6 barres de céréales dans chaque lot.
Masse totale de céréales dans chaque lot : (18 × 6) × 48,5 % = 108 × 0,48,5 = 52,38 g.

⓫ c. **350 mètres**

On prendra π = 3,14. Circonférence du cercle : 2π r.
Rayon du demi-cercle présent à chaque extrémité de la piste : 58 / 2 = 29 m.
Circonférence totale des demi-cercles présents aux extrémités de la piste :

$$2\pi \times 29 = 2 \times 3{,}14 \times 29 = 182{,}12 \text{ m.}$$

Longueur totale de la piste : 182,12 + 84 + 84 = 350 m (arrondi).

⓬ d. **1/5 h**

1 heure = 60 minutes.
60 / 12 = 5.
12 minutes = 1/5 h.

⓭ b. **16,5 km/h**

Longueur de la piste : 400 m.
Distance parcourue par Sylvain en 12 minutes : (8 × 400) + 100 = 3 300 m = 3,3 km.
Vitesse moyenne de Sylvain : 3,3 × 5 = 16,5 km/h.

⓮ c. **7 tours**

Distance totale parcourue par Mathéo : 15 × 1/5 = 3 km = 3 000 m.
Nombre de tours complets parcourus par Mathéo : 3 000 / 400 = 7,5, soit 7 tours complets.

⑮ a. **24,3**
188 cm = 1,88 m.
IMC : 86 / (1,88 × 1,88) = 86 / 3,5344 = 24,3 (arrondi).

⑯ c. **56,6 kg**
175 cm = 1,75 m.
Masse de la personne : (1,75 × 1,75) × 18,5 = 3,0625 × 18,5 = 56,6 kg (arrondi).

⑰ b. **23**
Effectif total de la caserne : 1 + 11 + 18 + 14 + 11 + 2 + 1 + 1 + 1 = 60 sapeurs-pompiers.
IMC moyen de la caserne : [(17 × 1) + (20 × 11) + (22 × 18) + (23 × 14) + (24 × 11) + (25 × 2) + (29 × 1) + (30 × 1) + (33 × 1)] / 60 = (17 + 220 + 396 + 322 + 264 + 50 + 29 + 30 + 33) / 60 = 1 361 / 60 = 22,68, soit 23 en arrondissant.

⑱ b. **8 %**

Pourcentage de baisse de l'IMC moyen :

[(27/25) × 100] - 100 = (1,08 × 100) - 100 = 108 - 100 = 8 %.

⑲ c. **5 %**
Le surpoids correspond à : 25 ≤ IMC < 30.
Dans le tableau, 3 sapeurs-pompiers sont dans cette situation de surpoids.
Pourcentage de sapeurs-pompiers en surpoids : (3 / 60) × 100 = 0,05 × 100 = 5 %.

⑳ b. **3**
La corpulence normale correspond à : 18,5 ≤ IMC < 25.
Sur le tableau, 5 sapeurs-pompiers sont en excès de poids par rapport à la catégorie « corpulence normale », 1 sapeur-pompier a un IMC correspondant à la maigreur et 54 sapeurs-pompiers appartiennent à la catégorie « corpulence normale ».
L'effectif de la caserne est de 60 sapeurs-pompiers.
Si 95 % des sapeurs-pompiers doivent être dans la catégorie « corpulence normale », cela représenterait un total de : 60 × 95 % = 60 × 0,95 = 57 sapeurs-pompiers.
Le nombre de sapeurs-pompiers devant perdre du poids pour atteindre cet objectif est : 57 - 54 = 3 sapeurs-pompier.

QCM de connaissances professionnelles (concours réservé aux SPV)

DURÉE 1 HEURE

COEFFICIENT 1

Planning de révisions

À titre indicatif, nous vous indiquons un planning de préparation à l'épreuve de questions à choix multiples de connaissances professionnelles réservée aux sapeurs-pompiers volontaires :

PÉRIODES	NOTIONS À ABORDER	NOS OUTILS
Période 1 Une ou deux semaines	Présentation de l'épreuve de questionnaire à choix multiple de connaissances professionnelles	Méthodologie et conseils p. 141
Période 2 Une ou deux semaines	Module « Protection des personnes et des biens, interventions diverses : Généralités sur les opérations diverses »	Tout le cours p. 149, 252 et 266
Période 3 Une ou deux semaines	Module « Lutte contre les incendies »	Tout le cours p. 173
Période 4 Une ou deux semaines	Module « Techniques opérationnelles »	Tout le cours p. 152 et 266
Période 5 Une ou deux semaines	Modules « Secours à personnes » et « Cadre administratif et juridique »	Tout le cours p. 185 et 259
Période 6 Une ou deux semaines	Entraînement	Entraînement p. 200
Période 7 Une ou deux semaines	Entraînement : sujets corrigés n° 1 à 3	Sujets corrigés p. 204

Méthodologie et conseils

1. Présentation de l'épreuve

Cette épreuve est constituée de questions à choix multiple portant sur les activités et compétences de l'équipier de sapeurs-pompiers volontaires. Il s'agit en pratique des unités de valeur relatives à la formation des sapeurs volontaires de 2e classe dans les trois domaines d'**intervention de la lutte contre les incendies**, du **secours à personnes** et de la **protection des biens et de l'environnement** dont le programme est fixé par arrêté du ministre de l'Intérieur.

Elle dure une heure et le coefficient est de 1.

D'après l'arrêté du concours, le programme de l'épreuve de questionnaire à choix multiple de connaissances professionnelles est le suivant :

■ **Protection des personnes et des biens, interventions diverses. Généralités sur les opérations diverses.**

- Opérations d'épuisement.
- Diverses espèces d'animaux, leur comportement et le danger qu'ils présentent.
- Risques animaliers : matériels et techniques adaptées.
- Dégagement de personne d'une cabine d'ascenseur.
- Fuite de gaz.
- Autres interventions.

■ **Lutte contre les incendies :**

- Généralités sur la lutte contre les incendies.
- Généralités sur le matériel et les engins de lutte contre les incendies.
- Reconnaissance.
- Sauvetage.
- Besoins en eau et établissements de tuyaux.
- Techniques d'attaques et d'extinctions des feux.
- Protection des biens, déblais et surveillance.

■ **Techniques opérationnelles :**

- Équipement vestimentaire de protection individuelle.
- Appareil respiratoire isolant.
- Lot de sauvetage et de protection contre les chutes.
- Échelles, pompes et amorceurs.
- Éléments de construction, topographie et prévision.
- Transmissions.
- Techniques, manœuvres et matériels communs à divers types d'opérations.
- Règles de sécurité.

- **Secours à personne :**
  - Le matériel de secours à personne.
  - La sécurité en opération de secours à personne.
  - Hygiène et asepsie.
  - Les détresses vitales.
  - Les bilans.
  - Les malaises et la maladie.
  - Les accidents de la peau.
  - Les traumatismes des os et des articulations. Les relevages.
  - Les brancardages et le transport.
  - Les atteintes liées aux circonstances.
  - Les affections spécifiques.
  - Les souffrances psychiques et les comportements inhabituels.
  - Les situations avec de multiples victimes.
  - Les secours sur accident de la route.
- **Culture administrative :**
  - Institutions politiques et administratives de la France.
  - Services d'incendie et de secours.
  - Droit de la fonction publique.

2. Attendus de l'épreuve

S'agissant des connaissances, puisque vous êtes sapeur-pompier volontaire ou de formation reconnue équivalente (BSPP, BMPM, UIISC...), vous êtes supposé maîtriser le programme de l'épreuve.

Pour préparer au mieux le concours, vous pouvez donc vous reporter aux documents fournis lors de votre formation initiale (cours, fiches, polycopiés, notes personnelles...). Attention cependant à veiller à ce que cette formation soit bien à jour : contactez le responsable formation de votre centre ou du SDIS dont vous dépendez afin de connaître les derniers changements.

Le jour du concours, vous aurez à répondre à une série de questions dont le nombre peut parfois dépasser les 40. L'épreuve ne dure qu'une heure. Vous devez donc apprendre à répondre rapidement aux questions.

Faites également attention au fait que plusieurs des réponses proposées à une même question sont valables. De même, en raison du nombre de questions et du temps limité pour y répondre, ne restez pas trop longtemps sur une question dont vous ignorez la réponse. Tâchez d'y revenir avant la fin de l'épreuve.

Lors de cette épreuve, on vous demandera la signification de sigles professionnels. De même, vous aurez à en employer pour répondre à certaines questions. Révisez donc les principaux sigles : vous devez en connaître le sens. Une liste des principaux sigles employés par les sapeurs-pompiers vous est d'ailleurs proposée dans ce manuel.

Répondez de préférence aux questions dans l'ordre posé. Si vous n'avez pas la réponse à une question, passez à la suivante. Mais, essayez d'y revenir par la suite : il est très pénalisant de ne pas répondre à toutes les questions posées.

Enfin, n'oubliez pas surtout pas de vous relire avant de rendre votre copie.

3. Barème de l'épreuve

Le barème de correction est le suivant :

- réponse intégralement juste : + 1 point ;
- réponse juste mais partielle : + 0,5 point ;
- réponse fausse : – 1 point ;
- absence de réponse : 0 point.

Il peut donc y avoir plusieurs bonnes réponses pour une même question, ce qui implique de bien lire l'ensemble des propositions, et non de s'arrêter à la première bonne proposition.

De même, une absence de réponse apporte 0 point, tandis qu'une réponse fausse pénalise d'un point. Par conséquent, il est préférable de s'abstenir de répondre à une question dont on ne connaît pas la réponse, plutôt que de répondre au hasard et risquer ainsi d'être pénalisé par un point en moins.

LES 10 ERREURS À NE PAS COMMETTRE

1. Négliger tout ou partie du programme.
2. Ne pas s'entraîner sur les sujets proposés dans ce manuel.
3. Ne pas lire les consignes au début de l'épreuve.
4. Lire trop rapidement les questions et les différentes propositions de réponse.
5. Répondre sur le sujet et non sur le formulaire de réponses.
6. Répondre au hasard.
7. Perdre du temps en cherchant à répondre aux questions dont on ne connaît pas la ou les réponses.
8. Ne pas cocher de manière claire et univoque les cases choisies.
9. Ne pas se relire à la fin de l'épreuve.
10. Tenter de continuer à répondre ou apporter des corrections entre la fin de l'épreuve et le ramassage du formulaire de réponses par l'organisateur. Les candidats qui s'y risquent s'exposent à une annulation de leur épreuve par le jury.

LES 10 CONSEILS POUR RÉUSSIR

1. Connaissez bien la totalité du programme.
2. Lisez avec attention les consignes de l'épreuve.
3. Choisissez de ne pas répondre à une question dont vous ignorez la réponse, plutôt que de risquer d'être pénalisé par une mauvaise réponse.
4. Au début de l'épreuve, prenez le temps de lire en diagonale le questionnaire pour vous rendre compte du niveau de difficulté.
5. Lisez très attentivement chaque question et chaque proposition de réponse avant de répondre.
6. Ne perdez pas de temps sur les questions dont vous ne connaissez pas la réponse.
7. Revenez sur les questions sans réponse après avoir traité l'ensemble du questionnaire.
8. Ayez en tête que plusieurs réponses, et parfois même toutes, sont possibles.
9. Gardez du temps pour vous relire à la fin de l'épreuve.
10. Arrêtez d'écrire dès que la fin de l'épreuve est annoncée par les surveillants.

Tout le cours

1. Le vocabulaire technique

Dans le cadre de ce manuel, il n'est évidemment pas possible de rappeler l'intégralité des éléments du programme de l'épreuve de QCM du concours réservé aux sapeurs-pompiers.

Nous n'allons donc citer ici que quelques rappels des éléments techniques de ce programme.

Les éléments liés à la culture administrative se trouveront dans les rappels de culture générale aux pages 261 et suivantes du manuel.

1. Le référentiel de compétences

Pour vous aider à structurer votre préparation, voici un exemple de référentiel de compétences d'un SDIS pour les missions d'équipier de sapeurs-pompiers volontaires :

Savoirs	Contenus
Module transverse	
Droits et devoirs du sapeur-pompier	La charte du sapeur-pompier volontaire La charte des valeurs Le RI (droits et obligations du SPV) Participation au cross et PSSP
Fonctionnement du CIS et des compagnies	Organigramme du CIS et de la compagnie Organisation du centre Gestion de la disponibilité au sein du CIS
L'activité de sapeur-pompier	Rôle et responsabilité de l'équipier Le déroulement d'une intervention Les acteurs de l'organisation des secours L'alerte Organiser son astreinte (domicile, travail, loisirs…)
Message sécurité trajet BIP-CIS	Code la route (plan pare-chocs, permis à jour)
Les terminaux d'alerte	Les bips (utilisation, entretien, prise d'info…) Dispotel

Le rôle du stationnaire	Les missions du stationnaire Lecture et analyse du ticket de départ L'outil ARTEMIS
Les enjeux de l'acquittement du matériel	Délais d'acquittement, notions de doublons
Les procédures, le langage radio	Les procédures, le langage radio
Notions de communication	Les formes de communication (verbal, non verbale), le feed-back
Le travail en équipe	Les modes de coopérations, cohésion, le rendre compte
La place de l'équipier en intervention	Rôle et responsabilité de l'équipier
Les risques liés à l'activité	Identification des risques, des enjeux Les différents risques
La zone d'intervention	Les victimes, volume concerné, accès, itinéraire de repli, stabilité de la structure
Les règles de sécurité individuelle et collective	Les règles de sécurité individuelle et collective Code de la route Code du travail
Les EPI	Les différents EPI, leurs capacités (tenues, ARICO) Les contraintes liées au port des EPI Le port des EPI (l'habillement)
L'activité physique chez les sapeurs-pompiers	Les objectifs de l'activité physique (Plan Cap santé) Les règles d'hygiène de vie Les tests ICP (connaissance de ces limites)
Gestion des émotions et du stress	Les traumatismes psychologiques chez les intervenants Méthodes de gestion du stress (organisation en amont pour réduire les risques)
Les structures de soutien	La cellule psychologique du SDIS
Les engins d'incendie et de secours du CIS	Présentation des différents engins du CIS, leurs inventaires
Les règles d'hygiènes individuelle et collective	Les règles d'hygiène
Les protocoles de nettoyage	Les protocoles de désinfection des VSAV, des matériels
Les procédures réarmement	Inventaires et procédure interne CIS de réarmement
Module « Secours à personne »	
Anatomie et fonctionnement du squelette, des systèmes cardio-vasculaires, pulmonaires et nerveux	Notion en rapport avec les besoins de l'activité
Déroulement chronologique d'une intervention SAP	Vision globale d'une intervention et des partenaires
La MGO en SAP	Chronologie
Règles d'hygiène	En secours à personne
Les risques infectieux	Mesures de protection
Procédure de désinfection	Quand, comment

Règles de communication avec le malade, le blessé, l'enfant, la personne âgée	
Les souffrances psychologiques et comportements anormaux des victimes	
Les clés pour maitriser ses émotions	
Empathie	Définition, mise en œuvre et limite.
Les interactions des trois fonctions vitales	
L'AVC	Connaissance, reconnaissance, CAT
L'infarctus	Connaissance, reconnaissance, CAT
Le diabète	Connaissance, reconnaissance, CAT
L'hypoglycémie	Connaissance, reconnaissance, CAT
Les affections et maladies spécifiques	Connaissance, reconnaissance, CAT
Bilan circonstanciel, bilan vital, bilan complémentaire, bilan de surveillance de la victime	Réalisation
Gestes techniques se rapportant à l'élaboration du bilan médico-secouriste	Réalisation
Interrogatoire et gestes techniques complémentaires de la personne malade, prise de malaise	
Les relevages	Techniques, réalisation
L'OBVA	Techniques, réalisation
L'inconscience	Connaissance, reconnaissance, CAT
L'ACR	Connaissance, reconnaissance, CAT
Le risque infectieux en intervention protocoles standards et particuliers	Techniques, réalisation
La grossesse L'accouchement Le nouveau-né	Connaissance, reconnaissance, CAT
Les brûlures Les plaies	Techniques, réalisation
Les traumatismes simples du squelette Les traumatismes graves du squelette Notion de polytraumatisme	Techniques, réalisation
Les immobilisations Les relevages	Techniques, réalisation
L'inconscience et l'ACR traumatique	Techniques, réalisation
Les hémorragies et sections de membres	Techniques, réalisation
Les traumatismes particuliers	Techniques, réalisation
La pendaison	Techniques, réalisation
Le noyé	Techniques, réalisation
La blessure causée par un animal	Techniques, réalisation
Les immobilisations dans un véhicule	Techniques, réalisation

Module « Opérations diverses »	
Les opérations diverses	Les opérations diverses : épuisement, éclairage, bâchage, interventions animalières, tronçonnage, ouverture de porte, dégagement de victime dans ascenseurs bloqués…)
Le fonctionnement des matériels dédiés aux opérations diverses	Les différents matériels (moto-pompe, pompe électrique, aspirateurs, tuyaux, halogène, groupe électrogène, tronçonneuse, LSPCC…) Fonctionnements et capacités des matériels Risques associés à l'utilisation des matériels
Les procédures d'interventions	Déroulement type d'une intervention pour opération diverses Règles d'emploi des matériels
Les règles de sécurité	Individuelle et collective
Module « Incendie »	
Les techniques de sauvetage	Sauvetage de victime, de sauveteurs
Les matériels de sauvetage	LSPCC, échelles à mains cagoules d'évacuation, lance règles d'utilisation dans le cadre d'un sauvetage
Les matériels de lutte contre l'incendie	Les différents matériels incendie
Les règles d'établissement des tuyaux	Tuyaux, règles et précautions, dévidoirs, établissement plain-pied, horizontal, vertical Tuyau en couronne, en o en z
Les manœuvres en binôme	Manœuvres binômes et manœuvres spéciales
La combustion	Triangle du feu, mode de propagation, classes de feu, agents extincteurs
Les techniques de lance	Techniques de lance et effets de l'eau, 4D, généralités sur les procédés d'extinction
Les phénomènes thermiques	Le système feu, les accidents thermiques : EGE, EF, lecture du feu et développement d'un incendie
Les techniques d'engagement	Techniques d'engagement sous ARI (zone contrôlée, etc.)
Les ouvrants	Technique d'ouverture de porte (TOOTEM), notions d'ouvrants, d'exutoire
La PAO	Moyens facilitant l'action de secours (ventilation, RIA, colonnes sèches…)
Le déblai	Importance du déblai dans le cadre de l'extinction, RCCI, préserver les traces et indices, risques liés au déblai
MGO Incendie	Les différentes phases

2. Les principaux sigles employés par les sapeurs-pompiers

Ces rappels ne concernent que les candidats passant le concours réservé aux sapeurs-pompiers volontaires. Ils leur seront utiles pour l'épreuve de questionnaire à choix multiple portant sur les unités de valeurs relatives à la formation de sapeurs-pompiers volontaires, mais également pour pouvoir répondre à d'éventuelles questions lors de l'oral avec le jury.

ABE : Avion Bombardier d'Eau
AFPS : Attestation de Formation aux Premiers Secours
AR : Ambulance de Réanimation
ARI : Appareil Respiratoire Isolant
AVP : Accident de Voie Publique
BAL : Binôme d'Alimentation
BAT : Binôme d'ATtaque
BEA : Bras Élévateur Articulé
BLS : Bateau Léger de Sauvetage
BLRS : Bateau Léger de Reconnaissance et Sauvetage
BMPM : Bataillon des Marins-Pompiers de Marseille
BNMPS : Brevet National de Moniteur de Premier Secours
BNSSA : Brevet National de Sécurité et de Sauvetage Aquatique
BRS : Bateau de Reconnaissance et Sauvetage
BSPP : Brigade des Sapeurs-Pompiers de Paris
CCF : Camion-Citerne Feux de forêt
CCFL : Camion-Citerne Feux de forêt Léger
CCFM : Camion-Citerne Feux de forêt Moyen
CCFS : Camion-Citerne Feux de forêt Super
CCGC : Camion-Citerne Grande Capacité
CCI : Camion-Citerne Incendie
CCR : Camion-Citerne Rural
CD : Camion Dévidoir
CDHR : Camion Dévidoir Hors Route
CEACC : Cellule d'Accueil
CEAR : Cellule d'Assistance Respiratoire
CECI : Cellule Citerne
CELP : Cellule de Lutte contre la Pollution
CEMO : Cellule Mousse
CEMUL : Cellule Émulseur
CEPREN : Cellule de Protection de l'Environnement
CEVAR : Cellule Éclairage Ventilation Assistance Respiratoire
CG : Camion-Grue
CHU : Centre Hospitalier Universitaire
CI : Centre d'Intervention
CID : Camion d'Interventions Diverses
CIS : Centre d'Incendie et de Secours
CMF : Camionnette Manœuvres de Force
CMIC : Cellule Mobile d'Intervention Chimique
CMIR : Cellule Mobile d'Intervention Radiologique
CMIT : Cellule Mobile d'Intervention Technologique
CMMF : Cellule Mobile de Manœuvre de Force
CMMP : Cellule Mousse Moyenne Puissance
CODIS : Centre Opérationnel de la Direction de la Sécurité Civile
COS : Commandement des Opérations de Secours

COZ : Commandement Opérationnel de Zone
CPCE : Camion Porte-Cellule
CPGP : Cellule Pompe Grande Puissance
CPI : Centre de Première Intervention
CS : Centre de Secours
CSL : Canot de Sauvetage Léger
CSP : Centre de Secours Principal
CTA : Centre de Traitement des Appels
CTU : Camionnette de Transport tout Usage
DAL : Dévidoir Automobile Léger
DATT : Dévidoir Automobile Tout-Terrain
DDSIS : Direction Départementale des Services d'Incendie et de Secours
DSC : Direction de la Sécurité Civile
DSM : Directeur des Services Médicaux
DZ : *Dropping Zone*
EATT : Échelle Automatique Tout Terrain
EMBR : Embarcation de Reconnaissance inondations
EMBS : Embarcation de Secours
EMZ : État-Major de Zone
EPA : Échelle Pivotante Automatique
EPAS : Échelle Pivotante Automatique Séquentielle
EPSA : Échelle Sur Porteur
ERP : Établissement Recevant du Public
ESP : Échelle Sur Porteur
FA : Fourgon d'Appui
FAP : Fourgon Anti-Pollution
FARC : Fourgon d'Appui pour Risques Chimiques
FDGP : Fourgon Dévidoir à Grande Puissance
FEV : Fourgon Électro-Ventilateur
FIA : Formation Initiale d'Application
FIL : Fourgon Incendie Léger
FM : Fourgon Mixte
FMOGP : Fourgon Mousse Grande Puissance
FPT : Fourgon-Pompe Tonne
FPTGP : Fourgon-Pompe Tonne Grande Puissance
FPTHR : Fourgon-Pompe Tonne Hors Route
FPTL : Fourgon-Pompe Tonne Léger
FPTR : Fourgon-Pompe Tonne Rural
FPTSR : Fourgon-Pompe Tonne Secours Routier
FPTTT : Fourgon-Pompe Tonne Tout Terrain
FS : Fourgon Secours
FSR : Fourgon de Secours Routier
FTEXL : Fourgon Tri-Extincteur Lourd
GEP : Groupe Électrogène Portatif
GER : Groupe Électrogène Remorquable
GIFF : Groupe d'Intervention Feux de Forêts
GL : Grosse Lance
GMSP : Groupe Montagne Sapeur-Pompier
GPD : Grande Puissance Dévidoir
GREP : Groupe de Recherche et d'Exploration Profonde
GRIMP : Groupe de Recherche et d'Intervention en Milieu Périlleux
GVC : Groupe Vide-Cave
HBE : Hélicoptère Bombardier d'Eau
IGH : Immeuble de Grande Hauteur
ISP : Infirmier Sapeur-Pompier
JSP : Jeune Sapeur-Pompier
LCR : Lance Canon Remorquable
LVA : Libération des Voies Aériennes
MCE : Massage Cardiaque Externe

MPE : Moto Pompe d'Épuisement
MPR : Moto-Pompe Remorquable
MPRGP : Moto-Pompe Remorquable Grande Puissance
MVR : Moto-Ventilateur Remorquable
NBC : Nucléaire Biologique Chimique
NRBC : Nucléaire Radiologique Biologique Chimique
OP : Officier de Permanence
ORSEC : ORganisation des SECours
PCM : Poste de Commandement Mobile
PCO : Poste de Commandement Opérationnel
PCTT : Poste de Commandement Tout Terrain
PI : Poteau Incendie
PK : Point Kilométrique
PL : Petite Lance
PLS : Position Latérale de Sécurité
PMA : Poste Médical Avancé
POI : Plan d'Opération Interne
POLMAR : Plan de lutte contre la POLlution MARitime
PPI : Plan Particulier d'Intervention
PS : Premier Secours
PSE : Premier Secours Évacuation
PSHR : Premier Secours Hors Route
PSR : Premier Secours Relevage
RE : Remorque d'Éclairage
RIA : Robinet d'Incendie Armé
SAL : Scaphandrier Autonome Léger
SAMU : Service d'Aide Médicale Urgente
SD : Sauvetage Déblaiement
SDIS : Service Départemental d'Incendie et de Secours
SMUR : Service Médical d'Urgence de Réanimation
SPP : Sapeur-Pompier Professionnel
SPV : Sapeur-Pompier Volontaire
SSSM : Service de Santé et de Secours Médical
UIISC : Unité d'Instruction et d'Intervention de la Sécurité Civile
UMIR : Unité Mobile d'Intervention Radiologique
VAP : Véhicule Anti-Pollution
VAR : Véhicule d'Assistance Respiratoire
VAT : Véhicule d'Assistance Technique
VB : Véhicule Balisage
VC : Véhicule Cynophile
VESD : Véhicule Étaiement Sauvetage Déblaiement
VID : Véhicule Interventions Diverses
VIP : Véhicule d'Interventions Polyvalent
VIRP : Véhicule d'Intervention Rapide Polyvalent
VIRT : Véhicule d'Intervention Risques Technologiques
VL : Véhicule Léger
VLHR : Véhicule de Liaison Hors Route
VLM : Véhicule Léger Médicalisé
VLPC : Véhicule Léger Poste de Commandement
VLR : Véhicule de Liaison Radio
VLTT : Véhicule Léger Tout Terrain
VMA : Véhicule Mousse Aérodrome
VP : Voie Publique
VPC : Véhicule de Poste de Commandement
VPCE : Véhicule Porte-Cellule
VPI : Véhicule de Première Intervention
VPIL : Véhicule de Première Intervention Léger
VPL : Véhicule Plongeur
VPM : Véhicule Poudre Mousse
VPro : Véhicule de Protection
VRM : Véhicule Radio Médicalisé
VSAB : Véhicule de Secours aux Asphyxiés et Blessés
VSABTT : Véhicule de Secours aux Asphyxiés et Blessés Tout Terrain

VSAQ : Véhicule de Sauvetage Aquatique
VSAV : Véhicule de Secours et d'Assistance aux Victimes
VSM : Véhicule de Secours Médical
VSR : Véhicule de Secours Routier
VSRL : Véhicule de Secours Routier Lourd
VSRM : Véhicule de Secours Routier Moyen
VSRTT Véhicule de Secours Routier Tout Terrain
VTP : Véhicule de Transport de Personnel
VTU : Véhicule Tout Usage
VTUL : Véhicule Tout Usage Léger

3. Lexique des principaux termes en usage chez les sapeurs-pompiers

• Abord (veineux)
Technique de réanimation médicale qui consiste à introduire dans une veine une aiguille ou un cathéter pour permettre une perfusion.

• Absorption
Pénétration et rétention d'un liquide ou d'un gaz dans une substance.

• Accès
Voie par laquelle les secours interviennent dans un établissement.
On distingue les accès :
- pour le personnel : portes, fenêtres, ouvertures diverses ;
- pour les véhicules : voie publique en général, parfois voie privée.

• Accessoire hydraulique
Matériel utilisé dans le cadre de l'extinction des incendies permettant, en particulier, l'établissement des tuyaux et des lances ainsi que le maintien de leur intégrité et le contrôle du bon état de fonctionnement du réseau hydraulique.

• Accident(s)
Événement ou chaîne d'événements ayant comme enjeu essentiel la vie ou l'intégrité physique d'au moins une personne.

On distingue entre autres les accidents :
- **domestiques** : traumatisme, intoxication, brûlure, survenant à domicile (par opposition aux accidents du travail) ;
- **du travail** : à l'occasion et par le fait du travail dans un milieu professionnel ;
- **sur la voie publique** : le plus souvent confondu avec l'accident de circulation (piétons, deux roues, autos, etc.) ;
- **vasculaires cérébraux** : accidents neurologiques dus à la rupture, à l'occlusion ou à un spasme de vaisseaux du cerveau. Synonyme d'attaque, d'apoplexie.

• Accumulation de chaleur
Élévation de la température d'un corps due à l'accumulation d'énergie calorifique dans ce dernier, lorsque l'apport de chaleur dépasse la perte de chaleur.

- **Activité opérationnelle**

Somme des sorties de secours effectuées pendant un temps donné. Elle peut concerner le territoire national, la zone de défense, le département, un groupement ou un centre de secours.

- **Adsorption**

Mode de fixation, par propriété électrostatique ou tensio-action, généralement à la surface d'un solide, des molécules d'un gaz ou d'une substance en solution ou en suspension.

- **Agent**

  – **d'extinction** : matière solide, liquide ou gazeuse utilisée pour éteindre un feu ;

  – **mouillant** : produit abaissant la tension superficielle de l'eau ajouté à celle-ci pour l'extinction des feux de matières poreuses telles que poussières de charbon, textile, etc.

- **Agitation (état d')**

État d'une victime qui présente un comportement anormal caractérisé par une activité désordonnée à la suite d'une altération de la conscience due le plus souvent (à l'exception des affections psychiatriques) à une intoxication (alcool, médicament, gaz toxique), à un traumatisme crânien ou à des phénomènes douloureux importants.

- **Agrès**

  – Véhicule d'intervention automobile comportant un équipage et un équipement matériel ;

  – Accessoire essentiel utilisé dans le cadre de l'activité opérationnelle des sapeurs-pompiers ;

  – Matériel utilisé lors de séances de sport.

- **Ajutage**

Dispositif placé à l'extrémité d'une lance permettant la formation du jet.

- **Alarme**

  – Procédure qui peut être un signal sonore et/ou visuel, génératrice d'une action, permettant soit de prévenir le poste de sécurité de l'établissement, ou la direction, ou enfin le personnel, soit de déclencher un comportement (alarme restreinte), soit de prévenir tous les occupants de prendre des dispositions d'évacuation (alarme générale). L'alarme permet enfin de donner l'alerte ;

  – Dans un centre de secours, l'alarme est la sonnerie codée, parfois associée à des dispositifs de diffusion de la voix ou optiques, qui déclenche le départ des secours ;

  – Sur appareil respiratoire isolant, dispositif permettant d'alerter le porteur de l'approche de la fin d'autonomie ;

  – Accessoire dit HOMME MORT permettant de signaler que son porteur est en position statique anormale (Intervention sous ARI, enseveli sous neige, spéléo, etc.).

- **Aléa**

Tout événement qui conduit, ou qui est susceptible de conduire à des conséquences dommageables sur les vies et/ou les biens et/ou l'environnement.

• **Alerte**
Procédure qui a pour objet d'appeler immédiatement les secours extérieurs, selon un appel énoncé dans les règles.

• **Alimentation**

– **en eau** : acheminement de l'eau d'extinction depuis le point d'eau jusqu'au point d'attaque à l'aide d'installations ou appareils appropriés ;

– **en relais** : acheminement de l'eau d'extinction depuis le point d'eau jusqu'au point d'attaque à l'aide d'engins-pompes intercalés sur l'établissement afin de relever la pression ;

– **gradé d'alimentation** : responsable de l'alimentation en eau des engins et/ou de son acheminement à débit et pression corrects jusqu'au point d'attaque.

• **Allumage**
Source d'énergie d'activation permettant le démarrage d'une réaction exothermique.

• **Amarrage**

– **porteur** : amarrage principal sur lequel la charge est directement appliquée ;
– **de sécurité** : point de sécurité palliant la défaillance de l'amarrage porteur.

• **Ambiance**
Situation générale observée à l'arrivée ou pendant l'engagement des secours.

• **Amiante**
Matériau d'origine naturelle utilisé dans les équipements de protection contre le rayonnement thermique (vêtements, calorifugeage).

• **Amnésie**
Diminution ou perte de mémoire.

• **Amorceur**
Dispositif permettant de créer une dépression dans le corps de pompe et la ligne d'aspiration afin de permettre à la pression atmosphérique de faire monter le niveau d'eau jusqu'à l'ouïe de la pompe.

• **Anesthésiologiste réanimateur**
Médecin spécialiste chargé de l'anesthésie et de la réanimation hospitalière et pré-hospitalière.

• **Apnée**
Suspension plus ou moins prolongée de la ventilation (synonyme : arrêt ventilatoire).

• **Appareil respiratoire**
Terme général donné à divers appareils utilisés pour la protection des voies respiratoires.

L'appareil respiratoire de « protection » est soit :

– **isolant** : à circuit ouvert, l'air inspiré provient d'une réserve d'air comprimé et l'air expiré est rejeté à l'extérieur ;

– **à circuit fermé** : l'air expiré est régénéré par l'appareil comportant une réserve d'oxygène comprimée ;

– **filtrant** : lorsque l'air expiré provient de l'air ambiant filtré par une cartouche.

- **Appareillage d'une fracture**

Ensemble de manœuvres destinées à immobiliser une fracture en utilisant les matériels adéquats.

- **Approvisionnement en eau**

Mission visant à pallier temporairement les défaillances des différents réseaux d'eau (potable, usine…).

- **Armement d'un véhicule ou d'un centre de secours**

Ensemble des moyens personnels et matériels placés dans un véhicule ou un centre de secours permettant d'assurer la mission.

- **Arrêt**

  - « **à l'arrêt** » est dit d'un véhicule immobilisé, conducteur au volant ;
  - **cardio-circulatoire** : absence de toute circulation sanguine (synonyme : inefficacité circulatoire) ;
  - **d'eau** : mise hors service momentanée d'une canalisation d'eau ou d'un réseau hydraulique ;
  - **ventilatoire** : (synonyme : apnée).

- **Asphyxie**

Défaut d'oxygénation du sang entraînant consécutivement un arrêt des battements du cœur (synonyme : détresse respiratoire). Elle peut être :

  - **mécanique** : provoquée par la présence d'obstacles divers qui empêchent la pénétration de l'air jusqu'aux poumons ;
  - **physiologique** : provoquée par des gaz toxiques.

- **Assèchement**

Opération consistant à débarrasser une surface d'un épandage liquide d'une faible épaisseur (par opposition à épuisement).

- **Assistance ventilatoire**

Ensemble des manœuvres de ranimation qui concourent à maintenir une ventilation efficace (désobstruction des voies aériennes, ventilation artificielle, etc.).

- **Assurage**

Action qui permet de parer une chute éventuelle de l'intervenant.

- **Atmosphère confinée**

Air non renouvelé appauvri en oxygène (O_2), saturé en gaz carbonique (CO_2) et en vapeur d'eau.

- **Attaque**

Phase active de la manœuvre destinée à lutter contre un sinistre pour aboutir à son extinction.

L'attaque se fait à partir de points judicieusement choisis appelés « points d'attaque ».

- **Attelle**

Matériel de nature variable, rigide ou rendu rigide, destiné à immobiliser un membre ou un segment de membre fracturé.

- **Auto-assurance**

Dispositif permettant au sauveteur d'assurer sa propre sécurité.

• **Auto-inflammation ou auto-ignition**
Température à laquelle une matière émet des vapeurs susceptibles de s'enflammer spontanément sans apport d'énergie extérieure.

• **Balisage**
Ensemble de signaux, panneaux ou matériels divers mis en place afin de marquer ou repérer un itinéraire, une zone.

• **Barbituriques**
Groupe de médicaments destinés normalement à provoquer le sommeil et susceptibles, à dose élevée, de provoquer un coma (coma barbiturique, intoxication barbiturique).

• **Barrage**
Action ou dispositif permettant de s'opposer à la circulation :
- d'un fluide à l'air libre ou dans une conduite ;
- de matières solides ou liquides à la surface de l'eau ;
- de personnes ou de véhicules.

• **Bilan**
- **opérationnel** : analyse et synthèse critique de la conduite d'une opération ;
- **secouriste** : analyse des fonctions vitales et des lésions.

• **Blast**
Accident dû au souffle provoqué par une explosion, il se caractérise par des lésions diffuses de tout l'appareil respiratoire, souvent associées à des lésions du tympan, de la paroi thoracique, du cou et à l'abdomen (arme à feu), etc.

• ***Boiling liquid expanding vapour explosion* (BLEVE)**
Phénomène de vaporisation, quasi instantanée, d'un hydrocarbure liquéfié entraînant la rupture de l'enveloppe et qui se caractérise par une boule de feu.

• **Bouche**
- **d'arrosage** : dispositif annexe d'alimentation en eau, généralement à faible débit, pouvant exceptionnellement être utilisé pour la lutte contre l'incendie ;
- **à bouche** : méthode de ventilation artificielle consistant, pour le sauveteur, à insuffler dans les poumons de la victime l'air qu'il expire ;
- **d'incendie** : prise d'eau et ses organes de manœuvre, placés à demeure sous un couvercle ou une plaque de regard au niveau du sol. Celle-ci, piquée sur une conduite de distribution en pression, est utilisée pour la lutte contre l'incendie.

• **Brancardage**
Ensemble des manœuvres visant à transporter une victime au moyen d'un brancard ou de tout autre mode approprié.

• **Brûlure**
Atteinte cutanée pouvant atteindre les tissus sous-jacents et causée par un agent thermique, électrique, chimique ou radioactif (brûlures électriques, chimiques, etc.).

• **Cage d'escalier de sécurité**
Cage d'escalier dans un bâtiment élevé ou à grands risques d'incendie, aménagée séparément ou accolée au bâtiment dont elle est isolée par des matériaux au moins résistant au feu. La liaison entre la cage d'escalier et le bâtiment se fait par couloirs ou galeries.

• Canule (de Guedel)
Petit instrument en caoutchouc ou en plastique qui, introduit dans la bouche des victimes inconscientes ou en état de mort apparente, permet de maintenir la liberté des voies aériennes supérieures. Son utilisation est dangereuse et proscrite dans tous les autres types de détresse.

• Carbonisation
Transformation d'un corps ou d'une matière en charbon (charbon de bois, brûlure du 3e degré).

• Carroyage
Quadrillage d'une carte permettant le repérage précis d'un point donné.

• Cathéter
Tube de matière plastique destiné à être introduit dans une veine à travers la peau pour faciliter les perfusions.

• Chaleur de combustion
Quantité de chaleur produite par la combustion complète d'une substance déterminée.

• Charge

– **admissible** : mise à contribution tolérable, en fonction d'un degré de sécurité donné, pour une partie de construction ou d'un élément de machine ;

– **calorifique** : somme des énergies calorifiques pouvant être dégagées par la combustion complète de tous les matériaux contenus dans un espace, y compris les revêtements des murs, cloisons, sols et plafonds.

• Chef

– **d'agrès** : sous-officier ou officier responsable de l'engagement opérationnel et de la sécurité des moyens en personnel et en matériel d'un véhicule ;

– **de centre** : sapeur-pompier, au minimum du grade d'adjudant, ayant la responsabilité d'un centre de secours et placé sous l'autorité du chef de corps ou du directeur départemental des services d'incendie et de secours ;

– **de centre de traitement de l'alerte** (CTA) : sapeur-pompier, au minimum du grade d'adjudant, responsable de la gestion, du traitement des appels et des moyens engagés ;

– **de colonne** : officier responsable d'une colonne ;

– **de corps** : sapeur-pompier, au minimum du grade d'adjudant, ayant la responsabilité d'un corps de sapeurs-pompiers et placé sous le contrôle de l'autorité territoriale compétente et du directeur départemental des services d'incendie et de secours ;

– **d'équipe opérationnelle** : sapeur-pompier, au minimum du grade de caporal, responsable de l'engagement opérationnel et de la sécurité d'une équipe ;

– **d'état-major départemental** : officier supérieur responsable du fonctionnement de l'état-major départemental ;

– **d'état-major de zone** : officier supérieur responsable du fonctionnement de l'état-major de sécurité civile de la zone de défense ;

– **de garde** : sapeur-pompier, au minimum du grade d'adjudant, responsable de la gestion opérationnelle et administrative de l'effectif de garde ;

– **de groupe** : sapeur-pompier, au minimum du grade d'adjudant, responsable de l'engagement opérationnel d'un groupe ;

– **de groupement** : officier responsable d'un groupement ;

– **de poste de commandement (PC)** : officier responsable du PC ;

– **de secteur** : gradé responsable d'un secteur lors d'une intervention importante ;

– **de site** : officier responsable de plusieurs colonnes ;

– **d'unité SAL** : dirige techniquement une opération de plongée sous l'autorité du commandant des opérations de secours ;

– **d'unité** : dirige un ensemble de personnels et de matériels composant une équipe spécialisée.

• Cheminement

Itinéraire par lequel les personnels de secours doivent se déplacer pour remplir leur mission.

• Cinétique

Vitesse de développement du sinistre, jusqu'à sa phase maximale de conséquences. Se dit d'un feu lorsque les moyens d'extinction mis en place sont suffisants pour empêcher sa propagation.

• Circonscrit

Se dit d'un feu lorsque les moyens d'extinction mis en place sont suffisants pour empêcher sa propagation.

• Clapet

Dispositif mobile d'obturation placé à l'intérieur d'un conduit, pouvant assurer l'interruption du passage du fluide (liquide ou gaz) dans ce conduit.

• Cloison coupe-feu

Cloison compartimentant un local étendu, réalisée en matériaux au moins retardateurs du feu, en vue d'éviter la propagation d'un incendie.

• Collapsus (cardio-vasculaire)

Faillite de la fonction circulatoire consistant en une chute importante de la tension artérielle. Précède souvent l'état de choc.

• Colonne

– **en charge (ou humide)** : tuyauterie fixe et rigide, installée à demeure dans une construction, reliée à des réservoirs et à des pompes, à des surpresseurs ou autre dispositif qui permet d'alimenter les lances des sapeurs-pompiers ;

– **fixe d'aspiration** : tube métallique de diamètre de 100 mm, doté d'un demi-raccord et d'une crépine, installé en fixe au bord d'un point d'eau ;

– **sèche** : tuyauterie fixe et rigide, installée à demeure dans une construction et alimentée par un véhicule d'incendie, pour alimenter les lances des sapeurs-pompiers.

• Coma

Altération plus ou moins importante de la conscience classée selon son importance et sa cause.

• **Combustibilité**
Propriété d'un matériau qui peut brûler, classée de 0 à 4 par ordre croissant de facilité d'inflammabilité.

• **Combustion**

– Réaction chimique exothermique qui résulte de la combinaison de deux corps, un combustible et un comburant ;

– **spontanée** : combustion résultant d'un auto-échauffement sans apport extérieur de chaleur.

• **Communications existantes**
Terme qui recouvre les voies de communication propres à un établissement (couloirs, escaliers) et qui sont normalement empruntées par les personnes.

• **Compartiment**
Volume délimité par des parois résistantes au feu.

• **Comportement au feu**
Étude de l'état d'un matériau ou d'un élément de construction soumis à un incendie type.

• **Compresseur d'air respirable**
Appareil fixe ou mobile, utilisé pour la recharge des bouteilles d'air comprimé.

• **Condition (mise en)**
Ensemble des gestes médicaux destinés à préparer une victime à un transport.

• **Conducteur**

– Personnel chargé du déplacement et de la mise en œuvre d'un véhicule ;

– **de la chaleur** : corps qui permet la transmission de la chaleur.

• **Conduction**
Mode de transmission de la chaleur dans la masse du matériau. Elle se fait de proche en proche sans aucun transfert de matière.

• **Confinement**
Mesure de sauvegarde ou de prévention visant à maintenir les occupants dans les locaux où ils se trouvent en réponse à une alerte.

• **Conscience**
Ensemble des fonctions de la vie de relation permettant à un sujet de communiquer avec l'entourage :

– **perte de conscience initiale** : disparition immédiate de la conscience après un accident, en particulier après un traumatisme crânien ;

– **perte de conscience secondaire** : disparition de la conscience après un intervalle libre, suivant la perte de conscience initiale.

• **Contagion**
Transmission d'une maladie d'une personne atteinte à une personne saine par contact direct ou indirect.

• **Contamination**
Souillure résultant d'un contact avec une substance toxique (contamination microbienne, chimique, radioactive).

• **Contre-indication**

Élément particulier qui empêche la pratique :

- d'un geste médical ou de secourisme, ou la mise en œuvre d'une thérapie ;
- d'une action de secours.

• **Contusion**

Lésion produite par un choc (traumatisme), sans effraction de la peau.

• **Convection**

C'est le transport de la chaleur par le mouvement d'un fluide.

• **Convulsions**

Mouvements anormaux, automatiques et répétitifs, localisés à un membre ou généralisés à l'ensemble du corps et traduisant toujours une souffrance cérébrale.

• **Corde**

- **d'assurage** : corde dynamique permettant de parer la chute d'un sauveteur ;
- **d'assurance** : corde utilisée pour parer une défaillance de la corde porteuse ou d'une chute éventuelle du sauveteur (repérée à son extrémité par trois nœuds) ;
- **à double** : corde dynamique utilisée avec deux brins pour l'assurage ;
- **dynamique** : corde dont l'allongement est de 6 à 8 % sous 80 kg ;
- **d'équipement** : corde identifiée par un nœud à son extrémité et utilisée par le sauveteur lors de sa progression ;
- **guide** : corde tendue permettant de franchir un obstacle. La distance à franchir est inférieure ou égale au dénivelé ;
- **porteuse** : corde tendue permettant de franchir un obstacle. La distance à franchir est supérieure ou égale au dénivelé ;
- **de rappel** : corde dynamique utilisée pour la descente sur deux brins ;
- **à simple** : corde dynamique utilisée avec un brin pour l'assurage ;
- **de traction** : corde identifiée par deux nœuds à son extrémité et utilisée pour supporter la charge.

• **Corps étranger (dans les voies aériennes)**

Particules solides ou pâteuses, plus ou moins grosses qui, introduites accidentellement dans les voies aériennes, font obstacle à la pénétration de l'air (asphyxie mécanique).

• **Couloir de sécurité**

Voie de fuite aménagée dans un bâtiment ou une partie de bâtiment constituée par des matériaux de construction résistants au feu.

• **Coupe-feu**

Qualité d'un élément de construction pour lequel sont requis les critères de résistance mécanique, d'étanchéité aux flammes, d'absence d'émission de gaz inflammables, d'étanchéité à la chaleur pendant un temps donné.

• **Cyanose**

Coloration bleu violacé que prennent la peau et les muqueuses et qui témoigne d'une détresse respiratoire ou cardiaque.

• **Débit**

- Quantité ou volume de fluide écoulé par unité de temps ;
- **de dose** : dose émise ou reçue par unité de temps.

• Déblai
Opération ayant pour objet le déplacement des décombres qui pourraient cacher des foyers afin d'achever l'extinction et d'écarter tout risque de reprise de feu.

• Décaler
Terme consacré par l'usage qui signifie « partir en intervention ». Il a pour origine la nécessité d'enlever les cales qui bloquaient les roues des véhicules hippomobiles garés dans les remises dont le sol était en pente.

• Décombres
Amas de matériaux provenant de l'incendie, de l'éboulement, etc.

• Décontamination
Opération physique, chimique ou mécanique destinée à éliminer ou réduire une contamination radioactive ou chimique.

• Défibrillateur
Appareil produisant un choc électrique utilisé pour la défibrillation.

• Défibrillation
Manœuvre de réanimation destinée à provoquer l'arrêt d'une fibrillation cardiaque en délivrant un choc électrique externe à la victime.

• Déflagration
Elle caractérise la vitesse de propagation d'une combustion lors d'une réaction exothermique instantanée. Sa vitesse est inférieure à celle du son.

• Dégagement

- Toute partie de la construction permettant le cheminement d'évacuation des occupants (issues, portes, couloirs…) ;
- **de victime** : ensemble des manœuvres destinées à soustraire une victime du milieu agressif dont elle est prisonnière tout en assurant sa survie.

• Désenfumage
Technique qui vise à extraire des locaux sinistrés les fumées et les gaz chauds résultant de l'incendie. Il peut être naturel ou mécanique.

• Désincarcération
Opération consistant à extraire une victime du lieu où elle se trouve coincée, lorsqu'elle ne peut sortir par ses propres moyens.

• Désobstruction des voies aériennes
Techniques destinées à retirer des voies aériennes les substances liquides ou solides qui empêchent partiellement ou totalement le passage de l'air.

• Détendeur
Appareil servant à décompresser un gaz comprimé.

• Détresse (cardio-circulatoire, neurologique)
Atteinte grave d'une fonction (respiratoire, cardio-circulatoire) qui nécessite la réalisation de gestes d'urgence. Si cette détresse persiste, elle peut aboutir à la défaillance de la fonction et à la mort de la victime.

• Dévidoir

- **à bobine** : appareil tiré à bras permettant le transport facile de tuyaux et la réalisation de leur établissement ;

– **tournant** : appareil monté en fixe sur un véhicule permettant l'enroulement de tuyaux semi-rigides.

• **Division**

Pièce de jonction permettant de transformer un établissement d'alimentation en plusieurs établissements de diamètres inférieurs.

• **Dose absorbée**

Rapport de l'énergie cédée dans un volume de matière sur la masse interne de ce volume.

• **Éboulement**

Chute de terres, de roches ou de matériaux qui s'affaissent.

• **Échauffement**

Augmentation de la température d'une matière ou d'un corps.

• **Éclatement**

Destruction d'un réservoir ou d'une conduite à la suite d'une surpression non attribuée à la combustion du contenu du réservoir.

• **Écope**

Accessoire servant à évacuer l'eau.

• **Effondrement**

Affaissement brusque du sol ou d'une construction.

• **Électrisation**

Effets non mortels provoqués par le courant électrique dans l'organisme.

• **Électrocardiogramme**

Enregistrement sur un papier millimétré de l'activité électrique du cœur.

• **Électrocardiographe**

Appareil destiné à réaliser des électrocardiogrammes.

• **Électrocution**

Mort causée par le passage d'un courant électrique dans l'organisme.

• **Émanation**

Émission ou exhalaison de particules impalpables qui se détachent de certains corps.

• **Embrasement**

Inflammation généralisée des matériaux combustibles dans un volume considéré.

• **Émulseur**

Liquide ou produit permettant de réaliser de la mousse.

• **Énergie d'activation**

Quantité d'énergie nécessaire au système combustible-oxygène pour entrer en réaction.

• **Épandage**

Versement ou fuite d'un solide ou d'un liquide sur une certaine étendue.

• **Épilepsie**

Maladie nerveuse caractérisée par l'apparition brutale de crises convulsives le plus souvent généralisées. Ces crises s'accompagnent parfois d'une perte de connaissance.

• Épreuve
Essai permettant de vérifier l'état et le fonctionnement d'un dispositif ou d'un matériel.

• Épuisement
Opération consistant à évacuer une quantité importante de liquide répandu.

• Établie
Se dit d'une lance lorsqu'elle est prête à entrer en fonctionnement.

• Établissement
Mise en place de tuyaux d'incendie en vue d'amener de l'eau d'un point à un autre.

• Étaiement
Opération consistant à soutenir et empêcher un effondrement.

• Éteint
Se dit d'un feu lorsqu'il n'y a plus ni flamme ni risque de reprise.

• Étincelle
Particule en ignition, produite par une combustion, un frottement ou un phénomène électrique.

• Étrangleur
Accessoire hydraulique permettant d'arrêter momentanément l'écoulement de l'eau dans un tuyau.

• Explosimètre
Appareil portatif permettant de détecter la présence d'un gaz ou de vapeurs explosives dans une atmosphère et d'évaluer le risque d'explosion.

• Explosion

– Réaction exothermique instantanée se décomposant en déflagration ou détonation suivant la vitesse de propagation de l'onde de combustion ;

– Déchirement ou éclatement d'une enveloppe liée à une surpression interne.

• Extinction
Opération qui a pour but d'abattre les flammes et d'éliminer les foyers partiels.

• Fausse

– **alerte** : sortie des secours n'ayant pas nécessité l'engagement des moyens. Elle est due soit à une erreur du demandeur soit à une malveillance ;

– **route** : accident résultant du passage d'aliments, de liquides ou de vomissements dans les voies aériennes et capable de provoquer une détresse respiratoire aiguë (cf. obstruction respiratoire).

• Feu

– Réaction exothermique accompagnée simultanément de fumées et de flammes. Cette définition s'applique aussi à son développement. Le feu se définit par le lieu où se produit l'événement, complété de la localisation précise du sinistre ;

– **courant** : incendie qui se propage très rapidement dans une ou plusieurs directions ;

– **couvant** : combustion lente d'un matériau sans émission visible de lumière et généralement révélée par une élévation de température et/ou par une émission de fumée ;

– **violent** : feu intense avec risque de propagation ;

– **volant** : particules de matières en incandescence voltigeant dans l'air turbulent ;

– **utilitaire** : feu confiné dans un foyer dans un but déterminé, surveillé et employé à des fins utilitaires.

- **Flamme**

– Partie visible et lumineuse d'un mélange gazeux en combustion contenant des particules solides en suspension ;

– **éclair ou flash** : flamme jaillissant d'une combustion en forme d'explosion et qui se dirige dans une direction définie.

- ***Flash over***

Développement extrêmement rapide d'un incendie dans la phase qui précède l'embrasement généralisé.

- **Foisonnement (taux de)**

Rapport du volume de mousse obtenu au volume de solution moussante.

- **Fonctions vitales**

Ensemble des fonctions des principaux organes dont l'altération, même passagère, met en jeu la vie de la victime (ex. : fonction respiratoire, fonction cardiaque, etc.).

- **Foyer**

Lieu où se produit le feu.

- **Fumée**

Mélange de particules visibles solides et liquides en suspension dans les gaz, résultant d'une combustion ou d'une pyrolyse.

- **Garrot**

Lien large et inextensible utilisé, exceptionnellement, pour arrêter une hémorragie artérielle lorsque les autres moyens (compression locale, point de compression) sont impossibles à réaliser ou sont inefficaces.

- **Groupe de reconnaissance et d'intervention en milieu périlleux**

Unité spécialisée, constituée au niveau départemental ou zonal, chargée des recherches et interventions en milieu périlleux.

- **Hématome**

Présence interne d'une certaine quantité de sang hors de ses frontières habituelles.

- **Hydrocution**

Syncope cardio-respiratoire réflexe survenant en milieu liquide et liée aux variations thermiques brutales du corps.

- **Hydro-éjecteur**

Aspirateur d'eau fonctionnant suivant le principe de VENTURI.

- **Hyperglycémie**

Trouble lié à une augmentation de la quantité de sucre dans le sang pouvant entraîner une perte de connaissance brève ou un coma.

- **Hyperthermie**

Trouble lié à une augmentation anormale de la température du corps, souvent observé chez le nourrisson.

- **Hyperventilation**

Augmentation normale ou non de la fréquence et de l'amplitude respiratoire, qui apparaît en réaction à une maladie ou un accident.

- **Hypoglycémie**

Trouble lié à une diminution de la quantité de sucre dans le sang pouvant entraîner une perte de connaissance brève ou un coma.

- **Hypothermie**

Trouble lié à l'abaissement anormal de la température du corps au-dessous de la normale.

- **Idée de manœuvre**

Ensemble de mesures permettant de s'opposer au sinistre ou d'en réduire les effets.

- **Ignifuge**

Substance ajoutée ou traitement appliqué à un matériau pour supprimer, réduire ou retarder sensiblement la combustion.

- **Immobilisation**

Technique de secourisme qui consiste à maintenir dans une position donnée soit un segment de membre, soit un membre, soit l'ensemble du corps.

- **Implosion**

L'implosion résulte d'un appel brutal vers l'intérieur des parois d'un espace confiné où règne le vide ou presque.

- **Incombustible**

Non susceptible de brûler dans des conditions spécifiées. Les matériaux incombustibles sont désignés réglementairement par le sigle « MO ».

- **Inconscience**

Une victime est inconsciente dès lors qu'elle est incapable de répondre à une question ou d'exécuter un ordre simple.

- **Inflammabilité**

Aptitude d'un matériau ou d'un produit à brûler avec des flammes. C'est l'une des caractéristiques des matériaux combustibles.

- **Inflammation**

Ignition d'un gaz ou d'une vapeur.

- **Inhalation (d'oxygène)**

Manœuvre de ranimation qui consiste à administrer de l'oxygène à une victime dont la respiration spontanée demeure efficace.

- **Injecteur**

Appareil, fonctionnant suivant le principe de VENTURI, destiné à introduire de l'émulseur dans une veine d'eau en vue de former une solution moussante.

- **Insuffisance respiratoire chronique**

Diminution permanente de la fonction ventilatoire liée à une atteinte pulmonaire ou thoracique.

- **Insufflateur**

Appareil de ranimation manuel, semi-automatique ou automatique, permettant la pratique d'une ventilation artificielle.

• Insufflations
Techniques de ranimation, réalisées par bouche à bouche, bouche à nez, bouche à bouche/nez ou par insufflateur, qui consistent à faire pénétrer de l'air ou de l'oxygène dans les poumons.

• Intoxication
Trouble causé par la pénétration d'un toxique dans l'organisme. Le toxique peut être introduit par les voies digestives, aériennes ou par contact avec la peau ou les muqueuses.

• Jet
Forme donnée à la veine d'eau sous pression à la sortie de l'ajutage d'une lance. Le jet peut être dit plein ou bâton, diffusé, en pluie, etc.

• Lance
Accessoire hydraulique permettant de projeter de l'eau sous pression.

• Lésion
Terme général pour désigner une atteinte de la structure d'un organe. Suivant son siège, on distingue les lésions des membres, de la face, de l'abdomen, etc.

• Libération des voies aériennes
Techniques de ranimation qui consistent à assurer le libre passage de l'air jusqu'aux poumons.

• Ligne

- **de faîte** : ligne de partage des eaux, appelée également lige de crête ;
- **à palier** : filin immergé plombé, gradué à partir de la surface et permettant au scaphandrier de visualiser la profondeur d'immersion ;
- **spécialisée** : ligne téléphonique reliant directement deux points ;
- **de vie** : filin permettant à un scaphandrier ou au porteur d'ARI de retrouver son itinéraire dans un milieu à visibilité réduite.

• Longueur développée
Pour une échelle, distance, exprimée en mètres, mesurée entre le premier échelon du premier plan du parc d'échelles et le dernier échelon du dernier plan de ce parc.

• Lutte
Action soutenue et énergique d'un individu ou d'un groupe pour atteindre un certain objectif opérationnel, extinction d'un incendie, disparition d'une pollution, etc.

• Main courante

- Registre d'événements chronologiques ;
- Dispositif de sécurité permettant d'effectuer l'assurance du personnel sur un site d'intervention.

• Maître du feu
Se dit lorsque le feu ne peut plus sortir des limites dans lesquelles il a été circonscrit et diminue d'intensité.

• Malveillance
Évènement ou chaîne d'évènements déclenchés intentionnellement pour provoquer des dommages.

- **Manœuvre de force**

Mise en œuvre de moyens et procédés techniques spécifiques pour déplacer des matériels lourds ou encombrants.

- **Massage cardiaque externe (MCE)**

Manœuvre de ranimation pratiquée quand il y a constat d'inefficacité cardiaque et qui consiste à appliquer, au niveau de la moitié inférieure du thorax, des compressions rythmées.

- **Matelas coquille**

Matelas portoir fonctionnant par dépression, permettant l'immobilisation et le transport des victimes gravement atteintes.

- **Médecin coordinateur**

Médecin de garde chargé d'assurer la gestion opérationnelle des moyens médicaux du service départemental d'incendie et de secours.

- **Médicalisation des secours**

Intervention de secours avec la participation d'un médecin qui prend en charge et assiste la victime pendant son transport.

- **Mise en sécurité**

Action qui consiste à mettre à l'abri les victimes d'un sinistre ou d'un accident.

- **Mort**

  – **apparente** : état d'une victime qui est inconsciente, ne ventile plus et dont on ne perçoit pas le pouls carotidien ;

  – **subite** : mort brutale chez un sujet apparaissant en bonne santé et n'ayant subi aucune atteinte traumatique ou toxique (mort subite du sportif, du nourrisson) ;

  – **certaine** : ce terme ne peut être utilisé que si les lésions traumatiques sont incompatibles avec une survie même brève (par exemple : tête séparée du corps…) ;

  – **évidente** : lorsque le corps est en état de décomposition.

- **Mousqueton**

Accessoire permettant la liaison entre différents appareils ou accessoires afin de réaliser un dispositif.

- **Mousse**

Agrégat de bulles plus ou moins fines constituées par du gaz emprisonné dans une mince pellicule d'eau additionnée d'un produit émulseur.

- **Mucosités**

Liquides plus ou moins épais qui peuvent obstruer les voies aériennes supérieures.

- **Nausée**

Impression de vomissements imminents, ressentie par une victime consciente.

- **Noyade**

Pénétration de liquide dans les voies aériennes ou les poumons.

- **Obnubilation**

Troubles de la conscience caractérisés par les difficultés éprouvées par une victime pour se situer dans le temps et dans l'espace.

• Obstruction des voies aériennes
Obstacle au passage de l'air dans les voies aériennes.

• Obturateur
Accessoire hydraulique permettant d'aveugler provisoirement une fuite sur un établissement.

• Oxyde de carbone
Gaz toxique résultant d'une oxydation incomplète du carbone, dont l'inhalation provoque une diminution de l'oxygène dans le sang et une intoxication. Symbole chimique : CO.

• Oxygène
Gaz oxydant indispensable au maintien de la vie. Il existe normalement dans l'air à un taux de 21 %. Symbole chimique : O_2.

• Pansement compressif
Textile utilisé pour arrêter une hémorragie artérielle ou veineuse lors d'une compression locale.

• Pare-flamme (PF)
Qualité d'un élément de construction pour lequel sont requis les critères de résistance mécanique, d'étanchéité aux flammes et d'absence d'émission de gaz inflammables pendant un temps donné.

• Pause respiratoire
Trouble respiratoire se manifestant par un arrêt momentané des mouvements ventilatoires.

• Pédale
Accessoire de progression sur corde, de longueur adaptée à la taille de son utilisateur et confectionné en corde statique.

• Perfusion
Action qui consiste à injecter dans les veines d'une victime, d'une façon continue, une certaine quantité d'un liquide.

• Périmètre de sécurité
Zone de protection enveloppant le lieu d'une intervention où un risque est redouté. Il comprend deux zones :

- une première zone dans laquelle le risque a été reconnu, évalué et délimité ; ne doivent s'y trouver que les personnels et matériels strictement nécessaires et convenablement protégés ;
- une seconde zone concentrique au-delà de laquelle les effets du risque ne sont plus à craindre ; ne s'y trouvent que les personnels de secours.

La population est évacuée hors du périmètre extérieur jusqu'à ce que le risque ait été neutralisé.

• Perte de charge
Diminution de la pression dans un circuit parcouru par un fluide.

• Pièce de jonction
Accessoire permettant d'assembler ou de brancher des tuyaux.

• Piquet d'incendie
Affectation individuelle au sein de la garde incendie opérationnelle.

• Poignée d'ascension
Appareil complémentaire de remontée sur corde, fonctionnant comme un bloqueur de poitrine.

• Point

– **d'attaque** : emplacement désigné à partir duquel le porte-lance exécute sa mission ;

– **de combustion, température d'ignition** : température la plus basse d'une matière combustible à laquelle ses poussières, ses vapeurs ou ses gaz entrent en ignition au contact de l'air ;

– **de compression** : endroit sur lequel il faut appuyer pour comprimer une artère contre une partie dure pour arrêter ainsi une hémorragie située en aval ;

– **d'éclair** : température minimale à laquelle, dans des conditions d'essais spécifiques, une substance dégage une quantité suffisante de gaz inflammables pour former avec l'air un mélange tel qu'en présence d'une flamme pilote il y ait un éclair ;

– **d'inflammabilité** : température minimale à laquelle, dans des conditions d'essai spécifiques, une substance dégage une quantité suffisante de gaz inflammables pour former avec l'air un mélange tel qu'en présence d'une flamme pilote il y ait inflammation pendant au moins 5 secondes.

• Pollution
Introduction d'une substance naturelle ou technologique dans un milieu, avec pour conséquence d'induire une dégradation plus ou moins importante des qualités de celui-ci.

• Polytraumatisé
Victime présentant des traumatismes multiples et au moins une détresse vitale dont l'un des facteurs, au moins, est susceptible d'entraîner la mort.

• Portée
Distance maximale atteinte par l'eau sous pression projetée par une lance.

• Position latérale de sécurité (PLS)
Technique consistant à positionner sur le côté une victime inconsciente et qui ventile, pour maintenir la liberté des voies aériennes et assurer une protection vis-à-vis d'éventuels vomissements ou régurgitations.

• Poteau

– **d'incendie** : hydrant placé au-dessus du niveau du sol, piqué sur une conduite sous pression ;

– **relais** : hydrant placé à un niveau différent des voies accessibles aux véhicules de sapeurs-pompiers, piqué sur une canalisation sèche et alimenté en tant que de besoin.

• Pouls
Vibrations ressenties sur le trajet de certaines artères (carotide, fémorale, radiale) liées au passage de sang dans les vaisseaux.

• **Pression**

– **d'intervention** : pression absolue mesurée au niveau des voies aériennes supérieures du plongeur au moment où celle-ci atteint sa valeur maximale ;

– **partielle** : pression propre à chacun des gaz constituant un mélange et dont la somme est égale à la pression absolue de ce mélange ;

– **relative d'intervention** : différence entre la pression d'intervention d'immersion et la pression atmosphérique du lieu.

• **Prise**

– **accessoire** : hydrant non normalisé pouvant être éventuellement utilisé par les sapeurs-pompiers ;

– **d'incendie** : terme qui définit les orifices de refoulement d'une colonne sèche ou humide.

• **Prompt secours**

Action de secouristes agissant en équipe et qui vise à prendre en charge, sans délai, des détresses vitales ou à pratiquer des gestes de secourisme.

• **Propagation**

– **de la chaleur** : désignation générale des différentes manières de transmission de l'énergie calorifique ;

– **du feu** : phénomène par lequel le feu se développe, quitte ses limites et se communique à d'autres volumes.

• **Pyrolyse**

Décomposition chimique d'un matériau sous la seule action de la chaleur.

• **Pyromane**

Personne atteinte d'une passion morbide qui la pousse à allumer des feux ou à provoquer des incendies.

• **Pyrophore**

Matériau susceptible d'être enflammé spontanément au contact de l'air.

• **Radioactivité**

Phénomène de désintégration spontanée dans un nucléide, avec émission de rayonnements.

• **Ranimation**

Ensemble des techniques utilisées par les secouristes pour rétablir ou maintenir les fonctions vitales.

• **Réaction au feu**

Comportement d'un matériau qui, dans des conditions d'essais spécifiées, par sa propre décomposition, alimente un feu auquel il est exposé.

• **Réanimation**

Ensemble de techniques spécialisées utilisées par les médecins pour rétablir ou maintenir les fonctions vitales.

• **Reconnaissance**

– Action qui a pour but de recueillir le maximum de renseignements pour se faire une idée aussi précise que possible de la situation de l'opération ;

– **en cours** : terme consacré signifiant que plusieurs actions de recherche de renseignements sont en cours et dont on attend les résultats.

• **Réflexe**
Activité nerveuse échappant au contrôle du cerveau, donc de la conscience et de la volonté.

• **Régurgitation**
Rejet involontaire et sans effort de vomissement du contenu gastrique.

• **Relevage**
En secourisme, ensemble de manœuvres destiné à installer une victime sur un portoir.

• **Réseau**
– **d'alerte** : ensemble des moyens techniques du service départemental d'incendie et de secours visant à déclencher les secours ;
– **de distribution d'eau** : ensemble de conduites ou canalisations assurant la distribution de l'eau. Il peut être maillé, palmé ou bouclé ;
– **en transmissions** : se dit de plus de deux stations qui communiquent entre elles. Il existe deux types de fonctionnement : réseau dirigé et réseau libre.

• **Respirateur**
Appareil automatique destiné à la pratique de la respiration artificielle, son usage est réservé aux médecins.

• **Respiration**
– Fonction qui assure aux cellules de l'organisme l'apport d'oxygène et l'épuration de gaz carbonique qu'elles produisent ;
– **artificielle** : ensemble des techniques manuelles, orales ou mécaniques mises en jeu pour suppléer une ventilation déficiente (synonyme : ventilation artificielle).

• **Robinet d'incendie armé (RIA)**
Équipement de premier secours, installé à poste dans des bâtiments, alimenté en eau pour la lutte contre le feu.

• **Secours**
– **médicalisés** : moyens de secours comportant la présence d'un médecin au moins ;
– **à personne(s)** : ensemble d'actions d'urgence qui peuvent être d'ordre médical, alimentaire, matériel ou psychologique ;
– **suffisants** : terme générique signifiant que les moyens sur les lieux sont suffisants pour traiter une opération.

• **Siphonnement**
Phénomène de transfert de fumée d'un conduit en activité vers un conduit froid débouchant dans les locaux desservis.

• **Situation (méthode de raisonnement tactique)**
– **envisageable** : évolution ou non d'une situation immédiate dans une ou plusieurs de ses composantes (qualité, importance, espace) ;
– **immédiate** : elle permet de définir le sinistre suivant trois composantes (qualité, importance, espace).

- **Stabilité au feu**

Aptitude d'un élément de construction, porteur ou non porteur, à ne pas s'effondrer pendant une durée déterminée, sous l'action d'un feu.

- **Station**

  – Ensemble d'émetteurs assurant un service de radiocommunication en un emplacement donné ;

  – **en station** : se dit d'une échelle à l'arrêt et en manœuvre.

- **Stationnaire**

Sapeur-pompier opérateur transmissions, chargé de la réception et du traitement de l'alerte ainsi que de l'exploitation des matériels de transmission.

- **Suffocation**

Asphyxie pouvant être causée par :

  – l'obstruction mécanique des voies aériennes supérieures par un corps étranger ;

  – une atteinte directe des voies aériennes supérieures empêchant le passage de l'air vers les alvéoles pulmonaires.

- **Tétanie**

Manifestation neurologique caractérisée par une contracture, le plus souvent localisée aux membres supérieurs.

- **Tour d'incendie**

Escalier protégé aménagé dans toute la hauteur d'une cage de scène pour permettre aux sapeurs-pompiers d'attaquer un incendie.

- **Toxique**

Substance dont l'ingestion, l'inhalation ou le contact est susceptible de provoquer une lésion corporelle localisée ou généralisée.

- **Transfusion**

Technique médicale qui consiste à injecter, de façon continue, une certaine quantité de sang dans les veines d'une victime.

- **Transmission de la chaleur**

Propagation de la chaleur d'un corps à un deuxième par convection, conduction ou rayonnement.

- **Traumatisme**

  – État général particulier créé de toutes pièces par l'action d'une violence extrême sur un organisme ;

  – Blessure, lésion locale produite par une violence extérieure.

- **Vapeur**

Phase gazeuse d'une substance solide ou liquide à 20 °C et 1 bar absolu.

- **Végétative**

Fonction nerveuse qui assure l'automatisme des grandes fonctions vitales par opposition aux fonctions faisant intervenir la volonté.

- **Ventilée**

Se dit d'une victime placée sous ventilation artificielle.

2. L'incendie

1. Combustion, propagation, comportement et réaction au feu

La combustion est une réaction exothermique (qui dégage de la chaleur) entre l'oxygène de l'air et certaines substances (solides, liquides, gazeuses) appelées combustibles.

Le feu est la combustion d'un corps combustible, avec un corps comburant en présence d'une énergie d'activation. Il peut être représenté par le « triangle du feu » reprenant chacun de ces trois éléments. La suppression d'un élément entraîne l'extinction du feu.

Il existe différents types de combustion. En fonction de la vitesse de la réaction, une combustion peut être :

- **lente :** réaction entraînant un faible dégagement calorifique conséquence d'une faible élévation de température. Il peut y avoir de faibles manifestations lumineuses mais une absence totale de flamme ;
- **vive :** réaction qui entraîne un dégagement calorifique important ayant pour conséquence une forte élévation de température ainsi qu'une manifestation lumineuse. Elle consomme rapidement la quantité en oxygène qui lui est nécessaire. La combustion vive se présente sous forme d'incandescence ou de flammes ;
- **très vive :** embrasement du volume entier, et ce dans un temps très court. Cette combustion se produit lorsque le mélange gaz/air est dit stœchiométrique. L'augmentation volumique du mélange combustible exerce des pressions considérables sur les parois du contenant ;
- **spontanée :** dont l'oxygénation commence lentement, dégage un peu de chaleur, cause d'une accélération de la réaction et d'une élévation de la température. Elle peut également se développer sous forme explosive pour les corps contenant un excès d'oxygène et au sein desquels il y a rupture d'équilibre.

La vitesse de la combustion dépend de l'état de la matière (copeaux, paille, particules), de sa disposition (forme, épaisseur, surface, vertical ou horizontal), de la température (vitesse x 2 par augmentation de 10 °C), et d'autres facteurs (humidité, teneur en oxygène, etc.).

2. Les combustibles

Les combustibles sont classés en trois familles, en fonction de leur état :
- solide ;
- liquide ;
- gazeux.

A. Les combustibles solides

Exemples : charbon, bois, paille, etc.

Les combustibles solides sont caractérisés par leur pouvoir calorifique, c'est-à-dire la quantité de chaleur dégagée lors de la combustion complète d'un kilogramme du matériau (unité : Kilo Joules / Kilo).

B. Les combustibles liquides

Exemples : GPL, fioul, acétone, etc.

L'inflammabilité des combustibles liquides dépend de la quantité de vapeur qu'ils émettent.

Ils possèdent un point-éclair : la température minimale à laquelle la concentration de vapeur émise par le combustible est suffisante pour qu'il s'enflamme au contact d'une flamme (sans persistance au retrait de la flamme). Ces liquides sont classés dans plusieurs catégories, selon la proximité de ce point avec 0 °C.

C. Les combustibles gazeux

Exemples : butane, propane, ammoniac, hydrogène, etc.

La combustion d'un gaz peut être explosive si la concentration du mélange air/gaz est comprise entre certaines limites : la limite inférieure d'explosivité (**LIE**) et la limite supérieure d'explosivité (**LSE**).

En dessous de la LIE, la quantité de gaz dans l'air ambiant est trop pauvre pour déclencher une réaction ; au-dessus de la LES, le mélange est trop riche en gaz et ne contient pas assez d'oxygène.

Le butane a une limite d'inflammabilité dans l'air comprise entre 1,8 % et 8,4 %. C'est le gaz que nous trouvons en bombonne pour les habitations.

L'hydrogène a une limite d'inflammabilité dans l'air comprise entre 4 % et 75 %, soit une plage d'explosivité qui le rend particulièrement dangereux.

L'essence a un point éclair de -38 °C, l'acétone un point éclair de -20 °C. La température d'auto-inflammation de l'essence est de 456 °C, contre 465 °C pour l'acétone.

3. Les comburants

Le principal comburant existant est l'oxygène (O_2) présent dans l'air ambiant.

Composition de l'air : l'air est composé d'azote à 78 %, d'oxygène à 21 % et d'autres gaz (vapeur d'eau, dioxyde de carbone, gaz rares…) à 1 %.

Les produits comburants peuvent provoquer ou aggraver un incendie, ou même provoquer une explosion s'ils sont en présence de produits inflammables.

Les peroxydes, les sels oxygénés ou l'ozone sont d'autres comburants existants, mais plus rares.

Les peroxydes, utilisés dans l'industrie du caoutchouc et du plastique, sont des composés comportant une grande quantité d'oxygène.

Parmi les sels oxygénés, citons les chlorates présents dans le désherbant ou les nitrates présents dans les engrais.

4. Les énergies d'activation

Les énergies nécessaires pour déclencher la combustion sont de plusieurs origines :

- thermiques : feu nu, séchage ;
- chimiques : phosphore + air ;
- biologiques : fermentation de bactérie (silo à grains, à farine) ;
- mécaniques : frottements ;
- électriques : dynamiques (court-circuit, défaut d'isolation) ou statiques (frottement).

5. Les modes de propagation

Il existe cinq façons par lesquelles le feu peut se propager :

- conduction ;
- convection ;
- rayonnement ;
- projection ;
- épandage.

■ **La conduction** est un transfert de chaleur au travers de la matière ou de la masse même du matériau.

Exemple : en chauffant une conduite métallique à son extrémité, on peut enflammer un carton qui toucherait cette conduite à son autre extrémité.

■ **La convection** est un transfert de chaleur par l'intermédiaire des gaz et des fumées produits par la combustion qui, chauds, vont s'élever et rencontrer des obstacles froids.

Exemple : lors d'un incendie dans la cave d'un immeuble, les étages sont épargnés mais, la fumée chaude montant jusqu'au toit de l'immeuble, va l'embraser en ce point.

■ **Le rayonnement** est un transfert de chaleur par l'intermédiaire d'ondes électromagnétiques. Lors de la combustion, le corps chauffé émet de l'énergie, sous forme d'infrarouge elle peut être absorbée par un autre corps. Selon la température, la distance et la quantité de particules dans la fumée, elle peut être suffisante pour déclencher à distance une combustion. C'est le phénomène qui fait que lorsqu'on est face à un feu, le côté exposé est chaud alors que le côté opposé est froid.

Exemple : on ressent la chaleur à plusieurs mètres du foyer d'un feu de cheminée. Si cette chaleur est très élevée, elle peut propager l'incendie en enflammant les autres combustibles présents.

■ **La projection** est un transfert de chaleur par l'intermédiaire de particules incandescentes. Des objets enflammés ou incandescents voyagent dans l'air, soit par le vent s'ils sont légers, soit projetés par une explosion. Ils vont créer de nouveaux foyers distants.

Exemple : lors d'un feu en forêt, une feuille d'arbre enflammée est projetée à distance par le vent, et embrase un nouvel arbre.

■ **L'épandage** se fait par l'intermédiaire de la combustion d'un liquide inflammable qui va s'écouler le long du sol et enflammer les combustibles présents sur son passage.

Exemple : un fut enflammé voit son liquide s'écouler et rencontrer d'autres combustibles.

6. L'influence des structures des bâtiments sur la propagation

L'environnement joue un rôle essentiel quant au risque et à la vitesse de propagation d'un incendie.

■ **Propagation d'un feu en milieu clos ou semi-ouvert :** la propagation d'un feu en milieu clos est directement liée à la structure du bâtiment et à la charge calorifique des locaux.

■ **Propagation dans un bâtiment ancien :** ces bâtiments n'étant pas soumis à la réglementation actuelle, le risque de propagation d'un incendie est très important. Le feu se développe librement et rapidement par un apport massif de comburant. Ce développement anarchique est provoqué par la faible résistance au feu (simple vitrage, portes non coupe-feu), la forte réaction au feu des matériaux utilisés (escaliers en bois…), l'absence de prévention (escaliers non encloisonnés, non désenfumés…) et la charge calorifique importante de ces locaux.

■ **Propagation dans un bâtiment récent :** ces bâtiments étant soumis à la réglementation font que la forte résistance au feu (double vitrage, cloisons et portes coupe-feu…), la faible réaction au feu des matériaux utilisés (escaliers en béton…), le respect des règles de prévention (escaliers encloisonnés, désenfumés…) et la charge calorifique importante des locaux, un incendie ne se développe pas librement par manque de comburant. Le risque de propagation est retardé.

7. L'incendie

Un incendie est un feu échappant au contrôle de l'homme, il est non maîtrisable dans le temps et dans l'espace.

Les principales causes d'incendie sont :

- **humaines :** l'imprudence des fumeurs (l'extrémité d'une cigarette allumée atteint plus de 700 °C), l'ignorance, la négligence et la malveillance ;
- **naturelles :** la foudre (directement ou en étant à la source de surtensions), le soleil (via un effet de loupe), la fermentation (certaines matières s'auto-échauffe et peuvent donner lieu à une combustion spontanée : charbon de bois, farine de poisson, fourrage, fumier) ;
- **énergétiques :** l'électricité (installations vétustes, étincelles), par frottements, par réaction chimique exothermique, via l'électricité statique.

8. Les classes de feux

Les feux sont répertoriés en cinq classes :

Classes	Dénomination	Combustibles
	Feux de matériaux solides	Bois, papier, tissu, carton, PVC, etc.
	Feux de liquides ou de solides liquéfiables	Essence, pétrole, huiles, solvants, alcools, peintures, polystyrène, etc.
	Feux de gaz	Méthane, butane, propane, gaz naturel, gaz manufacturé, etc.
	Feux de métaux	Limaille de fer, poudre d'aluminium, poudre de magnésium, sodium, etc.
	Feux d'huiles et graisses végétales ou animales (auxiliaires de cuisson)	Huiles, graisses alimentaires végétales et animales sur les appareils de cuisson, etc.

Les feux d'origine électrique sont hors-classement car ils peuvent être associés à toutes les classes de feu, tout dépend du support sur lequel ils ont lieu.

Les feux de classe A sont les seuls à la source de braises.

Recouvrir une friteuse en feu d'un chiffon mouillé après avoir coupé la source de chaleur permet de stopper la combustion. C'est la meilleure méthode d'extinction existante.

9. Les effets des incendies

Les effets sur l'homme peuvent être directs ou indirects :

- **Directs :** il s'agit de la brûlure, provoquée par les flammes ou les matériaux en ignition, ou de l'intoxication, provoquée par le gaz résultant de la combustion ;
- **Indirects :** allant de la destruction des biens des particuliers à la perte d'outils de production qui ont, la plupart du temps, des répercussions économiques (disparition des entreprises, chômage…) ou écologiques (pollution, destruction de forêts…) dramatiques ou historiques (perte de patrimoine).

10. Les fumées

A. La composition des fumées

La fumée se constitue des trois états de la matière :

- solide : particules imbrûlées, carbone (suie)… ;
- liquide : aérosol, vapeur d'eau… ;
- gazeux : gaz de combustion, hydrocarbures…

Elle peut-être de couleur blanche, grise ou noire selon la combinaison des trois états de la matière qui la compose. C'est donc la composition de la fumée qui fait sa couleur, non pas sa température.

B. La fumée et ses dangers

La fumée est à l'origine de cinq dangers majeurs vis-à-vis des personnes et des biens :

- toxicité ;
- opacité ;
- inflammabilité ;
- chaleur ;
- mobilité.

Toxicité

Les éléments qui composent la fumée sont toxiques pour le corps humain (monoxyde de carbone CO, dioxyde de carbone CO_2) : suffocation, hyper-sécrétion, irritations, larmoiements, brûlures pulmonaires, toxicité sanguine et musculaire voire cellulaire. Encore plus directement, la combustion consomme l'oxygène de l'air ambiant, élément vital pour l'homme.

Dans un espace clos, la chute du pourcentage d'oxygène peut ne pas excéder quelques minutes. Passer de 21 % (air ambiant) à 17 % va entraîner une incoordination motrice qui va empêcher la victime de réagir et de s'échapper, à 10 % c'est la syncope et à 6 % la mort.

Opacité

Les particules de carbone (suies) présentes dans la fumée lui donne une couleur foncée pouvant aller jusqu'au noir le plus intense : panique pour les occupants, gêne pour évacuer et retardement de l'action des services de secours en sont les conséquences directes.

S'y ajoute des dégâts matériels dus au dépôt de suie, des risques de chutes (suie glissante au sol) et l'augmentation du phénomène de propagation par rayonnement thermique (couleur noire).

Inflammabilité

Par l'effet du rayonnement et de la convection, la fumée est propagatrice du feu.

Soumise à de fortes températures, dans un espace clos ou semi-clos, la fumée peut à tout moment s'enflammer : on parle d'Embrasement Généralisé Éclair (EGE). Toujours dans la même situation et à la suite de l'arrivée brutale d'air, on peut risquer une Explosion des Fumées (EF).

Chaleur

La chaleur des fumées peut être à l'origine de brûlures et de dégâts matériels importants.

Mobilité

Il est possible de calculer le temps mis par des fumées pour envahir un local, la vitesse horizontale d'un front de fumées étant comprise généralement entre 0,20 cm et 1 m/sec.

Les fumées d'incendie montent toujours, étant plus chaudes que l'air et plus légères. Ainsi, lorsqu'une combustion a lieu dans un local, celui-ci va peu à peu se remplir de fumée, d'abord en partie haute puis de plus en plus bas, pour finir par être entièrement enfumé.

Au début d'un incendie, l'air le plus respirable se situe donc au niveau du sol.

Se protéger des fumées et l'évacuation de ces dernières est impératif.

80 % des décès lors d'incendies sont en relation avec l'inhalation des fumées.

C'est dans les incendies d'habitations et d'immeubles qu'apparaissent la majorité des victimes.

En France, il y a environ 12 000 victimes d'inhalation des fumées par an.

11. Les comportements et réactions au feu

La réglementation sur le comportement au feu est le fruit de la capacité humaine à établir d'importants retours d'expériences sur les évènements du passé.

Les buts recherchés sont de limiter la propagation du feu dans le bâtiment et vis-à-vis des tiers ainsi que de permettre l'évacuation rapide et sûre des occupants.

Le comportement au feu des matériaux est apprécié d'après deux critères :

– la réaction au feu (contribution au feu et au développement de l'incendie) ;

– la résistance au feu (temps pendant lequel les éléments de construction peuvent résister au feu).

A. La réaction au feu

Les matériaux concernés sont tous les matériaux de « second-œuvre » : destinés à l'aménagement, au confort, à la décoration des locaux ainsi que certains produits de construction tels que les matériaux d'isolation, de revêtements de façades ou de couvertures.

La réaction au feu caractérise un matériau en tant qu'aliment apporté à la naissance ou au développement d'un incendie.

Les matériaux sont classés en cinq catégories selon :

– leur combustibilité : la quantité de chaleur dégagée lors de la combustion complète du matériau ;

– leur inflammabilité : la quantité de gaz plus ou moins inflammable dégagée par le matériau.

	Combustibilité	Inflammabilité	Exemples
M0	Incombustible	Ininflammable	Pierre, plâtre, béton
M1	Combustible	Ininflammable	Matériaux composites, PVC
M2	Combustible	Difficilement inflammable	Moquette murale
M3	Combustible	Moyennement inflammable	Bois
M4	Combustible	Facilement inflammable	Papier
Non classé	---	---	---

B. Règles générales de réaction au feu

Afin d'éviter le développement rapide d'un incendie dans un local ou dans un dégagement accessible au public, ce qui aurait des conséquences dévastatrices sur l'évacuation des occupants, il existe deux « règles » en matière de réaction au feu :

– la règle du 421, qui s'applique dans les locaux à risques normaux : M4 pour les revêtements de sols, M2 pour les revêtements de muraux, M1 pour les revêtements de plafonds ;

– la règle du 311, qui s'applique dans les escaliers encloisonnés : M3 pour les revêtements de sols, M1 pour les revêtements de muraux, M1 pour les revêtements de plafonds.

Les critères de résistance et de réaction au feu sont attribués par des laboratoires agréés, ils vont réaliser des essais sur les matériaux et éléments pour leur apposer un procès-verbal de classement.

Il existe plusieurs laboratoires agréés, comme le Centre Scientifique et Technique du Bâtiment (CSTB), le Laboratoire Central de la Préfecture de Police (LCPP) ou le Laboratoire National d'Essais (LNE).

C. La résistance au feu

En plus de la solidité à froid, le règlement de sécurité impose un degré de résistance au feu aux éléments porteurs pour éviter les risques d'effondrement dans un temps défini, c'est ce qu'on appelle la résistance au feu des structures.

À l'intérieur d'un bâtiment, certains éléments de construction doivent eux aussi présenter des qualités de résistance au feu : les cages d'escalier, des parois délimitant les circulations, l'enveloppe des locaux abritant un risque particulier, des murs ou encore des portes.

La résistance au feu, c'est donc le temps pendant lequel les éléments jouent le rôle qui leur est dévolu malgré l'action d'un incendie.

On parle de « degrés » de résistance au feu. Ils sont attribués à l'élément en fonction de deux critères :

– un critère qualitatif de l'élément vis-à-vis du feu ;

– un critère quantitatif, c'est-à-dire le temps pendant lequel l'élément va conserver cette propriété qualitative.

Critère qualitatif de l'élément

Il existe trois degrés de résistance au feu, du plus « *faible* » au plus « *résistant* » :

– **Stable au Feu (SF) :** un élément Stable au Feu (SF) possède une Résistance Mécanique (RM) ;

– **Pare-Flamme (PF) :** un élément Pare-Flamme (PF) possède une Résistance Mécanique (RM) ainsi qu'une Étanchéité aux Flammes, fumées et gaz chauds (EF).

– **Coupe-Feu (CF) :** un élément Coupe-Feu (CF) possède une Résistance Mécanique (RM) ainsi qu'une Étanchéité aux Flammes, fumées et gaz chauds (EF) et qu'une Isolation Thermique (IT).

Critère quantitatif de l'élément

Le degré retenu pour un classement est le temps immédiatement inférieur au temps réel.

Exemple : un élément qui perd sa qualité de résistance mécanique au bout de 44 minutes sera classé SF ½ h, ou bien un élément qui perd son isolation thermique au bout de 2 h 15 sera classé CF 2 h.

D. Stabilité au feu de divers matériaux

Éléments porteurs

– **Les matériaux d'origine minérale :** en général, les pierres sont incombustibles. Cependant, soumises à de fortes variations de températures, certaines ont tendance à se fissurer et à éclater.

– **Les matériaux cuits :** les matériaux à base d'argile offrent une résistance à la chaleur d'autant plus grande qu'ils ont été cuits à de hautes températures. Cependant, les briques subissent un retrait susceptible de provoquer la chute des murs chauffés sur une seule face. Ne jamais stationner le long d'un mur en brique.

– **Le fer et l'acier :** l'acier se dilate sous l'action de la chaleur et offre une mauvaise résistance et stabilité au feu. À partir de 200 °C, la résistance au feu commence à diminuer. Elle devient nulle au-delà de 500 à 800 °C. Cette température est rapidement atteinte en cas d'incendie.

Les pièces d'acier se déforment et cèdent sous l'action de la chaleur, provoquant l'effondrement total ou partiel du bâtiment. Les poutres métalliques, en se dilatant, peuvent disloquer les murs et les planchers. Ne jamais pénétrer dans un bâtiment embrasé sous une charpente métallique.

– **Le bois :** le comportement du bois en cas d'incendie varie en fonction de ses dimensions, de son essence et de son taux d'humidité. Les bois durs et denses comme le chêne s'enflamment plus difficilement que les bois tendres comme le sapin. Les bois à forte section (plus de 60 mm) brûlent lentement sans se déformer et conservent plus longtemps une bonne résistance au feu.

Éléments de second œuvre

Le verre mince éclate sous l'action de la chaleur. Il laisse alors passer les gaz de combustions et les fumées, propageant l'incendie.

Le verre armé possède une excellente résistance au feu. Cependant, en position horizontale, les baies vitrées soumises à l'incendie se détachent de leur cadre et tombent.

La laine de verre est un excellent isolant thermique, mais elle est livrée en sandwich entre deux feuilles de papier. La ouate de verre accumule la chaleur et les gaz de distillation lors d'un incendie, pouvant générer un embrasement généralisé lors d'un apport d'air.

La majorité des plastiques brûlent en dégageant des vapeurs et fumées toxiques.

Les toitures

Le feu dans une toiture peut entraîner :

– la transmission du feu à l'ensemble de la toiture avec un risque d'effondrement de celle-ci ;

– la transmission du feu à une structure porteuse avec un risque d'effondrement total ;

la transmission du feu à des bâtiments voisins par rayonnement ou transport de particules enflammées.

12. La marche générale des opérations (MGO)

La Marche Générale des Opérations (MGO) comprend les phases principales de l'extinction d'un incendie :

- la reconnaissance ;
- les sauvetages ;
- les établissements ;
- l'attaque ;
- la protection ;
- le déblai ;
- la surveillance.

La MGO n'impose pas un ordre chronologique mais une série de phases à réaliser pour mener à bien une intervention.

A. La reconnaissance

La reconnaissance consiste à explorer les endroits exposés à l'incendie et aux fumées. Elle doit permettre au chef de détachement d'ordonner immédiatement les sauvetages, de déterminer les points d'attaque et les moyens d'extinction à employer.

La direction de la reconnaissance appartient au 1er chef de détachement, il peut charger un ou plusieurs binômes de reconnaissances partielles.

B. Les sauvetages

Les sauvetages sont effectués en priorité, avec les moyens disponibles. Ils ont pour objet de mettre en sécurité les personnes, voire les animaux, menacés par les flammes.

C. Les établissements

Les établissements sont destinés à alimenter les lances.

Ils doivent être exécutés avec rapidité dans le cadre d'une procédure opérationnelle prédéfinie.

D. L'attaque

L'attaque est la phase de la manœuvre destinée à abattre les flammes pour enrayer la propagation du feu et aboutir à l'extinction du foyer. Tous les efforts doivent tendre à circonscrire le feu, avec un nombre suffisant de lances, pour qu'il ne puisse se propager.

E. La protection

La protection est destinée à limiter le plus possible les dégâts occasionnés par l'eau, le feu, la chaleur ou la fumée. Pour être efficace, elle doit être réalisée le plus rapidement possible sans attendre l'arrivée des engins spécialisés.

La protection se déroule simultanément à l'attaque.

F. Le déblai

Au cours de l'attaque, le déblai a pour objet de déplacer les décombres qui pourraient encore cacher des foyers et d'écarter ainsi tout risque de reprise de feu.

Dans les cas où il y a un amas considérable de décombres à déplacer, le maire (ou la police ou la gendarmerie) doit faire appel à une entreprise

Lorsque la police ou la gendarmerie font état d'une enquête judiciaire, le déblai est retardé jusqu'à l'arrivée de la personne qualifiée pour ordonner sa reprise. Si les opérations d'extinction le nécessitent, il sera réalisé un déblai sommaire.

G. La surveillance

Le service de surveillance a pour objet de maintenir du personnel et du matériel sur les lieux de l'intervention après un sinistre important afin d'empêcher toute reprise du feu.

L'effectif de ce service varie suivant l'étendue des locaux à surveiller et le nombre des lances encore utiles. Il doit être aussi réduit que possible.

H. Reconditionnement, débriefing à chaud, remise en état

Le reconditionnement du véhicule et du matériel se fait sur place de manière à ce que, dans la mesure du possible, le véhicule soit prêt à reprendre une intervention.

Le débriefing peut être fait sur site ou en caserne, il consiste à expliquer certains points du déroulement de l'intervention, faire sortir les points positifs et les points à améliorer.

La remise en état définitive des hommes et du matériel est réalisée en caserne.

3. Le secours à personne

1. Le bilan

On entend par le terme de « bilan » la phase de recueil d'informations permettant d'évaluer une situation et l'état d'une ou plusieurs victimes. La réalisation d'un bilan est indispensable à toute action menée par des secouristes.

Le bilan débute dès l'arrivée sur les lieux de l'intervention, se poursuit et se complète pendant toute la durée de l'intervention. Il doit être rigoureux, structuré et suffisamment rapide pour ne pas retarder la mise en œuvre des gestes de secours.

Sa transmission doit permettre au médecin régulateur d'évaluer l'état de la ou des victimes afin d'adapter sa réponse.

Il est constitué de quatre phases qui, bien que présentées de façon individualisée, s'imbriquent dans les faits le plus souvent les unes dans les autres, et peuvent entraîner l'exécution immédiate de gestes de secours directement induits par les informations recueillies.

Ainsi, on distingue :

- **le bilan circonstanciel** qui permet d'apprécier la situation dans sa globalité, d'en évaluer les risques et de prendre les mesures adaptées notamment en ce qui concerne la sécurité ;
- **le bilan d'urgence vitale** qui a pour but de rechercher une détresse vitale qui menace immédiatement ou à très court terme la vie de la victime et nécessite la mise en œuvre de gestes de secours immédiats ;
- **le bilan complémentaire** qui permet de rechercher les autres signes d'un malaise, d'une maladie ou d'un traumatisme, de les transmettre au médecin et de réaliser les gestes de premiers secours nécessaires ;
- **la surveillance** qui permet de suivre l'évolution de l'état de la victime, d'évaluer l'efficacité des gestes de secours effectués et d'envisager, si nécessaire, une modification de sa prise en charge.

Il convient de distinguer :

- le bilan, qui résulte de l'examen de la situation et de la ou des victimes ;
- la transmission du bilan, qui est un échange, le plus souvent verbal, entre le responsable de l'équipe de secours et le médecin.

Le bilan fait ensuite l'objet de la rédaction d'un document papier ou numérique couramment appelé « fiche bilan » qui comporte *a minima* les informations suivantes :

- les conditions dans lesquelles la victime a été trouvée ;
- les circonstances de l'accident ou de la détresse ;
- l'identité de la victime ;

– les horaires d'intervention ;
– la description de l'état de la victime à l'arrivée des secours ;
– les signes recueillis et leurs évolutions au cours de l'intervention ;
– les gestes de secours dont a bénéficié la victime ;
– les traitements en cours et antécédents médicaux de la victime ;
– le lieu de transport ou structure ayant pris en charge la victime ;
– tous les renseignements et éléments pouvant être nécessaires à la prise en charge ultérieure.

Cette fiche permet la synthèse des informations et une transmission claire et concise à l'autorité médicale à qui le bilan est transmis. Elle doit être actualisée à chaque évènement nouveau au cours de l'intervention ainsi qu'à la fin de l'intervention.

La fiche bilan est signée par la personne responsable de la prise en charge de la victime. Un exemplaire est remis à la structure d'accueil de la victime ou à l'équipe médicale qui prend le relais. Un double doit être conservé par l'autorité d'emploi de l'équipe de secours pour archivage.

2. La surveillance

La surveillance a pour but de rechercher et d'identifier toute modification de l'état initial d'une victime, d'évaluer l'efficacité des gestes de secours effectués et d'envisager si nécessaire une adaptation de sa prise en charge.

La surveillance débute dès la fin du bilan d'urgence vitale et doit être assurée jusqu'à la fin de la prise en charge. Une attention particulière doit être apportée après les phases de relevage, de brancardage ou de transport, car elles peuvent être génératrices d'aggravation.

Elle doit être permanente et d'autant plus stricte qu'il existe un risque d'aggravation (maladie évoluée, intoxication médicamenteuse récente avec un état neurologique normal, cinétique d'un accident de la circulation sans lésion immédiatement décelable, etc.).

3. L'arrivée sur les lieux

A. Analyser la situation

Dès l'arrivée sur les lieux, il convient d'analyser la scène et de rechercher tous les éléments qui peuvent aider à déterminer la nature de l'intervention (accident, maladie, intoxication) et les circonstances de survenue. L'ensemble des éléments recherchés est utile pour assurer, si nécessaire, la sécurité de l'intervention et la prise en charge de la ou des victimes.

Cette recherche est complétée en interrogeant la victime si elle est consciente, son entourage ou les témoins.

L'analyse de la situation permet d'identifier des risques évidents (véhicules accidentés, structure instable, situation violente) ou moins évidents (risque électrique, présence de substances toxiques) pour sécuriser la zone d'intervention et assurer la sécurité des intervenants, de la ou des victimes et des tiers.

Le bilan d'urgence vitale de la ou des victimes ne commence qu'à l'issue de cette évaluation. Le nombre, l'âge apparent (nourrisson, enfant, adulte, personne âgée), le sexe, la nature (malade, traumatisé, brûlé) et l'état approximatif des victimes (victime qui marche, inerte, qui bouge, qui ne bouge pas) sont déterminés lors de l'évaluation de la situation réalisée en arrivant sur l'intervention. Parfois, ce recueil nécessite une reconnaissance approfondie des lieux (victime éjectée, plusieurs victimes dans des lieux différents, etc.).

Dans les situations où il y a plus de victimes, apparemment graves, que de secouristes présents sur les lieux, il est nécessaire d'appliquer les principes de prise en charge de nombreuses victimes qui débutent par le repérage secouriste.

Les secours complémentaires doivent être demandés immédiatement, pendant le bilan circonstanciel si les moyens engagés sont insuffisants (plusieurs victimes, présence d'un danger particulier, etc.).

Dans les situations impliquant de nombreuses victimes, la demande de moyens complémentaires doit être effectuée même si le nombre exact ou l'état des victimes n'est pas encore connu. En présence d'une situation avec de nombreuses victimes, il convient de le préciser explicitement.

Le bilan circonstanciel permet de compléter les informations de départ ou éventuellement de corriger des données fausses ou insuffisantes. En règle générale, celles-ci se composent *a minima* de l'adresse de l'événement et de la nature de l'intervention présumée.

Au cours du bilan d'urgence vitale, le secouriste focalise son attention sur la victime elle-même et doit :

- observer la situation et se faire une idée générale de son état pour prendre les mesures afin de la garder en vie ;
- apprécier les grandes fonctions vitales, en commençant les gestes de survie adaptés si nécessaire.

Il se déroule en trois phases, permettant simultanément ou successivement :

- d'identifier une détresse immédiatement vitale ;
- d'identifier une perte de connaissance ou la plainte principale ;
- de rechercher les signes moins évidents d'une détresse vitale.

B. Identifier une détresse immédiatement vitale

Au cours de ce bilan, et dès qu'une détresse respiratoire, circulatoire ou neurologique est identifiée, il faut réaliser les gestes de secours immédiatement nécessaires pour lutter contre celle-ci et demander un avis médical.

L'approche de la victime et son observation permettent de noter rapidement :

- son apparence et le contexte dans lequel elle se trouve, ce qui permet le plus souvent de savoir s'il s'agit d'un blessé ou d'une victime de malaise ou de maladie ; si un traumatisme du rachis est suspecté, demander à la victime de ne pas bouger la tête et en réaliser immédiatement le maintien manuel si besoin (stabilisation) ;

– sa position (allongée, assise, debout…) ;

– l'existence d'une détresse vitale évidente.

Cette détresse vitale évidente peut être :

– une obstruction grave des voies aériennes par un corps étranger : il convient alors, sans délai, de mettre en œuvre les manœuvres de désobstruction des voies aériennes adaptées à la victime. Ce n'est qu'une fois la désobstruction obtenue que l'on poursuit le bilan d'urgence vitale ;

– une hémorragie externe : une technique d'arrêt de l'hémorragie, utilisant des moyens adaptés, doit alors être réalisée sans délai. Après avoir obtenu l'arrêt de l'hémorragie, il convient de reprendre le bilan d'urgence vitale.

C. Identifier une perte de connaissance

Une perte de connaissance doit être recherchée en quelques secondes, quelle que soit la position de la victime. Elle est caractérisée lorsque la victime ne répond pas et n'obéit pas aux ordres simples. Il convient alors de rechercher la présence ou non d'une respiration.

Si la victime est allongée sur le ventre et qu'elle a perdu connaissance, la retourner sur le dos. En cas de suspicion de traumatisme du rachis ou dans le doute, le retournement de la victime est effectué, dans la mesure du possible, par deux secouristes en assurant une stabilisation des mouvements du rachis.

D. Libérer les voies aériennes

La liberté des voies aériennes est un préalable indispensable pour évaluer la respiration. Les voies aériennes de la victime doivent être et rester libres et dégagées, aucun risque d'obstruction ne doit être présent. Si les voies aériennes sont obstruées, il faut immédiatement assurer une libération des voies aériennes.

Après avoir assuré la liberté des voies aériennes, il faut, chez une victime qui a perdu connaissance, rechercher la présence ou l'absence de respiration.

Si la respiration est présente, adopter la conduite à tenir devant une victime qui a perdu connaissance et qui respire, il convient ensuite de reprendre le bilan.

Si la respiration est absente ou anormale, inférieure à 6 mouvements par minute (moins d'un mouvement respiratoire efficace en 10 secondes), adopter la conduite à tenir en présence d'une victime qui a perdu connaissance et qui ne respire pas.

E. Identifier la plainte principale de la victime

L'identification de la plainte principale s'effectue en présence d'une victime consciente, qui a souvent tendance à l'exprimer spontanément. Si la victime a perdu connaissance, la perte de connaissance constitue alors la plainte principale.

S'il convient de prendre en compte la plainte principale de la victime, car elle oriente le bilan complémentaire, il ne faut pas que son analyse empêche la recherche d'une détresse vitale moins évidente.

F. Rechercher les signes moins évidents d'une détresse

En présence d'une victime consciente, il convient de rechercher des signes d'altération d'une ou plusieurs fonctions vitales, dont l'évolution peut se faire très rapidement vers une aggravation.

Ces signes doivent également être recherchés chez une victime ayant perdu connaissance et qui respire, après l'avoir installée en PLS. L'évaluation de la respiration chez une victime qui respire (plus de 6 mouvements par minute) est faite en observant la victime, en comptant la fréquence des mouvements respiratoires sur une minute, en appréciant l'amplitude et la régularité de la respiration, en examinant sa peau et ses muqueuses. En complément de l'évaluation de la respiration, la mise en place d'un oxymètre de pouls permet la mesure de la saturation pulsée en oxygène.

À l'état normal, la victime ne présente aucune difficulté pour respirer et ne fait pas d'effort particulier. Elle parle facilement et sans essoufflement. La fréquence des mouvements respiratoires est normale, la respiration est silencieuse, régulière, sans pause et symétrique, la peau est sèche et les muqueuses normalement colorées (rose) et la $SpO_2 > 94$ %.

G. Rechercher une altération de la fonction circulatoire

L'évaluation de la circulation est réalisée en chiffrant le pouls sur une minute, en appréciant son amplitude et sa régularité, en examinant la peau et les muqueuses de la victime, en mesurant la pression artérielle et le Temps de Recoloration Cutanée (TRC).

À l'état normal, le pouls est facilement perceptible aussi bien au niveau du cou qu'au niveau du poignet, la fréquence cardiaque est normale, la peau de la victime est chaude et sèche au toucher, la peau et les muqueuses sont normalement colorées (rose), la pression artérielle est normale et le TRC inférieur à deux secondes.

H. Rechercher une atteinte de la fonction neurologique

L'évaluation de la fonction neurologique est réalisée en appréciant l'état de conscience, l'état des pupilles, la sensibilité au toucher, la motricité des quatre membres de la victime et en recherchant une perte de connaissance passagère.

À l'état normal, une victime répond de façon cohérente ou réagit quand on lui parle ou quand on la stimule délicatement. Elle se souvient de ce qui s'est passé et n'a pas présenté de perte de connaissance, présente des pupilles symétriques et réactives à la lumière du jour, bouge les doigts ou les orteils à la demande.

Tout en réalisant le bilan vital d'un traumatisé, le secouriste doit rapidement écarter les vêtements de la victime, permettant d'exposer d'éventuelles lésions passées inaperçues et impactant le pronostic vital.

À chaque étape du bilan, si une détresse est constatée, les gestes de survie sont immédiatement réalisés. Après la mise en œuvre de ces gestes, une nouvelle évaluation de la fonction vitale concernée est réalisée avant de passer à la suivante.

4. La recherche d'une détresse vitale

A. Indication

L'examen des fonctions vitales de l'organisme est systématique au cours du bilan d'urgence vitale. Il doit être poursuivi tout au long de la prise en charge de la victime particulièrement lors de sa surveillance.

B. Justification

Cet examen permet de déceler immédiatement une altération d'une ou de plusieurs fonctions qui menacent à très court terme la vie de la victime, et de mettre en œuvre immédiatement les gestes de secours qui s'imposent.

Il permet aussi d'informer le médecin et de lui fournir les éléments essentiels et indispensables pour évaluer l'état de gravité de la victime.

C. Matériel

L'examen des fonctions vitales ne nécessite pas obligatoirement d'appareil d'examen ou de mesure. Il peut toutefois être amélioré par un appareil de mesure si sa mise en œuvre ne retarde pas la réalisation des gestes de secours, comme :

- la pression artérielle (tensiomètre) ;
- la saturation pulsée en oxygène (oxymètre de pouls).

D. Réalisation : examen de la fonction respiratoire

Rechercher la présence ou l'absence de ventilation

La recherche de la présence ou de l'absence de ventilation est réalisée au cours de l'examen initial d'une victime ayant perdu connaissance.

On ne peut évaluer la ventilation d'une victime que si les voies aériennes sont libres. Il est donc essentiel, particulièrement chez une victime qui a perdu connaissance, de pratiquer les gestes indispensables de libération des voies aériennes tout en stabilisant le rachis cervical s'il s'agit d'une victime suspecte de traumatisme.

La liberté des voies aériennes est un préalable à toute évaluation de la ventilation d'une victime. Il convient ensuite de :

- se pencher sur la victime, l'oreille et la joue du secouriste au-dessus de sa bouche et de son nez, tout en gardant le menton de la victime élevé.
- rechercher, durant dix secondes au plus :
  - avec la joue : le flux d'air expiré par le nez et la bouche ;
  - avec l'oreille : les bruits normaux (souffle) ou anormaux de la respiration (sifflement, ronflement, gargouillement) ;
  - avec les yeux : le soulèvement du ventre ou de la poitrine.

Si aucun souffle n'est perçu ou aucun bruit n'est entendu et que ni le ventre ni la poitrine ne se soulèvent durant cette recherche : la victime ne respire pas.

Si la victime présente des mouvements ventilatoires inefficaces, bruyants, anarchiques et lents, c'est-à-dire moins de 1 mouvement en 10 secondes (< 6 mts/min), alors la ventilation doit être considérée comme inefficace.

Évaluer la ventilation

L'évaluation de la ventilation permet de donner des éléments chiffrés et de rechercher une détresse respiratoire débutante. Elle est réalisée au cours du bilan d'urgence vitale, chez une victime ayant ou non perdu connaissance et lors de sa surveillance.

Réalisée sur une durée d'une minute, cette évaluation permet :

– d'observer la partie supérieure de l'abdomen ainsi que le thorax de la victime. Une respiration normale se fait sans effort et sans difficulté pour la victime.

– de placer une main sur la partie inférieure de son sternum pour estimer :

- la fréquence, c'est-à-dire le nombre de mouvements respiratoires compté sur une minute ;
- l'amplitude, c'est-à-dire comment l'abdomen et le thorax se soulèvent à chaque respiration ;
- la régularité, c'est-à-dire l'absence de pause de plus de six secondes entre les mouvements respiratoires.

Évaluer la coloration de la victime

L'examen de la couleur de la peau et des muqueuses d'une victime renseigne le secouriste sur l'état d'oxygénation des tissus (tout comme de la circulation).

La couleur de la peau est appréciée au niveau de la face de la victime ou des extrémités des membres. La couleur des muqueuses est appréciée sur les lèvres. Normalement, les muqueuses sont roses.

Une coloration bleutée de la peau et des muqueuses (cyanose) traduit, lorsqu'elle existe, une insuffisance d'oxygénation des tissus.

Mesurer la saturation pulsée en oxygène (SpO_2)

L'évaluation de la respiration peut être complétée en mesurant la SpO_2 à l'aide d'un appareil de mesure (oxymètre de pouls).

La SpO_2 normale est supérieure ou égale à 94 %.

Fréquence respiratoire normale
– Adulte : 12 à 20 mouvements par minute – Enfant : 20 à 30 mouvements par minute – Nourrisson : 30 à 40 mouvements par minute – Nouveau-né : 40 à 60 mouvements par minute
Qualité de la respiration
– Normale : respiration silencieuse – Superficielle : mouvement du thorax et de l'abdomen à peine perceptible (difficile à compter) – Difficile : effort respiratoire ; contraction des muscles du haut du thorax et du cou ; pincement des ailes du nez chez l'enfant et le nourrisson – Bruyante : sifflements, ronflements, gargouillements, râles

E. Examen de la fonction circulatoire

La recherche d'un pouls n'est pas systématique pour caractériser l'arrêt cardiaque. Toutefois, si elle est effectuée, elle ne doit pas retarder la mise en œuvre des gestes de secours.

Rechercher la présence ou l'absence du pouls carotidien (ou fémoral chez le nourrisson)

Si une recherche de pouls est pratiquée chez une victime ayant perdu connaissance et qui ne respire pas, elle doit être effectuée en même temps que la recherche d'une respiration (et en aucun cas plus de 10 secondes). En cas de doute sur la présence du pouls carotidien ou fémoral, le secouriste considérera qu'il est absent.

Le pouls carotidien peut être recherché chez l'adulte ou l'enfant pour identifier une détresse circulatoire (pouls carotidien perceptible alors que le pouls radial ne l'est pas) et pour compter la fréquence cardiaque si le pouls radial n'est pas perceptible.

Il convient alors de se placer du côté de la carotide qui va être palpée et de maintenir la tête de la victime avec l'autre main sur le front.

Chez l'adulte et l'enfant, le pouls doit être recherché sur la face latérale du cou en le palpant entre la pulpe de 2 ou 3 doigts médians de la main qui tenait le menton de la victime (index, majeur et annulaire) et le plan osseux profond constitué par la colonne cervicale :

- poser l'extrémité des doigts sur la ligne médiane du cou ;
- ramener la main vers soi, la pulpe des doigts restant au contact de la peau du cou ;
- pousser doucement la pulpe des doigts vers la profondeur pour percevoir les battements de la carotide.

Chez le nourrisson, la recherche du pouls se fait au niveau du pli de l'aine. Elle est pratiquée par le secouriste au cours du bilan ou de la surveillance :

- poser la pulpe des doigts au niveau du pli de l'aine, racine de la cuisse ;
- pousser doucement en profondeur et rechercher les battements de l'artère

Évaluer la circulation

L'évaluation de la circulation permet de rechercher une altération de la circulation, c'est-à-dire l'existence d'une détresse circulatoire.

Cette recherche est pratiquée par le secouriste chez une victime consciente ou ayant perdu connaissance lors du bilan d'urgence vitale. Elle doit être renouvelée lors de la surveillance de la victime.

L'évaluation de la circulation s'effectue en prenant le pouls de la victime, sur une durée d'une minute. Il est recherché au niveau :

- de la face antérieure du poignet, en plaçant l'index, le majeur et éventuellement l'annulaire sur le trajet de l'artère radiale, dans le prolongement du pouce ;
- du cou, en palpant l'artère carotidienne (voir ci-dessus) si le pouls au niveau du poignet est imperceptible ;
- du milieu du pli de l'aine en palpant l'artère fémorale avec deux ou trois doigts si l'on ne peut pas prendre le pouls carotidien (voir ci-dessus).

La recherche du pouls permet de déterminer :

– la fréquence cardiaque, c'est-à-dire le nombre de battements cardiaques par minute ;

– la régularité du pouls et l'absence de pause ;

– l'amplitude ou force du pouls, déterminée par la facilité à le percevoir.

Fréquence cardiaque normale
– Adulte : 60 à 100 battements par minute
– Enfant : 70 à 140 battements par minute
– Nourrisson : 100 à 160 battements par minute
– Nouveau-né : 120 à 160 battements par minute

Évaluer la peau et les muqueuses

L'examen de la couleur de la peau et des muqueuses, ainsi que de la température et l'humidité de la peau d'une victime renseigne aussi le secouriste sur l'état de circulation des tissus.

Une pâleur, la présence de marbrures de la peau, particulièrement au niveau des genoux et des cuisses, ainsi qu'une peau humide et froide au toucher traduit une altération de la fonction circulatoire. Chez une victime, la présence d'une pâleur extrême est souvent le reflet d'une perte importante de sang.

Mesurer la Pression Artérielle (PA)

L'évaluation de la circulation peut être complétée en mesurant la PA de la victime à l'aide d'un tensiomètre en la comparant à la PA connue de la victime. La mesure de la PA renseigne le secouriste et le médecin sur l'état de la circulation de la victime.

Les valeurs normales de pression artérielle chez l'adulte au repos et réveillé oscillent autour de 100 mmHg de PA systolique et 80 mmHg de PA diastolique.

Contrairement à l'adulte, il ne peut y avoir de valeur de référence chez l'enfant. La pression artérielle de l'enfant varie en fonction de son sexe, de son âge, de sa taille et de son poids.

Le secouriste se limitera à transmettre les valeurs de pression artérielle mesurée pour demander un avis médical.

Mesurer le Temps de Recoloration Cutanée (TRC)

Cette mesure renseigne sur l'état de la circulation au niveau des tissus. Il traduit la capacité du système circulatoire à remplir les petits vaisseaux de sang.

Elle est réalisée lors du bilan d'urgence vitale que la victime soit consciente ou non.

Le TRC est évalué au niveau du lit de l'ongle d'un doigt, pour cela il faut :

– comprimer fortement l'extrémité d'un doigt entre le pouce et l'index, pendant deux à trois secondes ; le lit de l'ongle devient pâle.

– relâcher la pression et mesurer le temps de recoloration.

Normalement le lit de l'ongle se recolore en moins de deux secondes.

Cette évaluation est impossible si la victime porte du « vernis à ongles ».

L'examen de la fonction neurologique permet de déterminer si la victime présente une altération de la conscience ou une désorientation.

Évaluer le niveau de conscience

L'évaluation du niveau de conscience se réalise au cours de l'examen initial, en quelques secondes et quelle que soit la position de la victime.

La méthode qui est proposé ici consiste à évaluer l'état de conscience d'une victime en appréciant sa réactivité à une stimulation verbale ou douloureuse (échelle AVPU). Le niveau de conscience d'une victime peut être apprécié en évaluant l'ouverture des yeux, la réponse verbale ou motrice à la stimulation (score de Glasgow). L'autorité médicale de chaque organisme ou association est à même de choisir la méthode à utiliser.

- Poser une question simple à la victime « Comment ça va ? Vous m'entendez ? » tout en la secouant doucement par les épaules.
- Lui prendre la main et lui demander d'exécuter un ordre simple : « Ouvrez les yeux, serrez-moi la main. »
- En l'absence de réaction, la stimuler en réalisant une pression sur la base d'un de ses ongles (Aucune autre méthode de stimulation douloureuse ne doit être réalisée).

En fonction de la réponse de la victime à ces gestes d'examen, la victime est considérée comme :

- **consciente**, alerte ou éveillée si elle ouvre les yeux, répond et bouge spontanément ;
- **réactive à la voix** si elle n'ouvre pas les yeux, parle, exécute un ordre simple que quand on le lui demande (stimulation verbale) ;
- **réactive à la douleur** si elle ouvre les yeux ou réagit que quand on exerce une pression à la base de l'ongle (stimulation douloureuse) mais ne répond pas à la stimulation verbale,
- **aréactive** si elle reste inerte, ne bouge pas, n'ouvre pas les yeux et ne réagit ni à la voix ni à la stimulation douloureuse.

Cet examen peut être renouvelé autant que nécessaire si le secouriste pense que l'état de conscience de la victime se modifie, particulièrement lors de la surveillance.

Si la victime est consciente, il est alors possible d'identifier ses plaintes.

Évaluer l'orientation de la victime

L'évaluation de l'orientation de la victime permet de détecter une détresse neurologique.

Elle est réalisée systématiquement chez toute victime consciente au cours du bilan d'urgence vitale. Elle doit être renouvelée au cours du bilan complémentaire et au cours de la surveillance.

Demander à la victime par exemple :

- « Comment vous appelez-vous ? »
- « En quelle année sommes-nous ? »
- « Où sommes-nous ? »
- « Que s'est-il passé ? »

Si la victime répond correctement aux questions, on dit qu'elle est orientée. Si elle a du mal à mémoriser et présente une désorientation dans le temps ou dans l'espace, on dit qu'elle est confuse ou désorientée. Dans d'autres cas, les propos de la victime peuvent être incohérents ou incompréhensibles.

Rechercher une perte de connaissance passagère

Pour rechercher une perte de connaissance passagère, il convient de demander à la victime si elle se souvient de ce qui s'est passé.

Une victime qui ne se souvient pas de l'accident ou du malaise (amnésie de l'événement) a souvent présenté une perte de connaissance.

L'interrogatoire de l'entourage permet aussi de savoir s'il y a eu perte de connaissance.

L'examen de la fonction neurologique permet aussi :

– **d'évaluer la motricité :** la motricité des membres supérieurs et des membres inférieurs d'une victime doit être évaluée pour rechercher une détresse neurologique. Cette évaluation est réalisée systématiquement au cours du bilan d'urgence vitale chez une victime consciente. Elle sera répétée après immobilisation de toute victime suspecte d'un traumatisme de la colonne vertébrale. Cette évaluation s'effectue en demandant à la victime de :

- remuer les doigts puis les orteils ou les pieds ;
- serrer les mains.

Une victime qui ne peut bouger un ou plusieurs membres présente une paralysie.

– **d'examiner l'état des pupilles :** l'examen des pupilles permet de détecter des signes d'une détresse neurologique qui peut être liée à un traumatisme crânien, une maladie vasculaire cérébrale ou une intoxication. Le secouriste doit examiner les pupilles de la victime systématiquement lors du bilan d'urgence vitale. Il peut le faire même si la victime a perdu connaissance. Demander à la victime d'ouvrir les deux yeux ou ouvrir les yeux de la victime pour les mettre à la lumière « du jour ». Normalement, les pupilles sont de diamètre identique. La constatation de pupilles de diamètres différents doit être signalée.

F. Gestes d'examen d'urgence vitale

Les gestes d'examen d'urgence vitale doivent, dans la mesure du possible, limiter tout mouvement de la victime.

En présence d'un traumatisé, il faut assurer une stabilisation du rachis cervical pendant la recherche d'une détresse vitale et la réalisation des gestes de secours d'urgence tant qu'une décision d'immobilisation de la victime n'est pas prise.

5. La mesure de la saturation en oxygène

A. Indication

L'oxymètre de pouls est un appareil électronique qui mesure la saturation d'oxygène (O_2) des globules rouges au niveau de la circulation capillaire.

Il permet de détecter très rapidement un manque d'oxygène dans l'organisme. Il vient compléter la réalisation du bilan de la fonction respiratoire de la victime et aide à sa surveillance. La mesure de la saturation pulsée en oxygène (SpO_2) ne doit, en aucun cas, retarder la mise en œuvre de gestes de secours d'urgence évidents. Elle est utile en particulier en cas de :

- détresse vitale (sauf arrêt cardiorespiratoire) ;
- gêne ou plainte respiratoire ;
- malaise ou aggravation d'une maladie ;
- traumatisme grave ou violent, ou en cas de traumatisme thoracique.

Le résultat de la mesure de la SpO_2 reflète l'efficacité du transport de l'oxygène de l'air respiré jusqu'aux capillaires, lieu d'échange avec les cellules.

La SpO_2 permet de décider et de guider l'administration d'oxygène en fonction des valeurs indiquées.

B. Matériel

L'oxymètre de pouls comprend :

- une unité de mesure dotée, en règle générale, d'un écran de lecture et alimentée par des batteries ;
- un capteur que l'on pose sur une partie du corps (doigt, lobe de l'oreille, front ou nez).

Il existe des capteurs adaptés en fonction de l'âge de la victime (adulte, enfant, nourrisson, nouveau-né).

L'oxymètre de pouls peut être intégré dans des dispositifs médicaux multiparamétriques :

- placer le capteur sur une peau ou un ongle non verni, propre ;
- mettre l'appareil en marche et respecter les recommandations du fabricant ;
- relever le résultat sur l'écran de l'appareil.

En règle générale, deux valeurs s'affichent :

- la saturation pulsée en oxygène ;
- la fréquence du pouls.

La SpO_2 se situe normalement entre 94 et 100 %.

C. Risques et contraintes

Dans plusieurs situations, le signal peut ne pas être détecté par le capteur (victime agitée, tremblements, refroidissement des extrémités, détresse circulatoire, maladies vasculaires, etc.) et ne donnera pas de résultats fiables.

Les intoxications aux fumées et les intoxications au monoxyde de carbone (CO) faussent la mesure et donnent à tort des valeurs rassurantes.

La présence de vernis à ongles ou un doigt sale ne permettent pas une bonne mesure au niveau de l'extrémité du doigt.

D. Évaluation

À la fin de la mesure, la SpO_2 s'affiche correctement, sans message d'erreur, et le résultat est cohérent avec l'état de la victime.

6. La mesure de la pression artérielle

A. Indication

La pression artérielle (PA) est un indicateur de la fonction circulatoire. Sa mesure est réalisée chaque fois que possible, lors du bilan d'urgence vitale et de la surveillance. La mesure de la PA ne doit en aucun cas retarder la mise en œuvre d'un geste de secours d'urgence.

L'élévation de la PA (hypertension artérielle) ou sa diminution (hypotension artérielle) peuvent se voir à la suite d'un traumatisme ou d'une maladie.

La mesure de la PA consiste à relever deux valeurs qui représentent, en millimètres de mercure, la pression exercée par le sang dans les artères :

- la valeur la plus élevée, appelée **pression systolique**, mesure la force exercée par le sang sur la paroi interne des artères lors de la contraction du cœur ;
- la valeur la plus basse, appelée **pression diastolique**, mesure la force exercée par le sang sur la paroi interne des artères lors du relâchement du cœur.

Cette mesure apporte au secouriste et au médecin régulateur des indications supplémentaires sur l'état de la victime.

La mesure de la pression artérielle est possible grâce à un tensiomètre qui mesure la contre-pression exercée au niveau du bras par un brassard pneumatique. Il existe plusieurs types de tensiomètres utilisables pour prendre la pression artérielle :

- **le tensiomètre manuel** composé :
  - d'un manchon gonflable qui sera placé autour du bras de la victime (il existe, en fonction de la taille, des manchons adultes et enfants) ;
  - d'un tuyau relié à une poire qui permet de gonfler le manchon. Cette poire est équipée d'une valve dont l'ouverture permet au manchon de se dégonfler progressivement ;
  - d'un manomètre qui mesure la contre-pression exercée sur le bras.
- **le tensiomètre automatique** composé :
  - d'une centrale, alimentée par une batterie, sur laquelle s'affichent les chiffres de la pression artérielle et de la fréquence cardiaque ;
  - d'un manchon gonflable qui sera placé autour du bras de la victime (identique au tensiomètre manuel) ;
  - de tuyaux qui relient le manchon à la centrale.

La mesure de la PA se fait idéalement sur une victime en position assise, demi-assise ou allongée avec pose du brassard au niveau du bras.

B. Mesure automatique

La mesure de la PA à l'aide d'un appareil automatique est préférable pour le secouriste à la mesure de la pression artérielle avec un appareil manuel. Elle demande uniquement la mise en place du manchon à pression autour du bras, en disposant le repère artériel juste au-dessus du passage de l'artère (au niveau de la face interne du pli du coude).

La mesure de la pression artérielle s'affiche sur le cadran de même que la fréquence cardiaque.

C. Mesure par auscultation

Cette méthode nécessite un tensiomètre manuel et un stéthoscope :

– placer le manchon du tensiomètre autour du bras de la victime (accessible et non traumatisé). Le bord inférieur du brassard doit être placé à deux centimètres au moins au-dessus du pli du coude (en face interne du pli du coude). Si le manomètre est fixé au manchon, il doit être visible ;

– placer les embouts du stéthoscope dans les oreilles en veillant à ce qu'ils pointent vers l'avant ;

– localiser le pouls de l'artère qui passe au niveau de la partie interne du pli du coude avec les doigts ;

– placer le pavillon du stéthoscope sur le trajet de l'artère, juste au-dessus du pouls. Le maintenir avec l'index et le majeur d'une main. Le pavillon du stéthoscope se trouve un centimètre au-dessous du bord inférieur du brassard.

– gonfler doucement le brassard en appuyant sur la poire jusqu'à ne plus entendre le bruit du pouls ;

– continuer à gonfler de 30 mmHg en plus, après disparition du bruit du pouls ;

– dégonfler doucement le brassard en appuyant (ou tournant) sur la valve de dégonflage. L'aiguille du manomètre doit descendre doucement sur le cadran (de 2 à 3 mmHg/s) ;

– noter la valeur indiquée sur le cadran dès que le bruit du pouls est à nouveau audible ; cette valeur correspond à la pression systolique ;

– continuer à dégonfler le brassard et noter à nouveau la valeur lorsque le bruit du pouls disparaît, cette valeur correspond à la pression diastolique.

D. Mesure par palpation

Cette méthode est à utiliser dans une ambiance bruyante. Elle ne permet de mesurer que la pression systolique :

– placer le manchon du tensiomètre autour du bras de la victime (accessible et non traumatisé). Le bord inférieur du brassard doit être placé à deux centimètres au moins au-dessus du pli du coude (en face interne du pli du coude). Si le manomètre est fixé au manchon, il doit être visible.

– maintenir la poire de gonflage d'une main et fermer la valve ;

– localiser le pouls radial de la victime avec les doigts de l'autre main ;

– gonfler doucement le brassard en appuyant sur la poire jusqu'à ne plus percevoir le pouls radial ;

– continuer à gonfler de 30 mmHg en plus après disparition du pouls radial ;

– dégonfler doucement le brassard en appuyant (ou tournant) sur la valve de dégonflage. L'aiguille du manomètre doit descendre doucement sur le cadran (2 à 3 mmHg/s) ;

– noter la valeur indiquée sur le cadran dès que le pouls radial est à nouveau perceptible. Cette valeur correspond à la pression systolique ;

– dégonfler totalement le brassard.

E. Risques et contraintes

Avant de débuter la mesure, prévenir la victime que le gonflement du brassard peut entraîner une possible sensation douloureuse.

Si le manchon du tensiomètre est laissé en place pour une nouvelle mesure lors de la surveillance, il convient de s'assurer que ce dernier est bien dégonflé, pas trop serré et ne gêne pas la victime.

Les dispositifs médicaux de mesure de la PA peuvent ne pas afficher de résultats si la PA est trop basse ou trop élevée.

La mise en place correcte de l'appareil garantit l'efficacité de la technique.

Entraînement

Voici une série de questions. Cet exercice doit vous permettre d'évaluer votre niveau de connaissances professionnelles.

Questions

❶ Citez trois catégories de tuyaux.

❷ Pour quelle raison est-il conseillé de laisser un robinet partiellement ouvert lors de l'utilisation d'une division ?

❸ Citez dans l'ordre chronologique les composants nécessaires pour fabriquer de la mousse.

❹ En dessous de quel seuil de ventilation faisons-nous des insufflations ?

❺ Quelle est la signification de SSSM ? Quelles sont ses missions opérationnelles ?

❻ Qu'est-ce qu'un injecteur ? Où se place-t-il ?

❼ Citez les classes de feux en les détaillant avec un exemple.

❽ Quelle attitude doit adopter un équipier sapeur-pompier si un journaliste l'interroge sur son intervention ?

❾ Citez les quatre signes d'une fracture.

❿ Que signifie le sigle BAVU et à quoi sert-il ?

⓫ Quelle est la différence fondamentale entre la faute de service et la faute personnelle ?

⓬ Quelle est la différence entre le sauvetage et la mise en sécurité ?

⓭ Donnez l'appellation réglementaire des lettres F, P, T, V, S, A, E, M, R et X de l'alphabet phonétique.

⓮ Citez les différents modes de propagation du feu.

⓯ Donnez la définition de la courbe de niveau. Quels en sont les trois types ?

⓰ Quelle est la position d'attente pour une plaie de l'abdomen ?

⓱ Citez au moins six modes d'extinction des feux.

⓲ Citez quatre techniques de dégagement d'urgence.

⓳ Parmi les méthodes de relevage, citez les trois différents ponts.

⓴ Quels sont les éléments constituant la tenue de protection de la tronçonneuse thermique à chaîne ?

㉑ Citez les différentes fréquences de la ventilation artificielle.

22 Qui déclenche le plan ORSEC ?

23 Quel est le statut du sapeur-pompier professionnel ?

24 Quel est le rôle principal du CODIS ?

25 En règle générale, quels sont les moyens utilisés lorsque le volume d'eau à évacuer dépasse 20 m³ ?

26 Quels sont les types de pompes permettant des épuisements ?

27 En certificat de formation aux activités de premiers secours en équipe, quelles sont les trois prises de pouls ?

28 Combien de personnes sont nécessaires pour effectuer un pont amélioré ?

29 Dans le plan rouge, que signifie DSM ?

30 Donnez la fréquence ventilatoire moyenne de l'adulte.

31 Citez les différents plans de secours.

32 Citez les quatre critères d'une bonne ventilation.

33 Quel rôle joue une couverture iso-thermique lorsque la « face dorée » est contre la victime ?

34 Quelle est l'équation du feu ?

35 Quelles sont les différentes réserves d'eau que l'on peut trouver ?

36 Que signifient les initiales DFCI ?

37 Citez les différentes pièces de jonction.

38 Que signifient les initiales VSAV ?

39 Définissez le nord magnétique.

40 Lors du brancardage à quatre d'une victime la tête en avant, où se positionne le chef d'équipe ?

Corrigé

1 Les trois catégories de tuyaux sont : aspiration, refoulement et alimentation.

2 Pour faire une circulation d'eau dans l'établissement si la ou les lances sont fermées, et donc forcer les pompes.

3 Pour fabriquer de la mousse, il faut de l'eau, de l'émulseur et de l'air.

4 On effectue des insufflations quand la ventilation est absente.

5 SSSM signifie Service de Santé et de Service Médical. Ses missions sont les visites médicales de tous les sapeurs-pompiers, le soutien sanitaire des interventions (incendie et secours) et les soins d'urgence aux sapeurs-pompiers.

6 Un injecteur sert à faire le mélange entre l'eau et l'émulseur, afin d'obtenir une solution moussante. Il se place sur l'établissement entre deux tuyaux.

❼ Classe A (solide) : bois, papier
Classe B (liquide) : huile, hydrocarbure
Classe C (gaz) : méthane, propane
Classe D (métaux) : aluminium, limaille de fer
Classe F (spéciaux) : feu de friteuse

❽ Il ne doit divulguer aucune information, car ce n'est pas son rôle mais celui de l'officier d'information.

❾ Les quatre signes d'une fracture sont : douleur, couleur, déformation et non-motricité.

❿ BAVU signifie : Ballon Auto-remplisseur à Valve Unidirectionnelle. Il permet de réaliser une ventilation artificielle.

⓫ La faute personnelle est une infraction pénale volontaire commise en service, alors qu'une faute de service est une infraction pénale involontaire, comme un délit d'imprudence.

⓬ On parle de sauvetage quand le risque est imminent pour la personne se trouvant dans l'impossibilité de s'y soustraire seule. La mise en sécurité est le fait d'écarter la victime d'un danger sans détresse immédiate.

⓭ Fox-trot, Papa, Tango, Victor, Sierra, Alpha, Eco, Mike, Roméo et X-ray.

⓮ Il y a quatre modes de propagation du feu : conduction, conversion, rayonnement et déplacement de matières enflammées.

⓯ La courbe de niveau est une ligne imaginaire qui relie tous les points du terrain situés à la même altitude. Les trois types de courbe de niveau sont : ordinaire, maîtresse et intercalaire.

⓰ La position d'attente pour une plaie de l'abdomen est : victime dos plat, jambes pliées ou surélevées.

⓱ Les modes d'extinction sont : dispersion, soufflage, inhibition, refroidissement, étouffement et coupure des énergies.

⓲ Les quatre techniques de dégagement d'urgence sont : saisie par les poignets, saisie par les chevilles, traction par le poignet, dégagement sous ou dans un véhicule.

⓳ Les trois différents ponts sont : pont amélioré, pont simple et pont néerlandais.

⓴ La tenue de protection en utilisation de la tronçonneuse est : tenue de feu complète, cagoule, casque avec lunettes baissées, gants, ceinturon, surpantalon, bottes ou rangers.

㉑ Adulte : 12 à 20 mouvements par minute.
Enfant : 20 à 30 mouvements par minute.
Nourrisson : 30 à 60 mouvements par minute.

㉒ Le préfet déclenche le plan ORSEC.

㉓ Le sapeur-pompier professionnel appartient à la fonction publique territoriale.

㉔ Le centre opérationnel départemental d'incendie et de secours a pour rôle de coordonner l'activité opérationnelle des services d'incendie et de secours du département.

㉕ Les moyens utilisés sont une motopompe et un ou deux vide-caves.

㉖ Les types de pompes permettant des épuisements sont les pompes thermiques, hydrauliques et électriques.

㉗ Les trois prises de pouls sont : pouls carotidien, huméral et radial.

(28) Cinq personnes sont nécessaires pour effectuer un pont amélioré.

(29) Dans le plan rouge, DSM signifie directeur des secours médicaux.

(30) La fréquence ventilatoire moyenne de l'adulte est de 12 à 20 mouvements par minute.

(31) Les différents plans de secours sont : plan particulier d'intervention, plan de secours spécialisé et plan rouge.

(32) Les quatre critères d'une bonne ventilation sont : ample, régulière, silencieuse et facile.

(33) La « face dorée » protège la victime de la chaleur.

(34) L'équation du feu est la suivante : combustible + comburant + énergie d'activation (source de chaleur) = feu.

(35) Les différentes réserves d'eau sont les points d'eau naturels, les réserves artificielles et les réseaux de distribution.

(36) Les initiales DFCI signifient Défense des Forêts Contre l'Incendie.

(37) Les différentes pièces de jonction sont les raccords, retenues, coudes, collecteurs d'alimentation, vannes et divisions.

(38) Les initiales VSAV signifient Véhicule de Secours et d'Assistance à Victime.

(39) Le nord magnétique est la direction indiquée par la pointe aimantée de la boussole.

(40) Le chef d'équipe se positionne à l'arrière droite.

Sujets blancs corrigés

SUJET 1 : QCM de connaissances professionnelles

DIFFICULTÉ : ××× / DURÉE : 1 HEURE

Questions

❶ Qu'est-ce que le CCDSPV ?
☐ a. Le conseil de commandement départemental des sapeurs-pompiers volontaires
☐ b. Le comité central départemental des sapeurs-pompiers volontaires
☐ c. Le comité consultatif départemental des sapeurs-pompiers volontaires
☐ d. Le centre de coordination départementale des sapeurs-pompiers volontaires

❷ Que signifie le sigle SDIS ?
☐ a. Service départemental d'incendie et de secours
☐ b. Service décentralisé d'incendie et de secours
☐ c. Section départementale d'incendie et de secours
☐ d. Service directeur d'incendie et de secours

❸ Citez l'intrus parmi ces moyens d'immobilisation des victimes dans un VSAV :
☐ a. l'attelle à dépression
☐ b. la ceinture de contention lombaire
☐ c. le collier cervical
☐ d. l'attelle de Ked

❹ Quel est le traitement de l'intoxication au monoxyde de carbone ?
☐ a. La conduite immédiate en milieu hospitalier
☐ b. L'administration rapide d'oxygène
☐ c. Un massage cardiaque
☐ d. Un placement en position assise

❺ Le C de RAPACE signifie :
☐ a. Cardiaque
☐ b. Code de communication
☐ c. Central
☐ d. Coordonné

❻ Le représentant de l'État dans le département est :
☐ a. le directeur de cabinet
☐ b. le président du conseil régional
☐ c. le président du conseil départemental
☐ d. le préfet

❼ Quelles sont les modalités d'administration de l'oxygène ?

- ☐ a. Les insufflations
- ☐ b. Les massages
- ☐ c. Les transfusions
- ☐ d. Les inhalations

❽ Que signifie le sigle LDV ?

- ☐ a. Lien distinct variable
- ☐ b. Lance à débit variable
- ☐ c. Ligature des vaisseaux
- ☐ d. Lance déroulable variable

❾ Quelles sont les autorités du SDIS ?

- ☐ a. Le président du conseil départemental
- ☐ b. Le président du conseil d'administration
- ☐ c. Le préfet
- ☐ d. Le maire

❿ Au sein du SSSM, quelles sont les professions représentées ?

- ☐ a. Médecin
- ☐ b. Infirmier
- ☐ c. Pharmacien
- ☐ d. Vétérinaire

⓫ Quels sont les principaux signes d'un malaise cardiaque ?

- ☐ a. Une douleur brutale au thorax
- ☐ b. Une anomalie du pouls carotidien
- ☐ c. Des troubles ventilatoires
- ☐ d. Des pâleurs et sueurs

⓬ Les sapeurs-pompiers professionnels appartiennent :

- ☐ a. à l'armée
- ☐ b. à la fonction publique d'État
- ☐ c. à la fonction publique hospitalière
- ☐ d. à la fonction publique territoriale

⓭ Les principales précautions d'usage de l'oxygénothérapie sont :

- ☐ a. ne pas utiliser de corps gras
- ☐ b. ne pas fumer lors de l'utilisation
- ☐ c. ne pas exposer la bouteille près d'une source de chaleur
- ☐ d. vérifier la date de péremption

⓮ Trouver l'intrus parmi les différentes étapes du protocole de mise en œuvre d'un DSA :

- ☐ a. mettre en marche l'appareil
- ☐ b. préparer la victime
- ☐ c. faire boire la victime
- ☐ d. mettre en place les électrodes

⓯ Vous intervenez pour une cave inondée (2,50 m × 9 m et une hauteur d'eau de 0,80 m). Vous disposez d'une pompe de 15 m^3/h. Quel sera votre temps de pompage ?

- ☐ a. 50 minutes
- ☐ b. 1 heure et 6 minutes
- ☐ c. 1 heure et 12 minutes
- ☐ d. 1 heure et 18 minutes

⓰ Citez l'intrus parmi les lois de perte de charge :

- ☐ a. directement proportionnelles à la longueur de l'établissement
- ☐ b. directement proportionnelles au carré du débit
- ☐ c. inversement proportionnelles à la pression
- ☐ d. inversement proportionnelles au diamètre du tuyau

17 Dans quel type de local peut-on rencontrer une explosion de fumée ?
☐ a. Un local ouvert ☐ b. Un local ventilé
☐ c. Un local clos ☐ d. Un local sans toit

18 Parmi les règles générales à adopter avec n'importe quel animal, quel est l'intrus ?
☐ a. Ne pas se précipiter, s'approcher doucement et progressivement
☐ b. Ne pas soutenir le regard de l'animal
☐ c. Montrer sa force et sa détermination
☐ d. Rester calme, respirer profondément et régulièrement

19 Le deuxième « T » de TOOTEM signifie :
☐ a. Trancher ☐ b. Tirer ☐ c. Tenir ☐ d. Tester

20 Quel est l'intrus parmi les différentes catégories de tuyaux ?
☐ a. Régulation ☐ b. Aspiration ☐ c. Alimentation ☐ d. Refoulement

21 Les signes annonciateurs de backdraft sont :
☐ a. le feu dans un volume clos
☐ b. des échanges entrées/sorties quasi inexistants
☐ c. un apport d'air frais très faible
☐ d. le feu qui s'étouffe

22 Quel est l'intrus parmi les pièces de jonction ?
☐ a. Le joint ☐ b. Le raccord
☐ c. Le coude d'alimentation ☐ d. La division

23 On peut rencontrer un embrasement généralisé éclair dans :
☐ a. une forêt ☐ b. un volume semi-ouvert
☐ c. une prairie ☐ d. un volume ouvert

24 On utilise un LSPCC :
☐ a. en cas de sauvetage d'une personne par l'extérieur
☐ b. en cas de sauvetage dans les puits, fosses ou excavations
☐ c. en cas de protection individuelle contre les chutes
☐ d. en cas de reconnaissance d'appartement ou d'ouverture de porte

25 Trouvez l'intrus parmi ces éléments de protection contre l'irradiation :
☐ a. le temps ☐ b. le vent ☐ c. l'écran ☐ d. la distance

26 Quelle est la longueur minimale de la corde du LSPCC ?
☐ a. 10 mètres ☐ b. 15 mètres ☐ c. 20 mètres ☐ d. 30 mètres

27 Quel est l'indicatif radio du médecin-chef ?
☐ a. Hercule ☐ b. Hippocrate ☐ c. Papa Doc ☐ d. Hippocampe

28 À quel grade correspond le visuel ci-dessous ?

☐ a. Lieutenant ☐ b. Capitaine ☐ c. Commandant ☐ d. Colonel

㉙ À quel grade correspond le visuel ci-dessous ?

☐ **a.** Lieutenant ☐ **b.** Capitaine ☐ **c.** Commandant ☐ **d.** Colonel

㉚ Que signifie le sigle DOS ?

☐ **a.** Direction des Opérations Spéciales
☐ **b.** Directeur des Opérations de Secours
☐ **c.** Division Opérationnelle des Services
☐ **d.** Documentation des Opérations de Secours

Corrigé

❶ c. **le comité consultatif départemental des sapeurs-pompiers volontaires**

Le Comité Consultatif Départemental des Sapeurs-Pompiers Volontaires (CCDSPV) est une instance paritaire qui émet un avis sur toutes les questions relatives aux Sapeurs-Pompiers Volontaires (SPV), à l'exclusion de la discipline, à savoir : engagement et réengagement, promotion de grade jusqu'au grade de capitaine, promotion de grade des infirmiers de SPV honorariat, recours contre les décisions de refus de renouvellement d'engagement, règlement intérieur du corps départemental pour toutes les dispositions applicables aux SPV, Schéma Départemental d'Analyse et de Couverture des Risques (SDACR), reconnaissance et la validation de certaines formations, validation de la période probatoire, validation de l'expérience et des formations.
Le Comité Consultatif Départemental des Sapeurs-Pompiers Volontaires (CCDSPV) est présidé par le Président du Conseil d'Administration du Service Départemental d'Incendie et de Secours (SDIS) et composé d'un nombre égal de représentants de l'administration et des représentants élus des Sapeurs-Pompiers Volontaires (SPV) du Corps Départemental.

❷ a. **service départemental d'incendie et de secours**

Les sapeurs-pompiers volontaires et les sapeurs-pompiers professionnels appartiennent tous deux au SDIS.

❸ b. **la ceinture de contention lombaire**

Les moyens d'immobilisation des victimes dans un VSAV sont :
- l'attelle à dépression,
- l'attelle à traction,
- le collier cervical,
- le matelas à dépression,
- l'attelle de Ked,
- le plan dur avec immobilisateur de tête.

❹ b. **l'administration rapide d'oxygène**

❺ b. **Code de communication**

RAPACE signifie :
R : Ouverture complète du (des) robinet(s)
A : Ajustement du harnais
P : Pression au manomètre

A : Armement du système sonore de détresse
C : Code de communication
E : Étanchéité du masque

6 d. **le préfet**
Le Premier ministre et les ministres sont représentés par le préfet, qui est le représentant de l'autorité de l'État dans le département.

7 a. **les insufflations**, d. **les inhalations**

8 b. **Lance à débit variable**

9 b. **Le président du conseil d'administration**, c. **Le préfet**
Le SDIS est placé sous l'autorité du préfet dans le domaine opérationnel et sous l'autorité du président du conseil d'administration du SDIS.

10 a. **Médecin**, b. **Infirmier**, c. **Pharmacien**, d. **Vétérinaire**
Au sein du SSSM, les professions représentées sont celles de médecin, infirmier, pharmacien, vétérinaire, psychologue.

11 a. **Une douleur brutale au thorax**, b. **Une anomalie du pouls carotidien**, c. **Des troubles ventilatoires**, d. **Des pâleurs et sueurs**

12 d. **à la fonction publique territoriale**

13 a. **ne pas utiliser de corps gras**, b. **ne pas fumer lors de l'utilisation**, c. **ne pas exposer la bouteille près d'une source de chaleur**, d. **vérifier la date de péremption**

14 c. **Faire boire la victime**
Les différentes étapes du protocole de mise en œuvre d'un DSA sont :
- mettre en marche l'appareil ;
- préparer la victime ;
- mettre en place les électrodes ;
- analyser le rythme cardiaque ;
- appuyer sur CHOC si choc indiqué.

15 c. **1 heure et 12 minutes**
Volume de la pièce : $2{,}5 \times 9 \times 0{,}8 = 18$ m^3.
Temps de pompage : $\frac{18}{15} = 1{,}2$.
Le temps de pompage sera donc d'1 heure et 12 minutes.

16 c. **inversement proportionnelles à la pression**
Les lois des pertes de charge sont :
- directement proportionnelles à la longueur de l'établissement ;
- directement proportionnelles au carré du débit ;
- inversement proportionnelles au diamètre du tuyau ;
- indépendantes de la pression, seul le débit compte ;
- variables en fonction de la rugosité du tuyau ;
- variables de 1 bar pour 10 m de dénivelée.

17 c. **Un local clos**

18 c. **montrer sa force et sa détermination**
Face à n'importe quel animal, de façon générale, les règles sont :
- ne pas se précipiter, s'approcher doucement et progressivement ;
- ne pas soutenir le regard de l'animal ;
- rester calme, respirer profondément et régulièrement ;
- avoir une démarche régulière ;

- éviter les mouvements brusques ;
- lui adresser des petits mots brefs avec une voix douce ;
- adapter son comportement et son équipement en fonction de l'attitude de l'animal.

⑲ d. **Tester**

Le TOOTEM signifie :
- T : Toucher
- O : Observer
- O : Ouvrir
- T : Tester
- E : Engagement
- M : Minimal

Il sert à savoir si on peut s'engager dans une pièce en feu :
- Toucher les portes et leurs poignées afin d'estimer la chaleur radiante ou toucher avec la lance ;
- Observer tous les signes d'alarme significatifs pouvant annoncer un phénomène thermique ;
- Ouvrir le volume, si les conclusions tirées des deux actions précédentes l'autorisent, en veillant à se protéger ;
- Tester la température des fumées au plafond au moyen d'un volume d'eau projeté en jet diffusé d'attaque ;
- Engagement Minimal des personnels d'attaque dans les volumes concernés par le sinistre.

⑳ a. **Régulation**

㉑ a. **le feu dans un volume clos**, b. **des échanges entrées/sorties quasi inexistants**, c. **un apport d'air frais très faible**, d. **le feu qui s'étouffe**

Les signes annonciateurs de *backdraft* sont :
- le feu dans un volume clos ;
- des échanges entrées/sorties quasi inexistants ;
- un apport d'air frais très faible ;
- le feu qui s'étouffe ;
- les fumées et la chaleur produites par le foyer initial qui s'évacuent difficilement

㉒ a. **Le joint**

Les principales pièces de jonction suivantes : le raccord, la retenue, le coude d'alimentation, la division, la vanne et le collecteur d'alimentation.

㉓ b. **un volume semi-ouvert**

㉔ a. **en cas de sauvetage d'une personne par l'extérieur**, b. **en cas de sauvetage dans les puits, fosses ou excavations**, c. **en cas de protection individuelle contre les chutes**, d. **en cas de reconnaissance d'appartement ou d'ouverture de porte**

Un LSPCC est un lot de sauvetage et de protection contre les chutes.

㉕ b. **le vent**

㉖ d. **30 mètres**

La corde du LSPCC est une corde statique de 30 mètres minimum, son diamètre est de 12 à 13 mm, sa charge de rupture de 3 000 kg et son allongement inférieur ou égal à 4 %.

㉗ b. **Hippocrate**

㉘ c. **Commandant**

㉙ a. **Lieutenant**

㉚ b. **Directeur des Opérations de Secours**

SUJET 2 : QCM de connaissances professionnelles

DIFFICULTÉ : ××× / DURÉE : 1 HEURE

Questions

❶ Le CCDSPV peut donner son avis sur :

☐ **a.** l'engagement et le refus d'engagement de SPV
☐ **b.** le refus de réengagement de SPV
☐ **c.** le règlement intérieur du corps départemental
☐ **d.** le SDACR

❷ Trouvez l'intrus parmi ces combustibles pour la classe de feu A :

☐ **a.** bois ☐ **b.** sodium ☐ **c.** tissu ☐ **d.** PVC

❸ La classe de feu B correspond aux :

☐ **a.** feux gras ☐ **b.** feux de gaz
☐ **c.** feux de métaux ☐ **d.** feux d'huiles

❹ La classe de feu C correspond aux :

☐ **a.** feux de métaux ☐ **b.** feux d'huile
☐ **c.** feux de gaz ☐ **d.** feux secs

❺ La classe de feu D correspond :

☐ **a.** feux de métaux ☐ **b.** feux d'huile
☐ **c.** feux de gaz ☐ **d.** feux secs

❻ Quelle est la fréquence de la réanimation cardio-pulmonaire à un sauveteur, sans matériel sur un adulte ?

☐ **a.** $\frac{1}{3}$ tous les 3 cycles ☐ **b.** $\frac{10}{2}$ tous les 4 cycles
☐ **c.** $\frac{30}{2}$ tous les 5 cycles ☐ **d.** $\frac{40}{3}$ tous les 5 cycles

❼ Que faut-il faire impérativement avant de quitter les lieux d'une intervention pour personne bloquée dans une cabine d'ascenseur ?

☐ **a.** Prévenir le syndic de l'immeuble
☐ **b.** Couper l'électricité
☐ **c.** S'assurer de la fermeture et du verrouillage effectif de toutes les portes palières
☐ **d.** Ouvrir les issues de secours

❽ Dans l'ordre chronologique de la marche générale des opérations, quelle étape vient après le sauvetage ?

☐ **a.** L'attaque
☐ **b.** La protection
☐ **c.** L'établissement
☐ **d.** La reconnaissance

❾ Quels sont les éléments qui permettent aux sapeurs-pompiers de déroger au Code de la route lorsqu'ils se rendent sur une intervention ?

☐ a. Faire usage des avertissements sonores et lumineux

☐ b. Pouvoir discrétionnaire du chef d'agrès

☐ c. Intervention justifiée par l'urgence

☐ d. Ne pas mettre en danger les autres usagers de la route

❿ Quelle est l'autonomie (exprimée en minutes) de la bouteille d'oxygène ayant les caractéristiques suivantes : capacité de 6 litres, débit de 15 litres par minute et pression de 200 bars ?

☐ a. 50 minutes ☐ b. 60 minutes ☐ c. 80 minutes ☐ d. 90 minutes

⓫ Quel est le besoin en eau pour un risque incendie courant ?

☐ a. 90 m^3 ☐ b. 120 m^3 ☐ c. 150 m^3 ☐ d. 180 m^3

⓬ Quel est l'intrus dans la composition de la protection individuelle d'un sapeur-pompier qui intervient sur un incendie ?

☐ a. Casque F1 ou F2

☐ b. Cagoule

☐ c. Chaussures coquées

☐ d. Gants de travail

⓭ En tant qu'équipier au VSAV, quelle est la conduite à tenir face à une crise d'asthme ?

☐ a. Rassurer les victimes

☐ b. Libérer les voies aériennes

☐ c. Mettre en position assise ou dans la position où elle se sent le mieux pour respirer

☐ d. Donner de l'O_2 en inhalation

⓮ Quel est l'intrus dans la composition du lot de sauvetage et de protection contre les chutes (le lot en question n'est pas le lot échelle) ?

☐ a. Harnais cuissard

☐ b. Triangle d'évacuation

☐ c. Magnésie

☐ d. Poulie

⓯ Quelles sont les règles à respecter pour l'établissement des tuyaux ?

☐ a. Les tuyaux sont établis, d'une manière générale, dans le sens point d'attaque/point d'eau

☐ b. Faire une réserve en boucle au point d'attaque

☐ c. Dérouler le premier tuyau et successivement tous les autres en serrant le plus près possible la bordure du trottoir

☐ d. Couper les rues

⓰ Considérant une pièce remplie d'eau (longueur : 8 m, largeur : 2,50 m, hauteur : 60 cm), quelle est son cubage ?

☐ a. 9 m^3 ☐ b. 10 m^3 ☐ c. 12 m^3 ☐ d. 16 m^3

⓱ Pour la même pièce que la question 15, quel est le temps de pompage (en minutes) nécessaire à l'intervention (une pompe de 15 m^3/h à disposition) ?

☐ a. 30 minutes ☐ b. 36 minutes ☐ c. 40 minutes ☐ d. 48 minutes

⓲ Trouvez l'intrus parmi les modes d'établissement des tuyaux :

☐ a. horizontal ☐ b. incliné ☐ c. latéral ☐ d. oblique

⓳ Une échelle à coulisse ne doit être ni trop inclinée, ni trop redressée. Afin d'assurer une marge convenable de sécurité, il y a lieu d'écarter le pied de l'échelle du mur selon une règle. Pour une échelle d'une hauteur de 7 mètres, de quelle distance en centimètres doit-on écarter le pied de l'échelle du mur concerné ?

☐ a. 140 cm ☐ b. 160 cm ☐ c. 180 cm ☐ d. 200 cm

⓴ Dans le cadre d'une reconnaissance réalisée avec un Appareil Respiratoire Isolant (ARI), quels sont les éléments composant une ligne de vie ?

☐ a. Une ligne guide ☐ b. Une ligne de mai
☐ c. Une liaison personnelle ☐ d. Une liaison visuelle

㉑ Sur un véhicule de transport de matières dangereuses (TMD), qu'indique le panneau de signalisation ?

☐ a. Le poids des matières dangereuses ☐ b. La distance de sécurité
☐ c. Le code danger ☐ d. Le code matière

㉒ Quels sont les critères qui imposent la mise en position latérale de sécurité (PLS) ?

☐ a. La demande de la victime ☐ b. La victime inconsciente
☐ c. La victime qui respire ☐ d. La victime ne respire plus

㉓ Quels sont les nœuds utilisés dans le cadre de la mise en œuvre du lot de sauvetage et de protection contre les chutes (LSPCC) ?

☐ a. Nœud de chaise ☐ b. Nœud double
☐ c. Nœud français ☐ d. Clé d'arrêt

㉔ Quelles sont les possibilités d'emploi de l'hydro-éjecteur ?

☐ a. Accès difficile
☐ b. Intervention en étage
☐ c. Épuisement de volumes d'eau limités
☐ d. Alimentation d'un engin pompe par pompage à partir d'une nappe d'eau dans laquelle la mise en aspiration n'est pas possible

㉕ Quels sont les différents types de traumatismes des os et articulations ?

☐ a. La luxation ☐ b. L'élongation
☐ c. L'entorse ☐ d. La fracture

㉖ Le Parlement est composé :

☐ a. du Sénat ☐ b. du Gouvernement
☐ c. de l'Assemblée nationale ☐ d. des conseils régionaux

㉗ Les inondations, ouvertures de porte, récupérations d'objet ou faits d'animaux sont des :

☐ a. différends ☐ b. interventions indues
☐ c. interventions diverses ☐ d. interventions civiles

㉘ Depuis le 1er janvier 2016, combien la France compte-t-elle de régions administratives ?

☐ a. 8 ☐ b. 10 ☐ c. 13 ☐ c. 17

㉙ Qu'est-ce qui permet de mesurer un explosimètre ?

☐ a. Un taux de concentration d'un gaz ☐ b. Un risque d'explosion
☐ c. La densité d'une matière ☐ d. La dangerosité d'un produit liquide

㉚ Quelle est la position d'attente d'une victime ayant une plaie à l'abdomen ?

☐ a. Jambes fléchies ☐ b. Jambes allongées
☐ c. Jambes relevées ☐ d. Cuisses fléchies

31 Citez l'intrus parmi les grands principes régissant le service public :

☐ a. la mutabilité ☐ b. la facturation

☐ c. la gratuité ☐ d. l'égalité

Corrigé

1 a. **l'engagement et le refus d'engagement de SPV**, b. **le refus de réengagement de SPV**, c. **le règlement intérieur du corps départemental**, d. **le SDACR**

2 b. **sodium**

La classe de feu A correspond aux feux secs : bois, papier, tissu, cartons, PVC

3 a. **Feux gras**

Classe B : feux gras : essence, pétrole, fioul, huiles, solvants, alcool, peinture, vernis

4 c. **Feux de gaz**

Classe C : feux de gaz : méthane, butane, propane, gaz de ville, acétylène

5 a. **Feux de métaux**

D : feux de métaux : sodium, aluminium, potassium, magnésium, phosphore, métaux alcalins

5 b. **Feux d'huile**

Classe F : feux d'huile et de graisses végétales ou animales en lien avec l'utilisation d'un auxiliaire de cuisson (friteuse, Cocotte-Minute)

6 c. $\frac{30}{2}$ **tous les 5 cycles**

Les compressions thoraciques et les insufflations sont au rythme de $\frac{30}{2}$ tous les 5 cycles, c'est-à-dire environ toutes les deux minutes, arrêt des compressions thoracique et vérification du pouls carotidien.

7 c. **S'assurer de la fermeture et du verrouillage effectif de toutes les portes palières**

8 c. **L'établissement**

L'ordre chronologique de la marche générale des opérations est le suivant :

- reconnaissance ;
- sauvetage ;
- *établissement ;*
- attaque ;
- protection ;
- déblai ;
- surveillance.

9 b. **Pouvoir discrétionnaire du chef d'agrès**

10 c. **80 minutes**

$6 \times (\frac{200}{15}) = 80$ minutes

11 b. 120 m^3

120 m^3 correspond à la mise en œuvre de 2 LDV 500 pendant 2 heures à une pression de 1 bar et avec un débit de 17 L/seconde.

12 c. **Chaussures coquées**

La protection individuelle d'un sapeur-pompier qui intervient sur un incendie est principalement la suivante :
- Tête : casque de type F1 ou F2 ;
- Visage : lunettes de protection, visière pare-flamme, cagoule ;
- Cou : cagoule, bavolet de nuque ;
- Thorax : veste de protection ;
- Mains : gants de travail en cuir ou en textile ;
- Jambes : pantalon en fibres ignifugées ou surpantalon ;
- Pieds : bottes ou rangers.

⓭ a. **Rassurer les victimes**, b. **Libérer les voies aériennes**, c. **Mettre en position assise ou dans la position où elle se sent le mieux pour respirer**, d. **Donner de l'O_2 en inhalation**
La conduite à tenir est la suivante :
- rassurer les victimes ;
- libérer les voies aériennes ;
- mettre en position assise ou dans la position où elle se sent le mieux pour respirer ;
- donner de l'O_2 en inhalation ;
- transmettre les informations recueillies pour obtenir une aide médicale ;
- donner le médicament si elle en possède un sur elle.

⓮ c. **Magnésie**
La composition du lot de sauvetage et de protection contre les chutes est la suivante :
- Sac de transport de couleur jaune citron ;
- Une corde statique de 30 m, diamètre 12 à 13 mm, charge à la rupture supérieure à 3 t, allongement inférieur ou égal à 4 % (À chaque extrémité de la corde se trouve un nœud en huit double indémontable avec gaine thermo-rétractable ; l'extrémité placée au-dessus du sac est munie d'un mousqueton) ;
- Un descendeur de type 8, résistance 2 000 kg ;
- 6 mousquetons minimum symétriques à vis, résistance à la rupture 2 000 kg grand axe, 750 kg petit axe ;
- 1 poulie à joues fixes ou mobiles, résistance à la rupture 2 000 kg, diamètre de la gorge 12 à 13 mm ;
- 3 anneaux cousus de 0,80 m de couleur bleu clair, résistance 2 000 kg, largeur 18 à 25 mm ;
- 3 anneaux cousus de 1,50 m de couleur rouge clair, résistance 2 000 kg, largeur de 18 à 25 mm ;
- 1 harnais cuissard ;
- 1 triangle d'évacuation ;
- 1 élément de protection de corde ;
- 1 anneau de cordelette fermé par un nœud 8.

⓯ d. **Couper les rues**
Les règles à respecter pour l'établissement des tuyaux sont les suivantes :
- Les tuyaux sont établis, d'une manière générale, dans le sens point d'attaque/point d'eau ;
- Faire une réserve en boucle au point d'attaque ;
- Dérouler le premier tuyau et successivement tous les autres en serrant le plus près possible la bordure du trottoir ;
- Éviter si possible de couper les rues, sinon poser un dispositif de franchissement de tuyaux ;
- Employer le moins possible de tuyaux ;
- Faire en sorte que les tuyaux ne s'enchevêtrent pas ;
- Éviter les torsions, les plis, les coudes brusques ;
- Ne pas laisser les tuyaux reposer sur des décombres brûlants ou des matériaux coupants ou pointus ;
- Les mettre à l'abri de la chute des matériaux.

⑯ c. 12 m^3
Cubage : 8 × 2,50 × 0,60 = 12 m^3

⑰ d. **48 minutes**
Temps de pompage : $\frac{(12 \times 60)}{15}$ = 48 minutes

⑱ b. **Incliné**

⑲ d. **200 cm**
L'échelle doit être écartée de 200 cm.
7 m divisé par 5 = 1,40 m + 0,60 m = 2 m, soit 200 cm

⑳ a. **Une ligne guide**, c. **Une liaison personnelle**

㉑ c. **Le code danger**, d. **Le code matière**

㉒ b. **La victime inconsciente**, c. **La victime qui respire**

㉓ b. **Nœud double**, c. **Nœud français**, d. **Clé d'arrêt**

㉔ c. **Épuisement de volumes d'eau limités**, d. **Alimentation d'un engin pompe par pompage à partir d'une nappe d'eau dans laquelle la mise en aspiration n'est pas possible**
L'impossibilité de la mise en aspiration peut provenir de l'éloignement du PEI par rapport au stationnement de la pompe, ou d'un trop grand dénivelé entre la pompe et la nappe d'eau.

㉕ a. **La luxation**, c. **L'entorse**, d. **La fracture**

㉖ a. **du Sénat**, c. **de l'Assemblée nationale**

㉗ c. **Interventions diverses**

㉘ c. **13**
Elles sont les suivantes :
- Auvergne-Rhône-Alpes
- Bourgogne-Franche-Comté
- Bretagne
- Centre-Val de Loire
- Corse
- Grand-Est
- Hauts-de-France
- Île-de-France
- Normandie
- Nouvelle-Aquitaine
- Occitanie
- Pays de la Loire
- Provence-Alpes-Côte d'Azur.

㉙ a. **Un taux de concentration d'un gaz**
Un explosimètre permet de mesurer un taux de concentration d'un gaz en 0 et 100 % de sa LIE.

㉚ c. **Jambes relevées**, d. **Cuisses fléchies**

㉛ a. **La mutabilité**, c. **La gratuité**, d. **L'égalité**
Les grands principes régissant le service public sont :
- la mutabilité ;
- la gratuité ;
- l'égalité ;
- la neutralité ;
- la transparence ;
- la continuité.

SUJET 3 : QCM de connaissances professionnelles – Annales 2021

DIFFICULTÉ : ××× / DURÉE : 1 HEURE

Questions

❶ Le principe de l'action de secours sur l'hémorragie externe est de permettre :

☐ a. d'arrêter immédiatement l'hémorragie.
☐ b. de rechercher une détresse circulatoire.
☐ c. de se protéger en portant des gants à usage unique.
☐ d. aucune réponse ne convient.

❷ La crise convulsive généralisée se traduit par :

☐ a. une perturbation de l'activité électrique cérébrale.
☐ b. une perte de connaissance.
☐ c. des vomissements.
☐ d. aucune réponse ne convient.

❸ Une victime est en malaise hypoglycémique. Le resucrage se fait :

☐ a. à partir de 0,60 mg/dl.
☐ b. en dessous de 60 mg/dl.
☐ c. à partir de 3,3 mg/dl.
☐ d. aucune réponse ne convient.

❹ Quel est le rythme de la Réanimation Cardio-Pulmonaire (RCP) du nouveau-né à la naissance :

☐ a. 15 compressions / 1 insufflation.
☐ b. 15 compressions / 2 insufflations.
☐ c. 3 compressions / 1 insufflation.
☐ d. aucune réponse ne convient.

❺ L'hypothermie légère correspond à une température corporelle :

☐ a. comprise entre 35 °C et 37 °C.
☐ b. comprise entre 32 °C et 35 °C.
☐ c. < 24 °C.
☐ d. aucune réponse ne convient.

❻ La brûlure se caractérise par :

☐ a. une bradycardie.
☐ b. son étendue.
☐ c. son aspect.
☐ d. aucune réponse ne convient.

❼ Les mécanismes accidentels à haut risque de lésion du rachis concernent la (les) situation(s) suivante(s) :

☐ a. victime éjectée d'un véhicule lors de la collision.
☐ b. chute d'une personne de plus de 65 ans.
☐ c. chute de sa hauteur sur la voie publique.
☐ d. aucune réponse ne convient.

❽ La fréquence des compressions thoraciques chez l'adulte est comprise entre :

☐ a. 100 et 120 compressions / minute.
☐ b. 120 et 130 compressions / minute.
☐ c. 110 et 130 compressions / minute.
☐ d. aucune réponse ne convient.

❾ La profondeur des compressions thoraciques chez l'adulte est :

☐ a. entre 5 et 7 cm.
☐ b. de 5 cm sans dépasser 6 cm.
☐ c. de 6 à 7 cm.
☐ d. aucune réponse ne convient.

❿ Le masque haute concentration délivre un air dont la concentration en oxygène (pour un débit entre 8 et 15 litres par minute) est comprise entre :

☐ a. 80 % et 100 %..
☐ b. 60 % et 70 %.
☐ c. 60 % et 90 %.
☐ d. aucune réponse ne convient.

⓫ L'objectif de saturation chez une victime insuffisant respiratoire chronique est de maintenir une SpO_2 :

☐ a. entre 89 % et 96 %.
☐ b. entre 89 % et 94 %.
☐ c. entre 90 % et 98 %.
☐ d. aucune réponse ne convient.

⓬ Une bouteille d'oxygène de 5 litres, lorsqu'elle est pleine, contient :

☐ a. 500 litres d'oxygène.
☐ b. 800 litres d'oxygène..
☐ c. 1 m^3 d'oxygène.
☐ d. aucune réponse ne convient.

⓭ Lorsque le nouveau-né ne respire pas à la naissance, il faut réaliser dans un premier temps :

☐ a. 30 insufflations en 2 minutes. .
☐ b. 40 insufflations en 1 minute..
☐ c. 60 insufflations en 1 minute.
☐ d. aucune réponse ne convient.

⓮ Lors d'un accident de plongée, il faut administrer de l'oxygène à l'aide d'un masque haute concentration :

☐ a. seulement si nécessaire.
☐ b. à un débit de 12 litres par minute..
☐ c. à un débit de 15 litres par minute.
☐ d. aucune réponse ne convient.

⓯ Chez une victime qui présente une détresse, les paramètres vitaux doivent être contrôlés :

☐ a. toutes les 2 minutes.
☐ b. toutes les 5 minutes.
☐ c. si nécessaire.
☐ d. aucune réponse ne convient.

⓰ Hors agglomération, lors d'un accident de la route, je balise ou fais baliser :

☐ a. à 100 m maximum du lieu de l'accident.
☐ b. en amont et en aval du lieu de l'accident.
☐ c. à une distance de 150 à 200 m du lieu de l'accident.
☐ d. aucune réponse ne convient.

⓱ Lors d'une suspicion d'accident vasculaire cérébral, quel(s) signe(s) est (sont) systématiquement recherché(s) :

☐ a. asymétrie faciale.
☐ b. régularité du pouls.

☐ c. anomalie d'extension des membres inférieurs.
☐ d. aucune réponse ne convient.

⑱ Lors d'une crise d'asthme, le secouriste doit :

☐ a. faciliter la respiration.
☐ b. administrer obligatoirement de l'oxygène.
☐ c. allonger la victime.
☐ d. demander un avis médical.

⑲ Une compression de membre est dite prolongée si :

☐ a. elle est supérieure à 2 heures.
☐ b. elle est supérieure à 4 heures.
☐ c. comprise entre 1 heure et 2 heures.
☐ d. aucune réponse ne convient.

⑳ Un adulte est en arrêt cardiaque. Les compressions thoraciques sont :

☐ a. pratiquées au rythme de 90 à 110 par minute.
☐ b. pratiquées au rythme de 100 à 120 par minute.
☐ c. d'une profondeur de 7 cm.
☐ d. d'une profondeur de 3 cm (soit 1/4 de la cage thoracique).

㉑ En lutte contre les incendies, combien de critères composent la marche générale des opérations (MGO) ?

☐ a. 8
☐ b. 10.
☐ c. 12.
☐ d. aucune réponse ne convient.

㉒ Dans le guide de doctrine opérationnelle (GDO) interventions sur les incendies de structures, à quoi correspond le D de l'acronyme A.I.D.E.S. ?

☐ a. désenfumer.
☐ b. dégager.
☐ c. détruire.
☐ d. déstructurer.

㉓ L'attaque de transition ou d'atténuation est :

☐ a. une attaque limitée dans le temps.
☐ b. effectuée depuis l'extérieur.
☐ c. effectuée avec un jet concentré.
☐ d. pratiquée avec un débit à la lance de 250 à 500 litres/min.

㉔ Les objectifs de la ventilation opérationnelle sont de :

☐ a. protéger.
☐ b. désenfumer.
☐ c. attaquer.
☐ d. diffuser.

㉕ Dans le GDO interventions sur les incendies de structures, l'appellation des façades des bâtiments est :

☐ a. 1, 2, 3, 4.
☐ b. Nord, Est, Sud, Ouest.
☐ c. A, B, C, D.
☐ d. aucune réponse ne convient.

㉖ L'équipement de base lors de l'établissement d'une ligne d'attaque sur prise d'eau comprend entre-autre :

☐ a. 1 lance et 1 commande pour le Chef Bat.
☐ b. 1 lampe et 1 portatif pour le Chef d'Agrès.
☐ c. 2 tuyaux de diamètre 45 pour l'équipier Bat.
☐ d. 1 caméra thermique pour l'équipier Bat.

27 Les pertes de charges sont :
☐ a. proportionnelles à la longueur de l'établissement.
☐ b. proportionnelles au carré du débit.
☐ c. indépendantes de la longueur de l'établissement.
☐ d. inversement proportionnelles au diamètre du tuyau.

28 Le refroidissement des fumées (Gaz Cooling) lors de techniques d'extinction dans des locaux enfumés :
☐ a. s'effectue avec un débit de 500 litres/min.
☐ b. peut être réalisé par impulsions courtes ou longues.
☐ c. s'effectue en jet droit.
☐ d. aucune réponse ne convient.

29 La Marche Générale des Opérations (MGO) en incendie comprend :
☐ a. la ventilation.
☐ b. l'alerte.
☐ c. la préservation des traces et indices.
☐ d. le placement des engins.

30 Le BAT effectue une LDV 500 à 500 litres/minute directement sur engin, de plain-pied au moyen de 3 tuyaux. Quelle pression à l'engin doit mettre le conducteur sachant que la pression à la lance est de 6 bars ?
☐ a. 7,32 bars.
☐ b. 7,50 bars.
☐ c. 9,20 bars.
☐ d. 9,60 bars.

31 Quelle est la définition du rayonnement ?
☐ a. C'est un mode de transfert de chaleur s'effectuant par l'intermédiaire d'un fluide en mouvement (liquide ou gaz).
☐ b. C'est un processus d'émission ou de propagation de l'énergie sous forme d'ondes électromagnétiques. Il ne nécessite pas de contact matériel.
☐ c. C'est un mode de transfert de chaleur de proche en proche par le matériel lui-même.
☐ d. Aucune réponse ne convient.

32 Un *Fire Gas Ignition* (FGI) est :
☐ a. un embrasement généralisé éclair.
☐ b. une explosion de fumée.
☐ c. l'inflammation de gaz issus d'un incendie.
☐ d. Aucune réponse ne convient.

33 Un PI de 150 est composé :
☐ a. d'un capot jaune et rouge.
☐ b. d'un capot bleu.
☐ c. d'une sortie de 70 mm et 2 de 100 mm.
☐ d. d'un volant manœuvrable par 13 tours.

34 La sécurisation d'une ambiance instable en situation proche du Flash-over peut être obtenue en :
☐ a. effectuant des impulsions en jet diffusé d'attaque.
☐ b. effectuant un balayage en jet droit.
☐ c. appliquant un débit de 100 à 300 litres/min à la LDV
☐ d. appliquant un débit de 500 litres/min à la LDV.

35 La ventilation opérationnelle est efficace avec un vent défavorable maximum de :

☐ a. 18 km/h.
☐ b. 28 km/h.
☐ c. 38 km/h.

36 Vous disposez d'une pompe électrique d'épuisement de débit nominal de 15 m^3/h. Un sous-sol de 9 m de long sur 5 m de large est inondé sur une hauteur de 1 m. Quelle sera la durée de l'opération de pompage ?

☐ a. 1h30.
☐ b. 2h00.
☐ c. 3h00.
☐ d. 3h30.

37 Lors d'une opération d'épuisement, le vide-cave peut être nécessaire. Quels sont les demi-raccords présents sur ce matériel ?

☐ a. 40 et 40.
☐ b. 40 et 65.
☐ c. 65 et 65.
☐ d. 65 et 100.

38 Quelles sont les dimensions et surface minimales d'une plateforme d'aspiration aménagée pour la mise en station d'une motopompe remorquable ?

☐ a. 4 m × 3 m = 12 m^2.
☐ b. 6 m × 2 m = 12 m^2.
☐ c. 4 m × 4 m = 16 m^2.
☐ d. 8 m × 4 m = 32 m^2.

39 Sur quel(s) type(s) d'ascenseur les sapeurs-pompiers sont-ils appelés à intervenir ?

☐ a. Électrique.
☐ b. Thermique.
☐ c. Hydraulique.
☐ d. Pneumatique.

40 Qu'est-ce que la hauteur géométrique d'aspiration ?

☐ a. Hauteur entre la crépine et l'axe de la pompe.
☐ b. Hauteur entre le plan d'eau et l'axe de la pompe.
☐ c. Hauteur entre le plan d'eau et le sol.
☐ d. Aucune réponse ne convient.

41 À quelle distance correspond le périmètre de sécurité pour l'abattage d'un arbre ?

☐ a. ½ fois sa hauteur.
☐ b. 1 fois sa hauteur.
☐ c. 1,5 fois sa hauteur.
☐ d. 2 fois sa hauteur.

42 Quel est le nom de l'incident principal d'une pompe centrifuge ?

☐ a. Déflagration.
☐ b. Cavitation.
☐ c. Vaporisation.
☐ d. Succion.

43 Comment s'appelle la distance à partir de laquelle un chien n'a plus comme option que l'attaque lors de sa capture ?

☐ a. Distance de fuite.
☐ b. Distance de défense.
☐ c. Distance d'attaque.
☐ d. Distance critique.

44 Lors de l'utilisation du lot de sauvetage et de protection contre les chutes pour protection individuelle, qui s'engage dans la progression ?

☐ a. Le chef d'agrès.
☐ b. Le chef d'équipe.
☐ c. L'équipier.
☐ d. Le binôme d'exploration.

45 Dans le zonage opérationnel, quelles zones peut-on trouver ?

☐ a. Zone d'exclusion.
☐ b. Zone contrôlée.
☐ c. Zone soutenue.
☐ d. Zone dite verte.

46 Sur un appareil respiratoire isolant à circuit ouvert « ARICO », la pression minimale d'engagement (pour une bouteille de 300 bars) est de :

☐ a. 250 bars.
☐ b. 270 bars.
☐ c. 280 bars.
☐ d. ne doit pas être inférieure à la pression nominale de la bouteille moins 10 %.

47 Quelle est la longueur de la liaison personnelle courte ?

☐ a. 1,25 mètre.
☐ b. 1,50 mètre.
☐ c. 1,75 mètre.
☐ d. 4,75 mètres.

48 Lors d'un sauvetage par l'extérieur « équipier point fixe », quelle doit être la hauteur minimale entre le frein de charge et le point d'appui sur le passage dans le vide de la corde ?

☐ a. 20 cm.
☐ b. 90 cm.
☐ c. 0,80 m.
☐ d. 90 degrés.

49 Lors de la mise en place d'une échelle à coulisse 2 plans, le pied d'échelle doit être de :

☐ a. 1/5 de la longueur développée + 0,60 m.
☐ b. 1/3 de la longueur développée.
☐ c. 1/3 de la longueur développée + 0,60 m.
☐ d. 1 pas par étage.

50 Parmi les accessoires utilisés avec les appareils respiratoires, que veut dire « BSD » ?

☐ a. Balise Sonore et de Détresse.
☐ b. Boîtier Sonore et de Détresse.
☐ c. Balise de Sécurité et de Détresse.
☐ d. Boîtier de Sécurité et de Détresse.

51 Comment se nomme la procédure permettant le vote d'une loi et qui a lieu entre le Sénat et L'Assemblée nationale ?

☐ a. La navette parlementaire.
☐ b. La navette juridique.
☐ c. La navette décisionnelle.
☐ d. Aucune réponse ne convient.

52 Qui assure l'intérim en cas de décès du Président de la République française ?

☐ a. Le président du Sénat.
☐ b. Le Premier ministre.
☐ c. Le ministre de l'Intérieur.
☐ d. Le Général des Armées.

53 De combien de départements métropolitains et d'outre-mer la France est-elle composée ?

☐ a. 13.
☐ b. 18.
☐ c. 96.
☐ d. 101.

54 De combien de régions métropolitaines la France est-elle composée ?

☐ a. 10.
☐ b. 13.
☐ c. 15.
☐ d. 17.

55 Combien de mandat le Président de la République peut-il réaliser de façon successive ?

- ☐ a. 1 seul.
- ☐ b. 2.
- ☐ c. 3.
- ☐ d. Sans limitation.

56 Les élections législatives ont lieu en France :

- ☐ a. Tous les 2 ans.
- ☐ b. Tous les 4 ans.
- ☐ c. Tous les 5 ans.
- ☐ d. Tous les 7 ans.

57 Parmi ces documents, lesquels font partie des cinq documents obligatoires pour un SDIS ?

- ☐ a. Le règlement Intérieur.
- ☐ b. Le règlement Opérationnel.
- ☐ c. Le SDACR.
- ☐ d. L'Ordre de Base Départemental des Systèmes d'Information et de Communication.

58 Un SDIS est placé sous la double autorité :

- ☐ a. du Président du Conseil d'Administration.
- ☐ b. du préfet.
- ☐ c. du DDSIS.
- ☐ d. du Médecin Chef du SDIS.

59 Quelle est la plus haute juridiction de l'ordre administratif français ?

- ☐ a. Le Conseil d'État.
- ☐ b. La Cour de cassation.
- ☐ c. Le tribunal administratif.
- ☐ d. Le tribunal judiciaire.

59 Les sanctions disciplinaires applicables aux fonctionnaires titulaires se répartissent en :

- ☐ a. 2 groupes
- ☐ b. 4 groupes
- ☐ c. 6 groupes
- ☐ d. 8 groupes.

Corrigé

1 a. D'arrêter immédiatement l'hémorragie, b. De rechercher une détresse circulatoire et c. De se protéger en portant des gants à usage unique.

2 a. Une perturbation de l'activité électrique cérébrale et b. Une perte de connaissance.

3 b. En dessous de 60 mg/dl.

4 b. 15 compressions / 2 insufflations.

5 b. comprise entre 32°C et 35°C.

6 b. Son étendue et c. Son aspect.

7 a. Victime éjectée d'un véhicule lors de la collision, b. Chute d'une personne de plus de 65 ans et c. Chute de sa hauteur sur la voie publique.

8 a. 100 et 120 compressions / minute.

9 b. De 5 cm sans dépasser 6 cm.

⑩ a. 80 % et 100 %.

⑪ d. Aucune réponse ne convient.

⑫ c. 1 m^3 d'oxygène.

⑬ d. Aucune réponse ne convient.

⑭ c. À un débit de 15 litres par minute.

⑮ b. Toutes les 5 minutes.

⑯ c. À une distance de 150 à 200 m du lieu de l'accident.

⑰ a. Asymétrie faciale et c. Anomalie d'extension des membres inférieurs.

⑱ d. Demander un avis médical.

⑲ a. Elle est supérieure à 2 heures.

⑳ a. Pratiquées au rythme de 90 à 110 par minute.

㉑ d. Aucune réponse ne convient.

㉒ a. Désenfumer.

㉓ a. Une attaque limitée dans le temps, b. Effectuée depuis l'extérieur, c. Effectuée avec un jet concentré et d. Pratiquée avec un débit à la lance de 250 à 500 litres/min.

㉔ b. Désenfumer

㉕ c. A, B, C, D.

㉖ a. 1 lance et 1 commande pour le Chef Bat, b. 1 lampe et 1 portatif pour le Chef d'agrès et c. 2 tuyaux de diamètre 45 pour l'équipier Bat.

㉗ a. Proportionnelles à la longueur de l'établissement, b. Proportionnelles au carré du débit et d. Inversement proportionnelles au diamètre du tuyau

㉘ b. Peut être réalisé par impulsions courtes ou longues et c. S'effectue en jet droit.

㉙ a. La ventilation, c. La préservation des traces et indices et d. Le placement des engins.

㉚ d. 9,60 bars.

㉛ b. C'est un processus d'émission ou de propagation de l'énergie sous forme d'ondes électromagnétiques. Il ne nécessite pas de contact matériel.

㉜ a. Un embrasement généralisé éclair et c. L'inflammation de gaz issus d'un incendie.

㉝ c. D'une sortie de 70 mm et 2 de 100 mm.

㉞ b. Effectuant un balayage en jet droit et c. Appliquant un débit de 100 à 300 litres/min à la LDV.

㉟ a. 18 km/h.

㊱ c. 3h00.

㊲ d. 65 et 100.

㊳ d. 8 m × 4 m = 32 m^2.

㊴ a. Électrique, b. Thermique, c. Hydraulique et d. Pneumatique

㊵ b. Hauteur entre le plan d'eau et l'axe de la pompe.

41 d. 2 fois sa hauteur.

42 b. Cavitation.

43 d. Distance critique.

44 b. Le chef d'équipe.

45 a. Zone d'exclusion et b. Zone contrôlée

46 b. 270 bars et d. Ne doit pas être inférieure à la pression nominale de la bouteille moins 10 %.

47 a. 1,25 mètre.

48 a. 20 cm.

49 a. 1/5 de la longueur développée + 0,60 m.

50 c. Balise de Sécurité et de Détresse.

51 a. La navette parlementaire.

52 a. Le président du Sénat.

53 c. 96.

54 b. 13.

55 b. 2.

56 c. Tous les 5 ans.

57 a. Le règlement Intérieur, b. Le règlement Opérationnel et c. Le SDACR.

58 a. Le Président du Conseil d'Administration et b. le Préfet.

59 a. Le Conseil d'État.

60 b. 4 groupes.

PARTIE 3

Réussir les **épreuves physiques de préadmission**

Planning de révisions

La réussite aux épreuves physiques et sportives implique une bonne condition physique et une préparation sportive spécifique. Cette mise en condition physique nécessite une préparation s'échelonnant sur au moins trois mois, à raison de deux à trois séances hebdomadaires.

À titre indicatif, nous vous indiquons un planning de préparation aux épreuves physiques et sportives :

PÉRIODES	NOTIONS À ABORDER	OUTILS/CONSEILS
Au moins 3 mois avant le début des épreuves d'admission	Bilan de la condition physique	Faire une course à pied d'au moins 2 kilomètres, nager 50 mètres (un autre jour), faire 10 pompes et 3 tractions (un autre jour)
Au moins 3 mois avant le début des épreuves d'admission	Connaître les épreuves sportives	Présentation des épreuves p. 227
Au moins 3 mois avant le début des épreuves d'admission	En fonction de la connaissance acquise de ses points forts et de ses points faibles, établir un programme d'entraînement	Méthodologie p. 227 Suivi des progrès effectués dans un carnet personnel
Au moins 1,5 mois avant le début des épreuves d'admission	Réalisation dans les conditions de l'épreuve d'un bilan noté des épreuves	Description et barème des épreuves p. 227 et 233
Au moins 1,5 mois avant le début des épreuves d'admission	En fonction du bilan noté des épreuves, ajustements éventuels	Méthodologie p. 227 Suivi des progrès effectués dans un carnet personnel
Une semaine avant les épreuves d'admission	Préservation du risque de blessure en diminuant l'entraînement	Méthodologie p. 234

1. Présentation des épreuves

Pour chaque candidat, la préadmission comprend trois épreuves d'exercices physiques réalisées dans l'ordre suivant :

- **une épreuve de natation** (50 mètres en nage libre) ;
- **une épreuve de parcours professionnel adapté** ;
- **une épreuve d'endurance cardio-respiratoire** (Luc Léger).

Une pause d'une heure au moins devra séparer chacune des épreuves. Le candidat n'a droit qu'à un seul essai par épreuve.

Les barèmes appliqués tiennent compte de la performance réalisée et du sexe du candidat. Toutefois, lors de l'impression de ce manuel, les barèmes indiqués ne sont pas encore confirmés par un arrêté publié au Journal Officiel. Les candidats aux concours sont donc invités à se les faire confirmer auprès du service organisateur du concours.

La note finale des épreuves d'exercices physiques est obtenue en opérant la moyenne, au centième par défaut, des notes attribuées au candidat aux épreuves de parcours professionnel adapté et d'endurance cardio-respiratoire conformément aux barèmes de notation, distincts pour les hommes et les femmes. La moyenne des notes obtenues est affectée d'un coefficient 4.

Le candidat est éliminé et ne peut participer à l'admission :

– s'il est en échec à l'épreuve de natation ;

– s'il obtient une note inférieure à 5/20 au parcours professionnel adapté ou au Luc Léger ;

– s'il obtient une moyenne inférieure à 8/20 à ces deux dernières épreuves.

La non-participation à l'ensemble des épreuves physiques et sportives ou à l'une des épreuves entraîne également l'élimination du candidat.

L'absence de présentation du certificat médical de non-contre-indication à l'exécution des épreuves sportives entraîne la note de 0 sur 20 aux épreuves.

Toute contre-indication à la pratique d'un exercice d'une épreuve entraîne la note de 0 à cette épreuve.

Notons que les dérogations pour les candidats blessés en service et les femmes enceintes, jusque-là prévues uniquement pour les capitaines (art. 4 du décret n° 2017-142), sont étendues aux concours de caporal et de lieutenant. Ces candidats se voient créditer d'une note égale à la moyenne des notes obtenues par l'ensemble des candidats aux épreuves physiques de préadmission, dans la limite de 10 sur 20.

En effet, par dérogation, les candidats peuvent bénéficier d'une dispense des épreuves sportives à la suite d'une blessure en service. Ils doivent produire préalablement aux épreuves une attestation administrative justifiant que l'altération de leur état de santé résulte d'une blessure en service, et fournir un certificat médical établissant que leur état de santé ne leur permet pas de participer aux épreuves du concours du fait des séquelles de cette blessure.

Les femmes enceintes ou venant d'accoucher et bénéficiant du délai légal postnatal, en possession d'un certificat médical justifiant que leur état de santé ne leur permet pas de participer aux épreuves du concours, sont elles aussi dispensées des épreuves.

En revanche, les candidats qui se blessent au cours d'une épreuve physique obtiendront la note prévue par le barème au moment où ils s'arrêtent.

1. Épreuve de natation

A. Tenue

Cette épreuve se déroule en maillot de bain (slip de bain pour les hommes, maillot une ou deux pièces pour les femmes). Toute autre tenue est interdite (ex : short de bain, combinaison).

À l'exception du bonnet de bain, aucun accessoire n'est autorisé.

Les verres de contact peuvent être portés sans lunettes de natation sous la seule responsabilité du candidat.

B. Description

Le candidat doit sauter ou plonger du bord de la piscine afin d'effectuer un parcours de 50 mètres en nage libre sans arrêt.

En cas d'utilisation d'un bassin de 25 mètres, seul le plan vertical du mur devra être touché par une partie quelconque du corps au moins lors du virage.

Le candidat n'a droit qu'à un seul essai.

C. Barème

Pour être déclaré en réussite, le candidat doit réaliser l'épreuve dans un temps maximum de 50 secondes pour les hommes et d'une minute pour les femmes. À défaut, le candidat est déclaré en échec.

2. Épreuve de parcours professionnel adapté

A. Tenue

Cette épreuve se déroule en tenue de sport, le candidat est équipé pendant toute la durée de l'épreuve d'une charge dorsale fixée sur un dossard d'ARI (appareil respiratoire isolant) dont la masse totale est de 22 kg plus ou moins 500 grammes.

À l'exception de la magnésie, qui est autorisée, toute autre substance additionnelle ou tout autre accessoire sont interdits (ex : gants et assimilés, protection de genoux…).

B. Déroulement chronologique de l'épreuve

L'épreuve consiste à réaliser un parcours comprenant six étapes. Chaque étape doit être validée par le candidat pour qu'il puisse poursuivre le parcours à l'étape suivante.

Le chronomètre est déclenché lorsque le candidat se met en mouvement pour commencer le parcours.

Un examinateur accompagne le candidat tout au long du parcours. Chaque faute constatée par l'examinateur sera indiquée au candidat qui devra la corriger immédiatement conformément au descriptif qui suit.

C. Descriptif des étapes

L'ensemble des étapes se déroule sur une piste délimitée par deux lignes espacées de 18 mètres avec une zone supplémentaire de 1 mètre de part et d'autre désignée « zone de 1 m en bout de piste » (piste de l'épreuve du Luc Léger).

- **Étape 1 :**

Cette étape se déroule sur une piste délimitée par deux lignes espacées de 18 mètres et la zone de 1 m en bout de piste.

Avant le départ, les deux pieds du candidat se trouvent avant la ligne délimitant la piste. Le candidat réalise un aller-retour en franchissant la ligne opposée délimitant la piste située à 18 mètres avec au moins un pied qui devra toucher le sol et repartir en sens inverse pour revenir à sa place initiale.

Dans la zone de 1 m en bout de piste, se trouve une barre fixe de 2,5 à 3,5 centimètres de diamètre, placée à une hauteur minimale d'1,90 mètre qui permet au candidat de se suspendre totalement sans toucher le sol et sans que l'espace libre ne soit supérieur à 30 cm environ. Un dispositif de 5 cm de largeur (plus ou moins 1 cm) et 5 cm de diamètre (plus ou moins 1 cm) est fixé au centre de la barre. Le candidat saisit librement la barre fixe à deux mains qu'il place d'un côté du repère central. D'une position stationnaire, où seules les mains sont en contact avec la barre fixe et les pieds décollés du sol, le candidat réalise une translation afin de saisir des deux mains la barre de l'autre côté du repère. Il réalise ensuite une nouvelle translation afin de saisir des deux mains la barre de l'autre côté du repère, lieu de position de départ, puis repose les pieds au sol

L'étape n° 1 est validée lorsque le candidat descend de la barre fixe et se tient en station debout sur ses deux pieds.

Étape 2 :

Cette étape se déroule sur une piste délimitée par deux lignes espacées de 18 mètres. Le centre d'un obstacle d'une longueur de 3 mètres, d'une largeur de 25 centimètres et d'une hauteur de 30 centimètres (banc suédois) est placé à mi-distance, dans le sens longitudinal de la piste. Deux repères visuels placés à 50 centimètres de chaque extrémité du banc déterminent la zone d'entrée et de sortie de cet obstacle.

Avant le départ, les deux pieds du candidat se trouvent avant la ligne délimitant la piste. Le candidat saisit une charge de 20 kg (sac à poignée centrale) dans une main et parcourt un aller de 18 mètres qui comprend la traversée de l'obstacle de bout en bout. La montée sur l'obstacle se fait par l'appui de tout ou partie d'un pied au moins dans la zone d'entrée. La descente de l'obstacle se fait après l'appui au moins de tout ou partie d'un pied dans la zone de sortie.

Le candidat franchit la ligne délimitant la piste située à 18 mètres, dépose la charge de 20 kg au sol derrière la ligne et la saisit avec l'autre main. Il réalise le trajet retour en franchissant l'obstacle dans les mêmes conditions que durant le trajet aller.

L'étape n° 2 est validée lorsque le candidat franchit entièrement le banc et pose les deux pieds au sol.

Étape 3 :

Cette étape se déroule à l'aide de deux marches matérialisées par une marche placée contre le banc en son centre et le banc lui-même ainsi que deux charges de 20 kg chacune (sacs à poignées centrales).

Dès la descente du banc au terme de l'étape 2, le candidat saisit la seconde charge de 20 kg placée sur la première marche. Une charge dans chaque main, soit 40 kg, le candidat effectue 10 montées et descentes sur les marches telles que définies ci-dessus.

À chaque reprise, les deux pieds ont un appui sur le sol et sur la surface supérieure du banc. Le nombre de réalisations validées est compté à voix haute par l'examinateur.

Lorsque l'examinateur a compté 10, le candidat dépose l'une des deux charges sur l'emplacement initial et termine le trajet retour de l'étape 3 pour franchir la ligne délimitant la piste située à 18 mètres.

L'étape n° 3 est validée lorsque le candidat franchit entièrement la ligne délimitant la piste.

Étape 4 :

Cette étape se déroule à l'aide d'une charge de 10 kg (sac à poignées) et d'un repère visuel à une hauteur de 1,60 m sur un support vertical positionné dans la zone d'un mètre en bout de piste.

Le candidat saisit la charge de 10 kg placée au sol et touche alternativement le repère puis le sol sans lâcher la charge. Il répète 10 fois cet exercice.

Chaque touché au sol validé est compté à voix haute par l'examinateur.

L'étape n° 4 est validée lorsque l'examinateur a compté le dixième touché au sol.

Étape 5 :

Cette étape se déroule sur une piste délimitée par deux lignes espacées de 18 mètres. Un obstacle dans le sens longitudinal de la piste, dont le centre est placé à mi-distance, est matérialisé par un dispositif en tunnel de 3 mètres de longueur, de 1,20 mètre de largeur minimum et d'une hauteur comprise entre 65 et 70 centimètres.

Une charge de 40 kg, munie d'une sangle de 1,20 m, est placée dans l'axe du tunnel au-delà de la ligne opposée dans la zone de 1 m en bout de piste.

En restant dans la zone d'un mètre en bout de piste, le candidat saisit une corde de 12 mm de diamètre (type LSPCC) reliée à la charge et la tracte vers lui sur 18 m jusqu'à ce que celle-ci franchisse entièrement la ligne délimitant la piste.

Durant la traction, au moins un pied du candidat se trouve dans la zone de 1 m en bout de piste. Le candidat saisit alors la charge par la sangle et retourne la déposer à sa place initiale en passant sous l'obstacle.

Enfin, le candidat réalise le trajet retour en passant sous l'obstacle.

L'étape n° 5 est validée lorsque le candidat franchit entièrement la ligne délimitant la piste avec au moins un pied.

Étape 6 :

Cette étape se déroule sur une piste délimitée par deux lignes espacées de 18 mètres.

Avant le départ, les deux pieds du candidat se trouvent avant la ligne délimitant la piste dans la zone de 1 m en bout de piste. Le candidat saisit une charge de 20 kg dans chaque main, soit 40 kg. Le candidat réalise des allers-retours sur la piste de 18 mètres.

À chaque extrémité, le candidat devra franchir entièrement la ligne délimitant la piste avec au moins un pied qui devra toucher le sol et repartir en sens inverse.

Le candidat est autorisé à poser une ou deux charges dans les zones de 1 m en bout de piste uniquement, les reprendre et poursuivre l'étape.

Si l'une ou les deux charges touchent le sol entre les deux lignes délimitant la piste de 18 m, cette distance n'est pas validée ni comptée et le candidat devra regagner l'une des zones de 1 m en bout de piste afin de poursuivre l'étape.

Chaque distance de 18 mètres validée est comptée à voix haute par l'examinateur. L'étape n° 6 s'arrête lorsque :

- le candidat valide 15 fois la distance de 18 mètres ;
- le temps imparti est écoulé ;
- le candidat abandonne.

D. Barème

L'épreuve du parcours de robustesse est notée sur 20 points.

Le temps imparti est de 4 minutes pour les hommes et 5 minutes trente secondes pour les femmes.

Lorsque le temps imparti est écoulé, l'épreuve s'arrête.

Chacune des cinq premières étapes validée compte pour un point.

Au cours de l'étape 6, chacune des distances de 18 mètres validées compte pour un point.

3. Épreuve d'endurance cardio-respiratoire (Luc Léger)

A. Tenue

Cette épreuve se déroule en tenue de sport, avec chaussures sans pointe. Un dossard numéroté identifie chaque candidat.

B. Description

Cette épreuve consiste à courir en navette sur une piste délimitée par deux lignes espacées de 20 mètres au rythme d'une bande sonore qui indique au candidat le nombre de paliers atteints. Les lignes font partie de la piste. En début d'épreuve, la vitesse est lente puis elle augmente par palier toutes les soixante secondes.

Avant le départ, les deux pieds du candidat se trouveront avant la ligne délimitant la piste.

Le candidat qui glisse ou tombe pendant l'épreuve est autorisé à la poursuivre dans la mesure où cette chute ne modifie pas le nombre de navettes.

Le candidat doit régler sa vitesse de manière à se trouver en bout de piste au moment où retentit le signal sonore. À chaque fois, le candidat devra franchir entièrement la ligne délimitant la piste avec au moins un pied qui devra toucher le sol et repartir en sens inverse. À chacune des extrémités de la piste, un volume de tolérance sera matérialisé au sol par une ligne, faisant partie de ce volume, tracée à un mètre avant la ligne délimitant la piste et à l'intérieur de celle-ci. Le volume de tolérance s'inscrit entre ces deux lignes. Lorsque le signal sonore retentit, le candidat devra être entré à l'aide d'une partie quelconque du pied dans le volume de tolérance d'un mètre. L'épreuve prend fin lorsque le candidat ne peut plus suivre l'allure imposée, c'est-à-dire :

- lorsqu'il n'est pas entré à l'aide d'une partie quelconque du pied dans le volume de tolérance d'un mètre lorsque le signal sonore retentit ;
- lorsqu'il ne franchit pas entièrement la ligne délimitant la piste avec au moins un pied qui devra toucher le sol ;
- ou lorsqu'il abandonne.

C. Barème

L'épreuve d'endurance cardio-respiratoire est notée sur 20 points selon le barème suivant :

Barème d'évaluation endurance cardio-respiratoire

Note	Homme	Femme
20	14 P	11 P
19	13 P 45 sec	10 P 45 sec
18	13 P 30 sec	10 P 30 sec
17	13 P 15 sec	10 P 15 sec
16	13 P	10 P
15	12 P 45 sec	9 P 45 sec
14	12 P 30 sec	9 P 30 sec
13	12 P 15 sec	9 P 15 sec
12	12 P	9 P
11	11 P 30 sec	8 P 45 sec
10	11 P	8 P 30 sec
9	10 P 30 sec	8 P
8	10 P	7 P 30 sec
7	9 P 30 sec	7 P
6	9 P	6 P 30 sec
5	8 P 30 sec	6 P
4	8 P	5 P 30 sec
3	7 P 30 sec	5 P
2	7 P	4 P 30sec
1	6 P 30 sec	4 P
0	6 P	3 P 30 sec

2. L'importance d'une préparation régulière

1. Conseils généraux

En raison de leur caractère éliminatoire, les épreuves physiques et sportives doivent être préparées avec le plus grand sérieux.

En premier lieu, rappelez-vous que, pour être en bonne condition physique, il faut se nourrir sainement. Dans cette optique, évitez de manger entre les repas. Commencez la journée par un solide petit-déjeuner, mangez raisonnablement à midi et faites un repas léger le soir.

Si vous êtes en surpoids, la préparation physique au concours est le moment idéal pour faire un régime.

En toute hypothèse, nous vous conseillons de réduire le plus possible les aliments trop gras ou trop sucrés, ainsi que les boissons sucrées. Privilégiez les fruits et les légumes, ainsi que les sucres lents (riz, pâtes, féculents, pain…) en vue des efforts physiques.

La réussite aux épreuves physiques et sportives implique une bonne condition physique et une préparation sportive spécifique. Cette mise en condition physique nécessite une préparation s'échelonnant sur au moins trois mois, à raison de deux à trois séances hebdomadaires.

Commencez doucement votre entraînement, en prenant en compte votre niveau physique de départ. Augmentez peu à peu la durée et l'intensité des séances.

Profitez au maximum des espaces verts (jardins, bois, campagne…) près de chez vous. Vous pouvez également vous servir utilement des « parcours sentier » et des appareils de musculation douce qui se développent de plus en plus dans les jardins publics. Ces différents agrès vous permettront de vous renforcer musculairement de manière assez souple et naturelle.

Compte tenu du caractère tout à fait spécifique des différentes épreuves, il est essentiel de vous y préparer spécialement : entraînez-vous dans les conditions des épreuves. Utilisez les descriptions données ci-avant pour réaliser les exercices physiques et sportifs demandés lors des épreuves de sélection.

En toute hypothèse, nous vous donnons les conseils suivants de préparation physique :

– établissez un planning réaliste de préparation physique (tenez compte de vos impératifs personnels et de votre condition physique initiale, prenez en considération vos atouts et vos faiblesses, modulez vos efforts dans un souci de régularité de l'entraînement) ;

– entraînez-vous à la course à pied de manière régulière (au moins une ou deux sorties par semaine). Travaillez autant en endurance (sorties allongées de manière progressive) qu'en résistance (alternance de courses rapides et de temps de repos, afin d'améliorer vos capacités de « cardio » et de récupération) ;

– pour préparer l'épreuve de natation, un entraînement hebdomadaire à la piscine est un objectif raisonnable ;

– pour les exercices physiques, privilégiez les exercices effectués avec le poids du corps (accroupissements et fléchissements, sauts sur place, pompes et tractions) et les abdominaux. La fréquence idéale est de pratiquer ces exercices chaque jour, ou au moins tous les deux jours ;

– commencez chaque entraînement par un échauffement et des étirements musculaires, pendant au moins 10 minutes ;

– étirez-vous systématiquement après chaque entraînement ou exercice, pendant 10 à 15 minutes ;

– notez votre programme, vos performances et l'intensité de votre entraînement. Ce sera un facteur de motivation supplémentaire pour vous.

Lorsque vous travaillez sur des exercices variés, et à plus forte raison lorsque vous ferez en « examen blanc » les différentes épreuves du concours, pensez à bien vous étirer et à travailler sur des phases rapides de récupération. À titre d'illustration de cette nécessité, il est possible de citer cet extrait d'un rapport de jury : « Quelques remarques ont été recueillies sur place sur la difficulté pour les candidats de gérer les temps de repos et de récupération dans le gymnase où les épreuves s'enchaînent parfois, sans indication d'horaire. »

Enfin, n'oubliez pas que, si vous avez besoin de conseils, vous pouvez toujours solliciter les casernes de sapeurs-pompiers qui disposent en leur sein d'instructeurs d'éducation physique.

2. Conseils pour la veille du jour de l'épreuve

Lors de votre dîner la veille de l'épreuve, mangez des sucres lents (pains, pâtes, riz, céréales…).

Ne faites pas de sport pour éviter tout risque de blessure.

Préparez dans un sac votre tenue de sport : maillot de bain, bonnet de bain, serviette, chaussures, pantalon ou short, t-shirt de sport. La tenue ne doit pas constituer un handicap pour vous : ne portez rien pouvant vous gêner (vêtements trop amples) ou vous blesser (chaînes, bagues…). Les jeunes femmes veilleront également à se munir d'un élastique pour attacher leurs cheveux s'ils sont longs.

Ajoutez dans votre sac une bouteille d'eau et un petit quelque chose à grignoter (fruits secs, barres de céréales…).

3. Conseils pour le jour des tests physiques

Écoutez de manière très attentive les consignes données aux candidats par les examinateurs. Si vous ne suivez pas de manière scrupuleuse les consignes d'exécution des épreuves physiques, vous pourriez être sanctionné.

En cas de doute, n'hésitez surtout pas à poser des questions avant votre passage.

Pensez à bien vous échauffer pour éviter tout risque de blessure.

De même, pensez à vous étirer à l'issue des épreuves sportives. La journée sera longue et il vous faudra être bien détendu pour la suite des épreuves de sélection.

10 ERREURS À NE PAS COMMETTRE

1. Pratiquer des sports violents au risque de se blesser et se voir déclaré inapte aux épreuves physiques.
2. Se relâcher dans son programme d'entraînement sportif.
3. Ne pas se coucher à heures fixes au moins une semaine avant les épreuves.
4. Faire du sport la veille des épreuves au risque de se blesser.
5. Oublier son certificat médical le jour des épreuves.
6. Avoir une tenue de sport inadaptée (chaussures trop petites, neuves ou trop usagées...).
7. Oublier de prendre une serviette, son maillot de bain, sa tenue de sport et une bouteille d'eau pour le jour des épreuves.
8. Ne pas écouter attentivement les consignes pour le déroulement attendu des épreuves sportives.
9. Hésiter à poser une question si un point n'est pas clair dans les consignes.
10. Abandonner la pratique du sport une fois les épreuves passées.

10 CONSEILS À SUIVRE

1. Commencez le plus tôt possible un entraînement physique et débutez-le de manière progressive.
2. Entraînez-vous chaque semaine à la natation.
3. Comprenez bien la nature des épreuves physiques.
4. Adaptez votre entraînement physique aux épreuves physiques.
5. Mangez sainement.
6. Commencez à perdre du poids si vous êtes en surpoids.
7. Prenez des habitudes saines de vie (dormir à heures régulières, diminution ou suppression des cigarettes et de l'alcool).
8. Étirez-vous bien après chaque entraînement physique.
9. Pratiquez la course à pied en endurance et en résistance.
10. Notez votre programme d'entraînement et vos progrès.

PARTIE 4

Réussir l'épreuve orale d'admission : l'entretien avec le jury

Planning de révisions

À titre indicatif, nous vous indiquons un planning de préparation à l'entretien avec le jury :

PÉRIODES	NOTIONS À ABORDER	VOS OUTILS
Période 1 Une ou deux semaines	Présentation de l'épreuve d'entretien avec le jury	Méthodologie et conseils p. 239
Période 2 Une ou deux semaines	Méthodologie de l'épreuve orale	Méthodologie et conseils p. 242
Période 3 Deux ou trois semaines	L'environnement professionnel des sapeurs-pompiers et le suivi de l'actualité	Tout le cours p. 252
Période 4 Deux ou trois semaines	La présentation devant le jury	Méthodologie et conseils p. 249
Période 5 Une ou deux semaines	Les réponses aux questions du jury	Entraînement p. 291
Période 6 Deux ou trois semaines	Entraînements à l'aide des simulations d'entretien	Simulations d'entretien commentées p. 297

1. Présentation de l'épreuve

L'épreuve d'admission du concours consiste en un entretien individuel avec le jury, d'une durée de **quinze minutes** dont cinq minutes au plus de présentation. **Le coefficient de l'épreuve est de 4.**

L'épreuve d'entretien avec le jury a pour point de départ une **présentation du candidat**. Cet exposé est **suivi d'une conversation avec le jury** visant à apprécier, le cas échéant sous forme d'une mise en situation professionnelle, la capacité du candidat à analyser son environnement professionnel.

Cet entretien est destiné à permettre au jury d'apprécier la personnalité du candidat, sa motivation et ses capacités à exercer les emplois tenus par les caporaux, ainsi que ses connaissances sur l'environnement professionnel.

Cette épreuve ne comporte pas de programme.

1. Les critères d'appréciation (tous concours)

L'épreuve permet au candidat de faire la preuve de sa capacité à :

- **Gérer son stress :**
  – en livrant sa présentation personnelle et en apportant des réponses sans précipitation excessive, sans hésitations préoccupantes ;
  – en sachant garder, même s'il se trouve en difficulté sur une question, une confiance en soi suffisante pour la suite de l'entretien.
- **Communiquer :**
  – en ayant réellement le souci d'être compris, grâce à une expression claire ;
  – en s'exprimant à haute et intelligible voix ;
  – en adoptant une élocution ni trop rapide, ni trop lente ;
  – en s'adressant à l'ensemble du jury sans privilégier abusivement un seul interlocuteur.
- **Apprécier justement sa hiérarchie :**
  – en adoptant un comportement adapté à sa « condition » de candidat face à un jury ;

– en sachant ne pas être péremptoire, excessivement sûr de soi ni contester les questions posées ;

– en sachant argumenter en cas de désaccord avec le jury.

- **Mettre en œuvre curiosité intellectuelle et esprit critique :**

– en sachant analyser l'actualité ;

– en manifestant une réelle connaissance de l'environnement professionnel du SDIS ;

– en sachant opposer des arguments fondés à ceux du jury ;

– en sachant profiter d'une question pour valoriser des connaissances pertinentes.

2. Les critères d'appréciation (concours réservé aux SPV)

Cette épreuve doit également permettre au jury d'interroger le candidat sur son expérience de sapeur-pompier volontaire, sur ses motivations et ses capacités à exercer des fonctions prévues au grade de caporal de sapeurs-pompiers professionnels. Elle doit aussi conduire à évaluer ses connaissances techniques, sa capacité d'adaptation.

Le candidat sera ainsi évalué sur sa capacité à :

– connaître les fonctions qu'il est susceptible d'occuper ;

– démontrer une réelle connaissance de l'environnement professionnel du SDIS ;

– exprimer sa motivation à devenir sapeur-pompier professionnel et son aptitude à se projeter dans les fonctions de caporal ;

– synthétiser et valoriser son expérience en tant que sapeur-pompier volontaire (formation, présentation de son unité, interventions marquantes, polyvalence des missions…) ;

– proposer des solutions concrètes aux mises en situation professionnelles (techniques, déontologiques ou relationnelles) proposées par le jury ;

– s'exprimer de manière claire, synthétique et précise ;

– faire preuve d'une bonne maîtrise de soi et adopter un comportement adapté à sa « position » de candidat face à un jury.

À titre d'exemple, voici une grille interne au jury lors de l'épreuve orale d'admission qui synthétise et reprend les critères d'évaluation du candidat.

Exemple de grille d'évaluation du jury lors de l'épreuve d'entretien

CONCOURS DE SAPEUR-POMPIER PROFESSIONNEL

EPREUVE D'ENTRETIEN AVEC UN JURY

Nom : Prénom :

GRILLE TYPE D'EVALUATION

CRITERES SAVOIR ETRE	négatif			N	positif			OBSERVATIONS	TOTAL
	0,5	0,5	0,5	1,5	0,5	0,5	0,5		
Présentation									
Expression orale									
Culture générale									
Motivation									
Cohérence									
CRITERES SAVOIR-FAIRE	négatif			N	positif			OBSERVATIONS	TOTAL
	0,25	0,25	0,25	0,5	0,25	0,25	0,25		
Vie collective									
Forme physique									
Sens du service public									
Expérience vécue									
								TOTAL	

ETAT RECAPITULATIF :

CRITERES	TOTAL DES NEGATIFS	TOTAL DES N	TOTAL DES POSITIFS
Savoir être			
Savoir-faire			
Cumul			

OBSERVATIONS EVENTUELLES : ______________________

____

____

NOTE FINALE APRES PEREQUATION : / 20

2. L'épreuve, étape par étape

L'épreuve d'entretien avec le jury est importante dans la mesure où, en raison de sa nature particulièrement sélective, elle déterminera véritablement si oui ou non vous deviendrez caporal de sapeurs-pompiers professionnels. Il est donc essentiel de bien s'y préparer avant le concours, afin de faire la meilleure impression possible et de pouvoir mettre vos qualités en avant.

Étape 1 : Se tenir informé de l'actualité

D'une manière générale, il est essentiel de se tenir informé de l'actualité dès le début de votre préparation au concours. Pour cela, il ne suffit pas d'écouter une station de radio ou une chaîne de télévision consacrée uniquement à l'information en continu. Vous devez absolument prendre le temps de lire un quotidien (idéalement un quotidien national : *Le Monde*, *Le Figaro*, *L'Opinion*, *Libération*, *La Croix*…) et un hebdomadaire d'actualité (*L'Obs*, *Le Point*, *Valeurs actuelles*, *L'Express*, *Marianne*…). Nous vous invitons fortement à varier régulièrement les titres des journaux que vous lisez, afin de vous imprégner de différents points de vue. À cette fin, le meilleur moyen est de fréquenter très régulièrement une bibliothèque publique abonnée à différents titres.

Intéressez-vous tout particulièrement aux questions en lien avec les missions de sapeurs-pompiers. En effet, le sujet tiré au sort par le candidat concernera, très souvent, une question d'actualité, éventuellement en lien avec une problématique professionnelle (exemples : « La facturation des secours est-elle légitime ? », « Sauver ou périr, quel sens donner à cette devise de nos jours ? »).

Pour cela, lisez attentivement l'introduction de ce manuel et la présentation des sapeurs-pompiers, consultez le site *http://pompiers.fr* et lisez *Le Sapeur-Pompier Magazine*.

Internet peut également être un moyen utile pour se familiariser avec certaines problématiques de sécurité civile. De ce point de vue, la consultation d'un certain nombre de sites vous sera profitable :

- site de la Sécurité civile (sur le site du ministère de l'Intérieur : *www.interieur.gouv.fr)* ;
- site de la Protection civile : *http://protection-civile.org/* ;
- site du ministère de l'environnement : *https://ecologie.gouv.fr/*

Étape 2 : Présenter son parcours et ses motivations (concours externe)

A. Présenter son parcours

Pour vous préparer à vous présenter devant le jury, vous devrez reprendre le curriculum vitae (CV) et la fiche de renseignements que vous avez rédigés pour votre dossier de candidature

En face de vos formations, expériences professionnelles et engagements personnels, essayez de décrire en quelques mots ce que cela vous a apporté de positif. Cet exercice vous permettra de structurer la première partie de votre présentation.

Pour la préparation de la présentation de votre parcours, vous pouvez vous organiser de la façon suivante :

- retracez en quelques lignes les raisons principales de votre candidature. Ces éléments doivent vous aider à bâtir l'architecture générale de votre propos, mais en aucun cas il ne faut apprendre par cœur un discours. Gardez donc à l'esprit uniquement les « grandes lignes » ;
- dans votre parcours, vos formations ou vos expériences, essayez de voir ce qui peut vous valoriser et faire la différence avec d'autres candidats, tout en étant bien conscient qu'il vous faut rester modeste et pondéré devant le jury qui sera en face de vous ;
- restez toujours positif au cours de votre présentation.

Votre présentation doit donc être préparée, mais uniquement dans son « canevas » (n'apprenez pas votre présentation par cœur : vous devrez être naturel face au jury).

B. Exposer ses motivations

À la suite de votre parcours, vous devez exposer vos motivations pour devenir caporal de sapeurs-pompiers professionnels et présenter ce que vous estimez pouvoir apporter à l'institution.

Vous pouvez structurer ces éléments en trois parties distinctes :

- solidité de votre motivation ;
- qualités personnelles ;
- compétences acquises.

En agissant de manière structurée, vous rendrez plus cohérent votre exposé et celui-ci sera de nature à valoriser votre candidature aux yeux jury de recrutement.

Dans le cadre de la préparation à l'oral avec le jury, vous pourrez vous appuyer sur la fiche de renseignements que vous avez transmise dans votre dossier d'inscription. Nous vous rappelons toutefois qu'il ne faut pas reprendre mot à mot les éléments de votre fiche ni même votre parcours, dans la mesure où vous l'aurez déjà précédemment détaillé. Néanmoins, on doit bien évidemment retrouver les mêmes éléments personnels.

De manière non exhaustive, on peut évoquer quelques éléments qui peuvent ainsi structurer la présentation de vos motivations :

Éléments structurant votre présentation	Exemples (non limitatifs) de points à mettre en avant
Solidité de la motivation du candidat	• Volonté ancienne et solide de devenir sapeur-pompier professionnel (mais cela n'est en rien une obligation : ne mentez pas si votre motivation est récente ; l'important est qu'elle soit réelle et sérieuse). • Exemples familiaux ou amicaux de sapeurs-pompiers (sans tomber non plus dans le mimétisme : ces exemples vous ont éclairé sur l'intérêt d'une carrière dans le corps des sapeurs-pompiers professionnels, mais vous n'êtes pas ici pour reproduire tel ou tel modèle). • Volonté d'exercer des missions variées. • Sens du devoir et du service à la nation. • Souhait de travailler en équipe sur le terrain.
Qualités personnelles	Tout en se montrant modeste et pondéré, il est toujours utile de faire part des qualités qui vous sont reconnues par votre entourage. Ces qualités proviennent de votre parcours personnel et de vos traits de personnalité. Les qualités essentielles pour devenir caporal de sapeurs-pompiers professionnels sont notamment : – le sens du dévouement ; – les connaissances professionnelles éventuelles ; – la capacité à se remettre en question sur le plan professionnel et d'acquérir de nouvelles compétences ; – la capacité de travailler en équipe ; – la discipline ; – l'aptitude à l'engagement physique ; – la rigueur professionnelle ; – la capacité à mener une mission jusqu'au bout ; – le sens du devoir ; – la capacité à servir de manière désintéressée la collectivité nationale.
Compétences acquises	Vos études, vos rencontres, vos lectures, vos loisirs, vos centres d'intérêt ou vos expériences personnelles vous ont certainement fait acquérir des compétences et aptitudes qui peuvent être utiles à un caporal de sapeurs-pompiers. En faisant votre propre bilan personnel de vos compétences et aptitudes personnelles, voyez large. Vous pouvez notamment penser : – au secourisme : – aux langues étrangères ; – à tous les domaines en lien avec les risques naturels, industriels, techniques et technologiques ; – à l'informatique ; – aux sports d'équipe (mais les sports individuels sont tout aussi valorisants) ; – à l'endurance physique ; – au sens de l'observation ; – à la capacité rédactionnelle : – à l'esprit de synthèse ;

	– à la communication et à la pédagogie ; – à la volonté d'apprendre toujours davantage de choses dans l'exercice d'un métier (curiosité personnelle et ouverture d'esprit) ; – à l'aptitude à exercer des responsabilités ou à encadrer des personnels. Bien évidemment, cette partie sera bien plus fournie et détaillée pour les candidats au concours réservé aux sapeurs-pompiers volontaires (SPV).

C. S'entraîner à la présentation

Vous pouvez également vous entraîner en étant filmé par un proche :

– filmez-vous en train de vous présenter devant le jury : regardez le temps passé (il ne doit pas être supérieur à cinq minutes, ni inférieur à trois minutes) et jugez par vous-même votre prestation ;

– visionnez-vous une seconde fois, mais en coupant le son afin de pouvoir bien vous rendre compte de votre posture physique au cours de votre présentation (votre regard doit se porter en direction de tous les membres du jury, vos mains doivent se situer au-dessus de la table mais ne pas bouger exagérément, gardez les genoux serrés...) ;

– si vous en ressentez le besoin, faites filmer à plusieurs reprises votre présentation, mais ne récitez jamais un discours préparé à l'avance.

Étape 3 : Exposer son parcours professionnel et les compétences acquises (concours réservé aux SPV)

Pour les candidats au concours réservé aux sapeurs-pompiers volontaires, leur expérience professionnelle, leurs compétences acquises et leur motivation pour devenir caporal de sapeurs-pompiers sont des éléments sur lesquels le jury fondera sa décision. Tous ces éléments seront évalués lors de la présentation orale mais aussi lors de la discussion qui s'ensuivra.

D'une durée maximale de 5 minutes, l'exposé ne peut toutefois pas être inférieur à 3 minutes. Il doit être préparé avec soin et présenté au jury dans une forme organisée et cohérente.

Le jury disposera de la fiche de renseignements et de l'attestation d'appartenance et de formation. Il est donc logique de retrouver dans la présentation orale du candidat les éléments de son dossier. Toutefois, pour constituer une plus-value pour le candidat, l'exposé ne doit pas être une simple retranscription à l'oral du dossier.

L'expérience antérieure, quelle qu'elle soit, doit être positive. Il est légitime de vouloir évoluer professionnellement lorsqu'on en a les aptitudes, mais évitez les formulations négatives (exemple : « j'ai fait le tour de mon poste »). Le candidat doit, au contraire, savoir valoriser son parcours (maturité personnelle, maîtrise du cadre de travail et institutionnel, implication dans les missions confiées et sens des responsabilités). Le souhait de devenir caporal de sapeurs-pompiers professionnels doit être solidement ancré chez le candidat et s'inscrire dans une réelle volonté de carrière.

Par conséquent, il est souhaitable que la trame de fond de l'exposé préparé par le candidat respecte les grands principes suivants :

- Ne vous limitez pas à la simple énumération chronologique de votre parcours professionnel, comme le font de trop nombreux candidats. Votre exposé doit prouver votre aptitude à évoluer dans la carrière de sapeur-pompier professionnel.
- S'il est logique de garder une trame chronologique, choisissez cependant de résumer votre parcours. En ce qui concerne votre niveau d'études, ne mentionnez que le dernier diplôme obtenu. N'indiquez pas les dates exactes (exemple : « je suis devenu sapeur-pompier volontaire le 4 mars 2011 »), mais préférez simplement mentionner les durées (exemples : « je suis sapeur-pompier volontaire depuis 7 ans », « j'ai servi 5 ans à la BSPP », etc.). De même, raisonnez par poste occupé en mentionnant les missions exercées et les responsabilités qui vous ont alors été confiées. Pensez également à prendre du recul par rapport à vos expériences en étant capable de les situer dans une perspective plus large (relations avec des partenaires extérieurs, interventions au côté de sapeurs-pompiers professionnels…) et en démontrant de l'intérêt pour les missions dévolues aux sapeurs-pompiers professionnels.
- Gardez en tête plusieurs expériences professionnelles ou interventions marquantes qui pourraient témoigner de votre valeur professionnelle. Entraînez-vous à les présenter de manière plus développée à l'oral, notamment si le jury vous interroge spécifiquement par la suite sur ce point. En toute hypothèse, le jury pourra revenir plus en détail sur l'ensemble des points évoqués par le candidat : soyez donc capable de préciser chacun des éléments de votre présentation.
- Soyez également capable de démontrer que vous êtes parfaitement conscient des responsabilités dévolues à un sapeur-pompier professionnel, notamment sur le plan administratif et managérial, et que vous êtes capable de les exercer. À cet égard, votre exposé doit illustrer, au travers de vos expériences professionnelles et compétences acquises, votre aptitude à devenir sapeur-pompier professionnel. Dans une logique de progression de carrière, la responsabilité de chef d'engin ou d'agrès, la gestion administrative, la prise de décisions, la maîtrise de certaines problématiques, les spécialisations techniques, la mise en œuvre d'actions de formation, des responsabilités de commandement sont autant de points pouvant être envisagés et qui pourraient être mis en avant dans votre présentation.
- Soyez à même de vous projeter un minimum dans votre projet professionnel en tant que sapeur-pompier professionnel. Vous pouvez notamment indiquer quels services, unités, responsabilités ou spécialités vous attireraient. N'oubliez pas non plus la nécessaire mobilité géographique à laquelle vous pourriez être contraint par la suite pour être recruté par un SDIS.
- Sur le plan de la forme, efforcez-vous de faire des transitions nettes entre les différentes parties de votre présentation. En procédant ainsi, le jury saura où il en est et où vous voulez parvenir. D'autre part, tâchez de parler lentement et en regardant tous les membres du jury. Enfin, bien évidemment, même s'il s'agit d'un exposé qui

a été bien préparé en amont par le candidat, il doit apparaître comme le plus naturel possible, et non pas « récité par cœur ».

Étape 4 : Se préparer aux questions du jury

Avant d'aborder la préparation des questions du jury, vous devez être bien conscient qu'il n'est pas là pour vous piéger. Ses questions ont pour seul but de mieux vous connaître, de comprendre la cohérence de votre démarche et de déterminer si vous présentez les qualités requises pour devenir caporal de sapeurs-pompiers professionnels. Pour autant, afin de déterminer la sincérité de votre démarche et de vos propos, il est possible que l'on vous pose la même question à dix minutes d'intervalle, mais formulée différemment.

Si vous n'avez pas été franc et naturel, cela se détectera immédiatement et vous pénalisera lourdement.

En répondant aux questions posées par le jury, vous devrez vous attacher à valoriser votre candidature. Vous démontrerez vos qualités physiques, morales et intellectuelles en rapport avec les missions dévolues à un caporal de sapeurs-pompiers professionnels. Vous devrez également prouver que vous ne vous présentez pas à ce concours par hasard.

Pour vous préparer aux questions pouvant être posées par le jury, il est également important de :

- vous tenir informé de l'actualité (prenez l'habitude lire tous les jours le journal et également un hebdomadaire d'information) ;
- connaître les sapeurs-pompiers et leur environnement professionnel (organisation, carrière, missions…) : lisez attentivement l'introduction de ce manuel et la présentation de l'environnement professionnel (p. 254 et suivantes) ;
- s'entraîner grâce aux deux simulations d'oraux présentes dans ce manuel (p. 297 et suivantes).

Étape 5 : Se préparer aux mises en situation professionnelle

Les mises en situation auront plus directement vocation à évaluer votre aptitude à exercer les missions dévolues à un caporal de sapeurs-pompiers professionnels. À ce titre, pensez toujours à faire valoir dans vos réponses certaines compétences comportementales attendues, à savoir le discernement, le rapport à l'autorité, l'intelligence sociale, les aptitudes à l'engagement et le sens des valeurs.

Ces mises en situation peuvent concerner aussi bien les candidats aux concours externes que les candidats aux concours internes et aux examens professionnels. Bien évidemment, pour ces derniers, le jury attendra une professionnalisation accrue et une certaine technicité dans les réponses apportées.

Les mises en situation doivent faire l'objet de réponses réfléchies et développées de la part des candidats. Elles ne visent pas particulièrement à apprécier chez eux des connaissances techniques, mais entendent plutôt évaluer leur capacité à devenir des cadres de sapeurs-pompiers professionnels.

Par conséquent, les candidats doivent bien avoir en tête un certain nombre de principes cardinaux qui les aideront à construire leurs réponses :

- **Des décisions adaptées aux circonstances :** que ce soit sur le terrain ou dans le cadre de la gestion de son unité ou de son service, un caporal de sapeurs-pompiers professionnels doit savoir décider, dans le cadre des instructions reçues, ou faire preuve d'initiative en fonction des circonstances. Cela suppose, en tout état de cause, une analyse de la situation afin de prendre les décisions avec discernement et mesure.
- **Le devoir d'obéissance des subordonnés :** les subordonnés ont le devoir d'obéir aux ordres légitimes, dans les conditions fixées par les textes légaux et d'organisation des SDIS. Ils doivent rendre fidèlement et rapidement compte de leur action.
- **La recherche de l'efficacité et de la qualité du service public :** les sapeurs-pompiers exercent leurs missions dans l'intérêt général mais ils sont aussi, en toutes circonstances, au service des citoyens. Ces derniers manifestent des attentes fortes et constantes à l'égard des sapeurs-pompiers, notamment dans les zones rurales et périurbaines. Chaque personne est en droit de recevoir une réponse adaptée à sa requête. L'organisation des services, la formation dispensée et reçue, le professionnalisme des unités et la rigueur sans faille dans la mise en œuvre des secours et interventions constituent des exigences auxquelles la hiérarchie doit veiller en permanence.
- **La responsabilisation de tous les échelons :** l'autorité hiérarchique ne repose pas seulement sur le rapport institutionnel supérieur/subordonné. Les décisions prises doivent permettre à chaque niveau de la chaîne hiérarchique de s'impliquer dans le suivi et l'exécution des missions. Chaque sapeur-pompier doit en conséquence prendre les décisions qui s'attachent à son grade, à ses fonctions, et à son niveau de responsabilité.
- **Le sens de l'intérêt général :** la posture de sapeur-pompier bannit toute action d'éclat, toujours contre-productive à moyen ou long terme. Au niveau moral, se rapprochant du sens commun, il s'agit de faire preuve d'honnêteté. Cela consiste à mettre en valeur l'action des secours, sans rien attendre personnellement en retour.
- **Le discernement :** cette capacité s'apparente à une prise de recul nécessaire pour réagir, mais en aucun cas à une obstination dangereuse ou à un isolement physique voire intellectuel. Elle permet d'éviter les effets de biais cognitifs, dont l'effet tunnel.
- **Le courage et la responsabilité de ses actes :** bien évidemment, le caractère périlleux des missions donne tout son sens à cette valeur lorsqu'il faut faire des choix qui impliquent une certaine prise de risque. Faire preuve de courage, c'est s'engager, affronter le danger et le surmonter grâce au sang-froid et à la maîtrise de soi dans des contextes difficiles. Parfois, le courage c'est aussi savoir renoncer.
- **La cohésion :** la cohésion est un lien, une énergie collective qui surgit lorsque l'ensemble des individualités d'un groupe parviennent à s'effacer, avec humilité et

solidarité, pour animer dans un même mouvement un esprit de corps un et indivisible. C'est en cela que l'esprit collectif développé dans les SIS permet de faire face aux situations d'urgences les plus graves.

■ **La sérénité :** les opérations de secours impliquent la sérénité qui doit régner tant sur le terrain que dans le poste de commandement. Dans les situations de tension, un sapeur-pompier professionnel veillera à réduire le stress ambiant par une attitude calme, sereine et apaisée.

Conseils pour le jour de l'épreuve d'entretien avec le jury

A. Concernant votre tenue

Présentez-vous devant le jury avec une tenue sobre et impeccable :

- pour les hommes, soyez rasé de frais et bien coiffé (court, mais sans excès) ;
- pas de bijoux pour les hommes (sauf montre ou alliance), pas d'excès pour les jeunes femmes ;
- pour les hommes, le mieux est de porter une veste et une cravate (même si ce n'est en rien obligatoire, cela reste fortement conseillé) ;
- pour les femmes, une tenue correcte, type tailleur (veste avec pantalon ou jupe), est recommandée ;
- cirez vos chaussures ;
- si votre tenue pour l'oral est neuve, essayez de la porter quelques jours avant pour vous y habituer ;
- si vous avez des tatouages ou des « piercings », faites-en sorte que votre tenue ne les laisse pas apparaître ;
- pensez à prendre avec vous un peigne, une brosse à dents et du dentifrice.

B. Concernant votre attitude

- Quand vous entrez dans la salle, saluez le jury (Bonjour Madame, bonjour Messieurs…) en le regardant.
- Ne vous asseyez que quand le jury vous le propose.
- Lors de votre présentation, ne regardez jamais votre montre (ni à aucun autre moment de l'oral).
- Quand vous vous exprimez, regardez tous les membres du jury qui sont en face de vous (« balayez du regard »).
- Tenez-vous droit sur le dossier de votre chaise.
- Conservez les mains au-dessus de la table, mais ne les agitez pas trop.
- Tenez vos jambes droites.

C. Pour gérer votre stress

– L'épreuve d'entretien avec le jury est importante, il est donc normal qu'elle intimide ou impressionne de nombreux candidats. En revanche, elle ne doit pas vous faire perdre tous vos moyens.

– Les membres du jury qui sont en face de vous sont des professionnels qui doivent évaluer votre candidature. Ils n'ont aucun a priori négatif sur vous et ne sont pas là pour vous piéger.

– La respiration est importante : respirez bien profondément, parlez de manière calme et fluide afin de vous ménager des moments de respiration.

– Si vous ressentez du stress au cours de l'entretien, essayez d'en cacher le plus possible les manifestations : tâchez de maîtriser votre voix, ne tapotez pas vos pieds, n'essuyez pas vos mains moites sur votre pantalon...

D. Concernant vos propos

– Ne parlez pas trop vite, gardez un débit de voix calme et pondéré.

– Faites attention à ne pas vous répéter.

– Ne coupez pas la parole à un membre du jury lorsqu'il s'exprime ou vous interroge (même si vous connaissez ou présentez la réponse à donner, attendez que le membre du jury ait effectivement posé la question).

– Répondez de manière ouverte et développée aux questions posées. Ne vous contentez pas de « oui » ou « non » : l'épreuve d'entretien doit permettre de nouer un véritable dialogue avec le jury.

– Si vous ne savez pas répondre à une question, n'hésitez pas à répondre « je ne sais pas ».

– Parlez suffisamment fort pour que l'on puisse bien vous entendre.

– Prenez le temps de réfléchir avant de répondre aux questions du jury.

– Dans votre propos, restez toujours positif et nuancé

– Lors de votre présentation et dans vos réponses, essayez de valoriser votre candidature, tout en restant modeste.

10 ERREURS À ÉVITER

1. Penser que l'oral ne se prépare pas.
2. Perdre ses moyens à cause du stress.
3. Ne pas regarder tous ses interlocuteurs.
4. Regarder sa montre.
5. Venir dans une tenue négligée.
6. Ne pas couper son portable en entrant dans la salle où se trouve le jury.
7. Réciter un discours appris par cœur.
8. Ne pas savoir défendre une opinion personnelle.
9. Se dévaloriser ou au contraire se survaloriser devant le jury.
10. Ne pas écouter clairement les questions posées ou ne pas demander une précision si la question ne semble pas claire.

10 CONSEILS À SUIVRE

1. Comprendre les attentes du jury.
2. Bien connaître l'organisation des sapeurs-pompiers
3. Revoir les fiches de culture générale de ce manuel
4. Être bien au fait du statut et des missions d'un caporal de sapeurs-pompiers professionnels.
5. S'entraîner aux oraux grâce aux listes de questions présentes dans ce manuel et aux deux simulations d'oraux
6. Réaliser des entraînements filmés.
7. Visionner la première fois les entraînements en coupant le son pour observer sa gestuelle.
8. Solliciter l'avis de candidats reçus pour démythifier l'épreuve d'entretien avec le jury.
9. Se détendre avant l'épreuve (boire un verre d'eau, s'étirer, respirer profondément...).
10. Penser à parler lentement et à bien articuler.

1. Les missions des sapeurs-pompiers

Actuellement, les sapeurs-pompiers réalisent près de cinq millions d'interventions par an, soit plus de 13 500 interventions par jour. Le nombre d'interventions des sapeurs-pompiers a été multiplié par vingt au cours des trente dernières années. Des campagnes sont d'ailleurs mises en cours pour faire diminuer les recours abusifs aux numéros d'urgence.

1. Des missions très nombreuses

Selon l'article 2 de la loi du 3 mai 1996 relative aux services d'incendie et de secours : « Les services d'incendie et de secours sont chargés de la prévention, de la protection et de la lutte contre les incendies. Ils concourent avec les autres services professionnels concernés à la protection et à la lutte contre les autres accidents, sinistres et catastrophes, à l'évaluation et à la prévention des risques technologiques ou naturels ainsi qu'aux secours d'urgence ».

On peut ainsi considérer que les sapeurs-pompiers sont des professionnels du risque en ce qui concerne la protection des personnes, des biens et de l'environnement. Ils sont donc amenés à mettre en œuvre des secours d'urgence en cas d'accidents, de sinistres et de catastrophes, à organiser l'évacuation des blessés vers les hôpitaux, à prévenir les incendies ou bien à évaluer les risques de sécurité civile.

2. Les secours à victime

La grande majorité des interventions des sapeurs-pompiers concerne les secours à victime, qui représentent 60 à 70 % du total de leurs interventions. En 2018, les sapeurs-pompiers ont porté secours à plus de 4 millions de victimes.

Il peut s'agir de secours à domicile (accidents domestiques comme les brûlures ou les chutes, les malaises ou les personnes suicidaires…) ou bien de secours à personne sur la voie publique (blessés, noyés, accidents de la circulation…). Les accidents de la circulation représentent près de 5 % des interventions des sapeurs-pompiers, où ils peuvent être amenés à désincarcérer une victime de son véhicule ou bien à soigner un blessé sur les lieux mêmes de l'accident.

Le prompt secours est utilisé pour des appels au centre 18 correspondant aux missions des SDIS, c'est-à-dire un accident, une victime ou une catastrophe, qui interviennent, en règle générale, dans un lieu public. Il est aussi mis en jeu lorsque la gravité de la situation sanitaire est incertaine. En principe, la coordination avec le médecin régulateur du Samu intervient, alors, en cours de route et se traduit souvent par l'envoi parallèle de véhicules du SMUR.

Il faut mentionner que lors des secours à domicile, les sapeurs-pompiers peuvent être remplacés par des ambulances privées pour les pathologies les moins urgentes ou, toujours sur décision d'un médecin régulateur des services d'urgence, par le médecin de garde ou un infirmier.

3. Les incendies

Mission emblématique des pompiers, l'incendie ne représente que 6 % de leurs interventions. Il peut s'agir de feux d'origine domestique, industrielle, criminelle ou naturelle, touchant aussi bien les forêts que les bâtiments. Lors de ce type d'intervention, les sapeurs-pompiers peuvent être conduits à déployer de très importants moyens humains et matériels.

4. Les interventions diverses et spécialisées

Au titre des interventions diverses réalisées par les sapeurs-pompiers, on peut citer les sauvetages d'animaux, les inondations, le déblocage d'ascenseurs, l'ouverture de portes, les risques d'effondrement, les fuites de gaz, etc. Pour certaines missions ne relevant pas strictement du secours et assurées par ailleurs par des entreprises privées, comme l'ouverture de porte, les ascenseurs bloqués ne présentant pas de risques ou la destruction de nids de guêpes, les sapeurs-pompiers sont de plus en plus amenés à facturer leurs interventions à leurs requérants.

Par ailleurs, les sapeurs-pompiers disposent d'équipes spécialisées pour intervenir en cas de risques chimiques ou radioactifs, sauvetage et déblaiement (effondrement d'immeuble), interventions en milieu périlleux (notamment en sous-sol ou en rappel), secours en montagne ou aquatiques, secours animalier et équipes cynotechniques.

5. La prévention

De plus en plus souvent, l'expertise technique et l'expérience professionnelle des sapeurs-pompiers sont sollicités. Ils peuvent aussi bien intervenir auprès d'une classe d'école ou d'une association pour enseigner les gestes de premier secours, que participer à la conception technique d'un immeuble de grande hauteur ou organiser des plans de secours lors de la simulation de catastrophes naturelles.

6. Statistiques 2020 des interventions des sapeurs-pompiers

En 2020, les sapeurs-pompiers ont effectué 4 290 700 interventions (11 % de moins qu'en 2019) :

- 282 800 incendies (–11 %) ;
- 3 613 300 secours d'urgence aux personnes (–12 %), dont 238 000 accidents de circulation (–19 %) ;
- 53 800 risques technologiques (–12 %) ;
- 340 900 opérations diverses (–2 %).

2. Les différents sapeurs-pompiers

Au 31 décembre 2020, on dénombrait 251 900 sapeurs-pompiers en France, dont :
- 41 800 sapeurs-pompiers professionnels (17 %) ;
- 197 100 sapeurs-pompiers volontaires (78 %) ;
- 13 000 militaires (5 %).

Les femmes représentent 19 % des sapeurs-pompiers civils.
Le service de santé et de secours médical constitue 5 % des effectifs des SDIS.
Les personnels administratifs, techniques et spécialisés sont au nombre de 11 300.
Les jeunes sapeurs-pompiers et cadets sont au nombre de 29 200.

1. Les sapeurs-pompiers volontaires

Les sapeurs-pompiers volontaires sont des citoyens qui, parallèlement à leur vie professionnelle et familiale, s'engagent au service du centre de secours dont ils dépendent. L'importance de la contribution de sapeurs-pompiers volontaires à la lutte contre les incendies, notamment en milieu rural, est une caractéristique française mais qui existe aussi dans d'autres pays (Belgique, Espagne et Pays-Bas).

Les sapeurs-pompiers volontaires représentent ainsi près de 80 % du nombre total de sapeurs-pompiers civils. Sans eux, il serait impossible d'assurer les services de secours et d'incendie dans les petites villes ou en milieu rural. Ce sont des hommes et des femmes qui, parallèlement à leur profession et à leur vie personnelle, ont choisi d'être disponibles pour assurer régulièrement les missions de secours du centre dont ils dépendent. Il faut ajouter que près de 10 000 médecins, pharmaciens, infirmiers et vétérinaires exercent volontairement leur activité au côté des sapeurs-pompiers volontaires.

Âgés de 16 à 60 ans, les sapeurs-pompiers volontaires suivent régulièrement des formations leur permettant d'assurer toutes les missions d'incendie et de secours. La majorité des sapeurs-pompiers volontaires a moins de 35 ans et leur volontariat dure en moyenne une dizaine d'années. Ils sont indemnisés sous forme de vacation horaire et perçoivent une « allocation de vétérance » lorsqu'ils interrompent leur volontariat après au moins vingt ans d'ancienneté.

Afin de favoriser le recrutement ultérieur de sapeurs-pompiers volontaires et professionnels, la filière des jeunes sapeurs-pompiers (JSP) et cadets a été mise en place récemment. La France compte près de 30 000 jeunes sapeurs-pompiers. Les jeunes sapeurs-pompiers sont des garçons et des filles de 11 à 18 ans souhaitant se former aux gestes de premiers secours et aux techniques de lutte contre les incendies auprès de professionnels ou de volontaires. Un module de formation de 232 heures environ doit conduire à la délivrance d'un brevet national de jeune sapeur-pompier.

2. Les sapeurs-pompiers professionnels

Recrutés par voie de concours, les sapeurs-pompiers professionnels sont des fonctionnaires des collectivités territoriales. Au nombre de 40 400, ils sont affectés principalement dans les grandes agglomérations ou dans les centres de secours les plus sollicités. En outre, les sapeurs-pompiers professionnels forment l'ossature des services départementaux d'incendie et de secours (SDIS), qui sont commandés par des colonels.

Voici, suivant l'ordre hiérarchique, la liste des différents grades de sapeurs-pompiers professionnels et leur mode de recrutement ou d'avancement :

- **Sapeur :** recrutement sans concours ouvert aux sapeurs-pompiers volontaires (SPV), jeunes sapeurs-pompiers (JSP), volontaires civils de la Sécurité civile, sapeurs-pompiers auxiliaires, sapeurs-pompiers militaires (BSPP, BMPM, UIISC). Les conditions de recevabilité des candidatures sont les suivantes : 3 ans d'ancienneté et formation initiale validée. Le recrutement sans concours de sapeurs-pompiers professionnels non-officiers ne peut être organisé par le SDIS qu'à raison d'un poste ouvert pour deux recrutements de caporaux de sapeurs-pompiers professionnels intervenus au cours de la même année civile ?
- **Caporal :** recrutement par concours interne, concours externe ou examen professionnel. Le concours interne est ouvert aux SPV, JSP, volontaires de la Sécurité civile, SP auxiliaires, SP militaires (BSPP, BMPM, UIISC), dès 3 ans d'ancienneté et possédant la formation initiale validée. Le concours externe de catégorie C est ouvert à tous.
- **Sergent :** recrutement par concours interne ou examen professionnel.
- **Lieutenant de 1re classe :** recrutement par concours interne, concours externe ou examen professionnel de toute personne titulaire d'un diplôme de niveau BAC + 2 minimum et répondant aux modalités générales.
- **Lieutenant de 2e classe :** recrutement par concours interne ou examen professionnel.
- **Lieutenant hors classe :** recrutement par examen professionnel.
- **Capitaine :** recrutement par concours externe et concours interne. Le concours externe est ouvert à toute personne titulaire d'un diplôme de niveau BAC + 3 minimum et répondant aux modalités générales.
- **Commandant :** recrutement par examen professionnel.
- **Lieutenant-colonel :** recrutement par avancement au choix après inscription sur une liste d'aptitude établie.
- **Colonel :** recrutement par concours interne ou examen professionnel.

3. Typologie des missions en fonction du grade de sapeur-pompier professionnel

- Les **sapeurs** participent à ces missions en qualité d'équipier.
- Les **caporaux** participent à ces missions en qualité d'équipier ou de chef d'équipe. Ils ont vocation à participer aux interventions nécessitant une technicité supérieure. Ils ne peuvent occuper les fonctions de chef d'équipe qu'après deux années de services effectifs dans leur grade.
- Les **caporaux-chefs** participent à ces missions en qualité de chef d'équipe. Ils ont vocation à participer aux interventions nécessitant un niveau d'expertise supérieur. Ils peuvent subsidiairement effectuer des tâches d'équipier.

Ils peuvent également se voir confier des tâches de gestion administrative et technique inhérentes à l'accomplissement de leurs missions opérationnelles. Ils peuvent également participer au fonctionnement des salles opérationnelles en tant qu'opérateurs ou chefs opérateurs.

Les caporaux et les caporaux-chefs participent aux activités de formation incombant aux SDIS.

- Les **sergents** participent à ces missions en qualité de chef d'agrès d'un engin comportant une équipe. Ils peuvent subsidiairement effectuer des tâches de chef d'équipe ou d'équipier.
- Les **adjudants** participent à ces missions en qualité de chef d'agrès tout engin. Ils peuvent subsidiairement effectuer des tâches de chef d'agrès d'un engin comportant une équipe, de chef d'équipe ou d'équipier. Ils peuvent occuper la fonction de sous-officier de garde (effectif de sapeurs-pompiers postés inférieur à 10). Ils ont vocation à occuper des emplois de nature administrative et technique pour l'accomplissement de tâches découlant des activités opérationnelles. Ils peuvent également participer au fonctionnement des salles opérationnelles, en tant qu'adjoint au chef de salle.
- Les **lieutenants** de sapeurs-pompiers professionnels exercent leurs fonctions dans les services d'incendie et de secours. Ils coordonnent et dirigent les personnels et les moyens engagés dans toutes les missions dévolues aux services départementaux d'incendie et de secours, dont ils constituent l'encadrement intermédiaire.
- Les **capitaines** de sapeurs-pompiers ont vocation à exercer des fonctions d'encadrement et à assurer la direction de bureaux ou de services. Ils peuvent se voir confier des missions d'expertise, des études ou des fonctions comportant des responsabilités particulières dans tous les domaines entrant dans les compétences des services départementaux d'incendie et de secours.

Les capitaines de sapeurs-pompiers peuvent exercer les fonctions de chef de groupement dans les départements classés dans la catégorie C et comportant un effectif de référence inférieur à 400 sapeurs-pompiers. Ils peuvent exercer les fonctions opérationnelles de chef de colonne.

- Les **commandants** et **lieutenants-colonels** peuvent exercer les fonctions de chef de groupement. Ils peuvent exercer les fonctions opérationnelles de chef de site.

■ Les **colonels, colonels hors classe** et **contrôleurs** généraux composent le cadre d'emplois de conception et de direction des sapeurs-pompiers professionnels.

Ils exercent leurs fonctions dans les SDIS pour l'accomplissement des missions définies par le CGCT, où ils assurent la direction fonctionnelle et opérationnelle des services.

Lorsqu'ils exercent leurs fonctions dans les SDIS, ils sont placés sous l'autorité du directeur départemental et du directeur départemental adjoint du SDIS.

Ils sont chargés de l'élaboration et de la mise en œuvre des doctrines opérationnelles et de la direction des groupements de services dont ils assument la responsabilité opérationnelle et organique.

4. Les pompiers militaires

À Paris et Marseille, les pompiers sont des militaires. Pour Paris et les trois départements de la Petite Couronne (Hauts-de-Seine, Seine-Saint-Denis et Val-de-Marne), la Brigade des sapeurs-pompiers de Paris (BSPP) assure les missions de secours et de lutte contre l'incendie. Prestigieuse unité, la BSPP compte 8 000 personnes dans ses rangs. Le Bataillon des marins-pompiers de Marseille, fort de 2 400 militaires, est en charge de la ville de Marseille, de l'aéroport de Marseille-Provence et de la zone industrielle de l'étang de Berre.

Les 1 500 militaires des Unités d'instruction et d'intervention de la Sécurité civile (USIIC) constituent une force de renfort en cas de catastrophe naturelle ou écologique en France ou à l'étranger.

Enfin, l'Armée de l'air dispose dans ses bases de pompiers de l'air spécialisés.

3. L'organisation administrative des sapeurs-pompiers

1. Le rôle de l'État

Selon la loi du 13 août 2004, la sécurité civile est une compétence partagée entre l'État, représenté dans les départements par le préfet, et les collectivités territoriales. L'État a un rôle de « garant de la cohérence de la sécurité civile au plan national ». Il en « définit la doctrine et coordonne ses moyens ». Il est, enfin, chargé « d'évaluer en permanence l'état de préparation aux risques » et de « veiller à la mise en œuvre des mesures d'information et d'alerte des populations ».

La direction générale de la sécurité civile et de la gestion des crises (DGSCGC), rattachée au ministère de l'Intérieur, est la direction d'administration centrale du ministère de l'Intérieur chargée de la politique nationale de sécurité civile. Elle assure la préparation et la coordination des mesures de défense et de prévention des risques civils, l'assistance aux services locaux de secours et de lutte contre l'incendie par la mobilisation des moyens nationaux additionnels et la gestion du corps des sapeurs-pompiers.

Au niveau du département, en tant que représentant de l'État dans le département, le préfet est notamment responsable de la mise en œuvre du plan ORSEC (Organisation de la Réponse de SÉcurité Civile) qui a pour vocation de coordonner les différents services de l'État lors de la survenance d'un sinistre de grande ampleur.

Le préfet de département dispose en effet de la compétence opérationnelle en matière de sécurité civile. Il se substitue au maire pour la direction des opérations de secours « en cas d'accident, sinistre ou catastrophe dont les conséquences peuvent dépasser les limites ou les capacités d'une commune ». Il veille à l'interopérabilité des systèmes d'information des services publics et agrée les associations de sécurité civile pour participer aux opérations de secours. Il a la charge des plans de secours, fixe la politique d'exercices et assure le retour d'expérience.

Le préfet de zone est notamment chargé de coordonner les moyens de sécurité civile dans la zone de défense et de sécurité.

2. Rappels historiques de l'organisation du service de protection civile de l'incendie et de secours

Le risque incendie a toujours été pris en compte de manière informelle et improvisée, tant par les localités que par les corporations professionnelles sujettes à ce risque.

Il a fallu attendre le décret du 29 décembre 1875 pour disposer juridiquement d'une organisation des corps communaux de sapeurs-pompiers, qui reçoivent dès lors officiellement leurs missions, un uniforme et un rattachement au ministère de l'Intérieur.

Par la suite, un décret/loi du 12 novembre 1938 a codifié l'organisation communale, intercommunale et départementale avec la création des SDIS, pour en faire un élément d'entraide et de coordination opérationnelle du département. Ce décret crée également une obligation de dépenses relatives aux services de défense contre l'incendie.

Le décret du 20 mai 1955 attribue aux SDIS la qualification de personne morale, juridique et l'autonomie budgétaire.

Il faut attendre 1954 pour voir l'apparition d'une nouvelle mission de secours aux victimes et, du fait des lois de décentralisation, les sapeurs-pompiers professionnels s'inscrivent depuis dans la fonction publique territoriale, du fait de leur appartenance aux corps communaux et aux services départementaux.

La loi du 6 février 1992, relative à l'administration territoriale de la République, acte le principe d'une organisation au niveau départemental des services d'incendie et de secours. La loi n° 96-369 du 3 mai 1996 vise à donner aux SDIS l'organisation et les moyens de faire face aux risques de la sécurité civile.

La loi du 3 mai 1996 relative aux services d'incendie et de secours a conforté cette logique d'organisation départementale, de façon à optimiser les moyens, renforcer les solidarités locales et mieux gérer les sapeurs-pompiers volontaires. Les personnels et les matériels des communes ont été transférés aux SDIS, devenus des établissements publics communs aux départements, aux communes et aux établissements publics de coopération intercommunale (EPCI) compétents en matière de secours et de lutte contre l'incendie.

De nouvelles évolutions législatives se sont ajoutées par la suite. La loi du 27 février 2002 relative à la démocratie de proximité a renforcé la place du département au sein du SDIS, dont le conseil d'administration, présidé par un élu du département, est depuis majoritairement composé de représentants de cette collectivité. La loi du 13 août 2004 relative à la modernisation de la sécurité civile a ouvert la possibilité de créer des établissements publics interdépartementaux.

L'État n'est pas absent du dispositif. Il demeure le garant de la cohérence de la sécurité civile au plan national. À ce titre, il en définit la doctrine et en coordonne les moyens. Il doit évaluer en permanence l'état de préparation aux risques et veiller à la mise en œuvre des mesures d'information et d'alerte des populations. Au niveau central, ces missions sont, pour l'essentiel, confiées à la direction générale de la sécurité civile et de la gestion des crises (DGSCGC) du ministère de l'Intérieur. À l'échelon déconcentré, les préfets de département et de zone sont chargés à la fois de la planification stratégique des moyens locaux, en lien avec le conseil départemental, et de la coordination opérationnelle des moyens à engager en cas d'accident, de sinistre ou de catastrophe aux conséquences susceptibles de dépasser les limites ou les capacités d'une commune ou d'un département.

Exception notable à la départementalisation des services d'incendie et de secours, il existe deux entités à statut militaire : la Brigade de sapeurs-pompiers de Paris (BSPP), compétente pour l'ensemble de l'agglomération parisienne (Paris et les trois départements de la Petite Couronne, à savoir les Hauts-de-Seine, la Seine-Saint-Denis et le Val-de-Marne), et le Bataillon de marins-pompiers de Marseille

(BMPM), compétent uniquement pour la ville de Marseille, l'étang de Berre et l'aéroport de Marseille-Provence.

3. Présentation des SDIS

En application des lois de décentralisation, la prévention et la lutte contre les incendies incombent aux départements (à l'exception de Paris et des trois départements de la Petite Couronne où elle repose sur la Brigade des sapeurs-pompiers de la préfecture de police). Les départements financent et administrent un établissement public à vocation spécifique : le Service Départemental d'Incendie et de Secours (SDIS).

Les sapeurs-pompiers sont employés et gérés par le SDIS, un établissement public autonome géré par un conseil d'administration composé d'élus (conseillers départementaux, représentants des communes et des établissements publics de coopération intercommunale compétents en matière de lutte contre les incendies). Le représentant de l'État dans le département est le responsable opérationnel du SDIS. Il est membre de droit du conseil d'administration et a autorité, au plan opérationnel, sur le directeur départemental. En pratique, le préfet est généralement représenté au conseil d'administration du SDIS par son directeur de cabinet ou par le responsable du service interdépartemental de défense et de protection civile de la préfecture (SIDPC).

Les différents SDIS sont commandés par des colonels des sapeurs-pompiers.

4. L'organisation administrative des SDIS

Les SDIS sont placés pour emploi sous l'autorité du maire ou du préfet, agissant dans le cadre de leurs pouvoirs respectifs de police.

Pour assurer les missions de prévention qui leur incombent, notamment en ce qui concerne la réglementation applicable aux risques d'incendie et de panique dans les établissements recevant du public, le maire ou le préfet disposent des moyens relevant des SDIS.

Dans l'exercice de leurs pouvoirs de police, le maire et le préfet mettent en œuvre les moyens relevant des SDIS dans les conditions prévues par un règlement opérationnel arrêté par le préfet après avis du conseil d'administration du SDIS.

L'organisation du Commandement des Opérations de Secours (COS) est déterminée par ce règlement. Le COS désigné est chargé, sous l'autorité du directeur des opérations de secours, de la mise en œuvre de tous les moyens publics et privés mobilisés pour l'accomplissement des opérations de secours.

Un arrêté conjoint du préfet et du président du conseil d'administration du SDIS fixe, après avis du conseil d'administration, l'organisation du corps départemental.

5. Les personnels des SDIS

Le corps départemental de sapeurs-pompiers est composé des sapeurs-pompiers professionnels (SPP), des sapeurs-pompiers volontaires (SPV) et de sapeurs-pompiers auxiliaires du service de sécurité civile.

Les SDIS comprennent des SPP appartenant à des cadres d'emplois créés en application de la loi n° 84-53 du 26 janvier 1984 portant dispositions statutaires relatives à la fonction publique territoriale, et des SPV qui, soumis à des règles spécifiques fixées en application de l'article 23 de la loi n° 96-370 du 3 mai 1996 relative au développement du volontariat dans les corps de sapeurs-pompiers, ne peuvent exercer cette activité à temps complet.

Le service de santé et de secours médical comprend des médecins, pharmaciens, infirmiers, vétérinaires qui ont la qualité de sapeurs-pompiers volontaires.

Les SPV sont indemnisés sur la base de vacations horaires, dont le montant, fixé par arrêté interministériels, varie en fonction du grade.

6. Les quotas d'encadrement des SDIS

Le nombre des officiers et sous-officiers de SPP du corps départemental est déterminé à partir d'un effectif de référence fixé au 31 décembre de l'année précédente comprenant les SPP ainsi que les SPV du SDIS dans la limite du double du nombre des SPP, dans les conditions suivantes :

- un lieutenant-colonel pour au moins 900 sapeurs-pompiers ;
- un commandant pour au moins 300 sapeurs-pompiers ;
- un capitaine pour au moins 60 sapeurs-pompiers ;
- un lieutenant pour au moins 20 sapeurs-pompiers ;
- un sous-officier pour au moins 4 sapeurs-pompiers non-officiers.

Aux officiers et sous-officiers dont le nombre est déterminé ci-dessus s'ajoutent les officiers en fonction dans les groupements dont le nombre maximum est fixé par l'arrêté du 20 avril 2012. À ce nombre déterminé ci-dessus s'ajoutent :

Catégorie de SDIS	Effectif de référence*	Lieutenants-colonels	Commandants	Capitaines	Lieutenants
A	> 3 000	2	13	15	15
	Entre 2 000 et 3 000	2	13	15	15
	< 2 000	2	13	15	15
B	> 1 500	2	13	15	15
	Entre 700 et 1 500	1	10	13	12
	< 700	0	6	10	10
C	> 400	0	6	10	10
	Entre 150 et 400	0	3	8	7
	< 150	0	0	6	6

** L'effectif de référence est égal au nombre de sapeurs-pompiers professionnels auquel s'ajoute le nombre de sapeurs-pompiers volontaires dans la limite du double du nombre de sapeurs-pompiers professionnels.*

7. Les missions des SDIS

Les missions des SDIS, définies à l'article L. 1424-2 du Code général des collectivités territoriales (CGCT), vont très au-delà de la seule lutte contre les incendies, dont ils ont la charge exclusive. Ils apportent, en effet, leur concours à toutes les interventions relevant de la sécurité civile.

Les missions des SDIS sont ainsi mentionnées dans l'article L. 1424-2 du Code général des collectivités territoriales :

« Les services d'incendie et de secours sont chargés de la prévention, de la protection et de la lutte contre les incendies.

Ils concourent, avec les autres services et professionnels concernés, à la protection et à la lutte contre les autres accidents, sinistres et catastrophes, à l'évaluation et à la prévention des risques technologiques ou naturels ainsi qu'aux secours d'urgence.

Dans le cadre de leurs compétences, ils exercent les missions suivantes :

1° La prévention et l'évaluation des risques de sécurité civile ;

2° La préparation des mesures de sauvegarde et l'organisation des moyens de secours ;

3° La protection des personnes, des biens et de l'environnement ;

4° Les secours d'urgence aux personnes victimes d'accidents, de sinistres ou de catastrophes ainsi que leur évacuation. »

Un SDIS n'est tenu de procéder qu'aux seules interventions qui se rattachent directement aux missions de service public définies ci-dessus. S'il a procédé à des interventions ne se rattachant pas directement à l'exercice de ses missions, il peut demander aux personnes bénéficiaires une participation aux frais, dans les conditions déterminées par délibération du conseil d'administration.

Le secours d'urgence à personne, c'est-à-dire l'aide aux personnes accidentées ou malades, est assuré à la fois par les services d'aide médicale urgente (Samu), implantés dans les hôpitaux et relevant du ministère de la Santé, et par les sapeurs-pompiers des SDIS, de la Brigade de sapeurs-pompiers de Paris et du Bataillon de marins-pompiers de Marseille. Ils interviennent sur appel d'urgence (en composant le 15 pour le Samu et le 18 pour les pompiers), en fonction des compétences de chacun.

Dans le cas particulier des interventions effectuées par les SDIS à la demande de la régulation médicale du centre 15 (appels téléphoniques au Samu), lorsque celui-ci constate le défaut de disponibilité des transporteurs sanitaires privés, et qui ne relèvent pas de l'article L. 1424-2, celles-ci font l'objet d'une prise en charge financière par les établissements de santé, sièges des services d'aide médicale d'urgence.

Les interventions effectuées par les SDIS sur le réseau routier et autoroutier concédé, y compris sur les parties annexes et les installations annexes, font l'objet d'une prise en charge par les sociétés concessionnaires d'ouvrages routiers ou autoroutiers.

8. Les missions du service de santé et de secours médical (SSSM)

En application de l'article R.1424-24 du Code général des collectivités territoriales, le SSSM exerce les missions suivantes :

– la surveillance de la condition physique des sapeurs-pompiers ;

– l'exercice de la médecine professionnelle et d'aptitude des SPP et de la médecine d'aptitude des SPV ;

– le conseil en matière de médecine préventive, d'hygiène et de sécurité, notamment auprès du comité d'hygiène et de sécurité ;

– le soutien sanitaire des interventions des services d'incendie et de secours et les soins d'urgence aux sapeurs-pompiers ;

– la participation à la formation des sapeurs-pompiers au secours à personnes ;

– la surveillance de l'état de l'équipement médico-secouriste du service.

En outre, le service de santé et de secours médical participe :

– au secours d'urgence : sur la voie ou dans les lieux publics, les médecins de sapeurs-pompiers peuvent intervenir en complément des moyens des Services Mobiles d'Urgence et de Réanimation (SMUR) dépendant du secteur hospitalier qui, d'une manière générale, à la charge du secours médical d'urgence ;

– aux opérations impliquant des animaux et concernant les chaînes alimentaires : c'est notamment le rôle des vétérinaires de sapeurs-pompiers, souvent requis en milieu rural ;

– aux prévisions, prévention et interventions dans les domaines des risques naturels et technologiques : le SSSM, par ses pharmaciens en particulier, peut jouer un rôle déterminant pour les interventions à caractère chimique ou radiologique, notamment lorsque la présence de certaines matières peut présenter des risques pour les personnes, les biens ou l'environnement.

9. Le financement des SDIS

Les services départementaux d'incendie et de secours (SDIS) sont financés à hauteur d'environ 5 milliards d'euros. La contribution globale est la suivante : 58 % par les conseils départementaux, 42 % par les communes et établissements publics de coopération intercommunale (EPCI).

En dehors des montants qu'il consacre au financement des moyens nationaux de sécurité civile, l'État apporte une contribution financière aux SDIS. Indépendamment des concours généraux de l'État aux collectivités territoriales, sous forme de dotations, les SDIS bénéficient de soutiens financiers directs, composés principalement des subventions du fonds d'aide à l'investissement (FAI) et de la prestation de fidélisation et de reconnaissance (PFR) accordée aux sapeurs-pompiers volontaires. L'État dispose aussi de moyens propres en matière de sécurité civile, ce qui allège indirectement les dépenses des SDIS.

Les recettes externes sont faibles et pourraient être davantage optimisées. En effet, les SDIS peuvent facturer certaines interventions à des tiers publics ou privés. C'est le cas des interventions effectuées à la demande de la régulation médicale du centre 15, lorsque celle-ci constate le défaut de disponibilité des transporteurs sanitaires privés, et celui des interventions effectuées sur le réseau routier et autoroutier concédé, prises en charge par les sociétés concessionnaires. Pour des interventions dans le cadre du service médical d'urgence et de réanimation (SMUR), le SDIS peut aussi passer avec les hôpitaux une convention (payante) qui s'apparente à un marché de prestations de services.

La facturation concerne aussi les « opérations diverses » des SDIS : destruction de nids d'insectes, services de surveillance (spectacles, feux d'artifice…), opérations à caractère privé (dégagement d'hélices de bateaux, ouvertures de portes, sauvetage d'animaux domestiques…).

Ces différentes ressources sont cependant marginales pour les SDIS, de l'ordre de 3 % de leurs recettes.

4. L'organisation opérationnelle des sapeurs-pompiers

1. Le schéma départemental d'analyse et de couverture des risques (SCDACR)

Le Schéma Départemental d'Analyse et de Couverture des Risques (SDACR), dont l'élaboration est rendue obligatoire par l'article L. 1424-7 du CGCT, est un document de pilotage stratégique des SDIS. Arrêté par le représentant de l'État dans le département sur avis conforme du conseil d'administration du SDIS et après avis du conseil général, ce document dresse l'inventaire des risques et détermine les objectifs de couverture de ces risques.

La raison d'être de ce document est d'imposer aux SDIS une méthodologie au terme de laquelle les moyens déployés (la couverture) répondent à l'inventaire des risques et à des choix politiques (les délais d'intervention, par exemple). Le SDACR devrait donc déboucher, au minimum, sur une programmation des investissements (immeubles, véhicules et matériels), sur un plan d'implantation des unités, sur un plan de formation et sur un plan de recrutement.

2. Les différents types de SDIS et de centres de sapeurs-pompiers

La France compte 99 SDIS classés en cinq catégories (la 1re regroupant les plus importants) selon la population du département, les contributions reçues et l'effectif de sapeurs-pompiers.

La France compte 6 154 centres d'incendie et de secours en France (dont BSPP et BMPM), dont :

- 324 centres de secours principaux (CSP) ;
- 2 627 centres de secours (CS) ;
- 2 147 centres de première intervention (CPI) intégrés aux SDIS ;
- 1 056 centres de première intervention (CPI) non intégrés aux SDIS.

Les services d'incendie et de secours sont structurés en centres d'incendie et de secours (CIS). Ils sont créés par arrêté du préfet en fonction du SDACR et du Règlement Opérationnel départemental (RO).

Les CIS sont classés en trois catégories selon les critères suivants :

Les centres de secours principaux – CSP

C'est uniquement dans ces centres que les sapeurs-pompiers assurent des gardes 24 heures sur 24. Ils doivent pouvoir assurer simultanément :

– un départ en intervention pour une mission de lutte contre l'incendie ;

– deux départs en intervention pour une mission de secours d'urgence aux personnes ;

– un autre départ en intervention.

■ **Les centres de secours – CS**

Ils doivent pouvoir assurer simultanément :

– au moins un départ en intervention pour une mission de lutte contre l'incendie ;

– ou un départ en intervention pour une mission de secours aux personnes ;

– un autre départ en intervention.

■ **Les centres de première intervention – CPI**

De petite taille, situés en zone rurale, composés de sapeurs-pompiers volontaires, ils assurent une seule mission de secours à la fois.

Chaque CIS dispose d'un effectif qui lui permet d'assurer la garde et les départs en intervention en rapport avec sa taille. Les CIS sont placés sous l'autorité d'un chef de centre. Un CIS est mixte lorsqu'il comprend dans son effectif des sapeurs-pompiers professionnels et des sapeurs-pompiers volontaires.

Chaque centre couvre une zone géographique déterminée. En cas d'impossibilité d'assurer une intervention, les sapeurs-pompiers d'un centre voisin seront engagés.

3. Mise en œuvre opérationnelle sur le territoire du département

Un règlement opérationnel (RO) est établi par le préfet après avis du conseil d'administration du SDIS. Il fixe les mesures nécessaires à la mise en œuvre des moyens du SDIS, notamment dans les domaines des interventions, de l'instruction et de la prévention. Il est notifié à tous les maires du département.

Sous l'autorité du préfet et des maires intéressés et en application du RO, le directeur départemental des services d'incendie et de secours (DDSIS) est chargé de la mise en œuvre opérationnelle des moyens du SDIS.

Le RO détermine l'effectif minimum et les matériels à engager dans le respect des prescriptions suivantes :

– missions de lutte contre l'incendie : au moins un engin pompe tonne et 6 sapeurs-pompiers ;

– missions de secours d'urgence aux personnes : au moins un véhicule de secours aux victimes et 3 sapeurs-pompiers ;

– autres missions : au moins 2 sapeurs-pompiers.

Le RO détermine l'armement des véhicules.

Le RO est publié au recueil des actes administratifs de la préfecture et du SDIS. Il est notifié à tous les maires du département

Tout CIS dispose en permanence de personnels de garde chargés notamment de la mise en condition des véhicules en vue de leur départ immédiat. Les personnels en alerte immédiate se tiennent dans les locaux du centre, lorsqu'il s'agit de sapeurs-pompiers professionnels. Ils sont susceptibles de rejoindre le centre dans un délai inférieur à cinq minutes, lorsqu'il s'agit de sapeurs-pompiers volontaires.

Le maire et le préfet mettent en œuvre, dans le cadre de leur pouvoir de police, les moyens du SDIS dans les conditions prévues par le règlement opérationnel après avis du conseil d'administration du SDIS (CADSIS).

Le DDSIS contrôle la mise en œuvre opérationnelle de l'ensemble des moyens relevant du SDIS ainsi que les CPI relevant des communes et des établissements publics de coopération intercommunale. Il exerce ainsi des fonctions de conseil sur le plan technique auprès du préfet et des maires du département.

L'organisation du commandement des opérations de secours est déterminée par le règlement opérationnel.

4. Le commandement des opérations de secours

Le commandant des opérations de secours désigné (COS) est chargé, sous l'autorité du préfet ou du maire en tant que directeur des opérations de secours (DOS), de la mise en œuvre de l'ensemble des moyens de secours publics et privés nécessaire pour la bonne gestion des opérations de secours.

S'il y a péril imminent, le COS prend les mesures nécessaires à la protection des populations et à la sécurité des personnels engagés. Il rend compte sans délai au DOS.

Pour l'exercice de cette mission, le DDSIS, chef du corps départemental de sapeurs-pompiers, a autorité sur l'ensemble des personnels du corps et dispose des matériels du SDIS. Il peut être chargé par le préfet ou par le maire de mettre en œuvre tout autre moyen public ou privé qui serait mis à sa disposition par les autorités de police.

5. Les centres opérationnels

Le centre de traitement de l'alerte (CTA) et le comité opérationnel départemental d'incendie et de secours (CODIS) reçoivent les appels téléphoniques sur le 18 ou le 112. C'est alors qu'ils transmettent la mission aux différentes casernes, en liaison avec la police ou la gendarmerie pour les questions d'ordre public, ainsi qu'avec le Samu pour la partie médicale.

Au-delà de l'échelon départemental, la coordination des secours peut être effectuée par le centre opérationnel de zone (COZ) situé dans chacune des sept zones de défense de la France métropolitaine et des cinq zones de défense d'outre-mer.

Enfin, au plan national et pour les événements les plus graves, il existe un centre opérationnel de gestion interministérielle des crises (COGIC).

6. Le service de santé et de secours médical

Regroupant médecins, pharmaciens, vétérinaires et infirmiers rattachés aux sapeurs-pompiers, le service de santé et de secours médical (SSSM) est principalement chargé des aspects sanitaires et médicaux des interventions des sapeurs-pompiers.

7. La chaîne opérationnelle des secours

Par sa proximité, la commune est le premier niveau d'organisation pour faire face à un événement. Elle s'intègre dans un dispositif comprenant trois autres niveaux : départemental, zonal et national, où l'État peut faire monter en puissance le dispositif par le déploiement de moyens spécifiques ou complémentaires. Dans tous les cas, l'interlocuteur du maire est le préfet du département.

Les différents niveaux territoriaux disposent de structures de commandement permettant aux autorités respectives d'être informées et d'exercer les fonctions qui leur sont dévolues en temps de crise (direction des opérations ou coordination).

Au niveau du département, le dispositif opérationnel de l'autorité préfectorale s'articule autour de deux types de structures de commandement :

– le Centre Opérationnel Départemental (COD) à la préfecture, organisé autour du service chargé de la défense et de la protection civiles ;

– le Poste de Commandement Opérationnel (PCO) au plus près des opérations, mais hors de la zone à risques. Il est chargé de coordonner les différents acteurs agissant sur le terrain.

Si l'événement dépasse les capacités de réponse d'un département, la zone de défense, par l'intermédiaire du Centre Opérationnel de Zone (COZ), fournit les moyens de renforts et coordonne les actions.

En cas de besoin, le niveau national, par l'intermédiaire du Centre Opérationnel de Gestion Interministériel de Crise (COGIC), appuie le dispositif déjà en place.

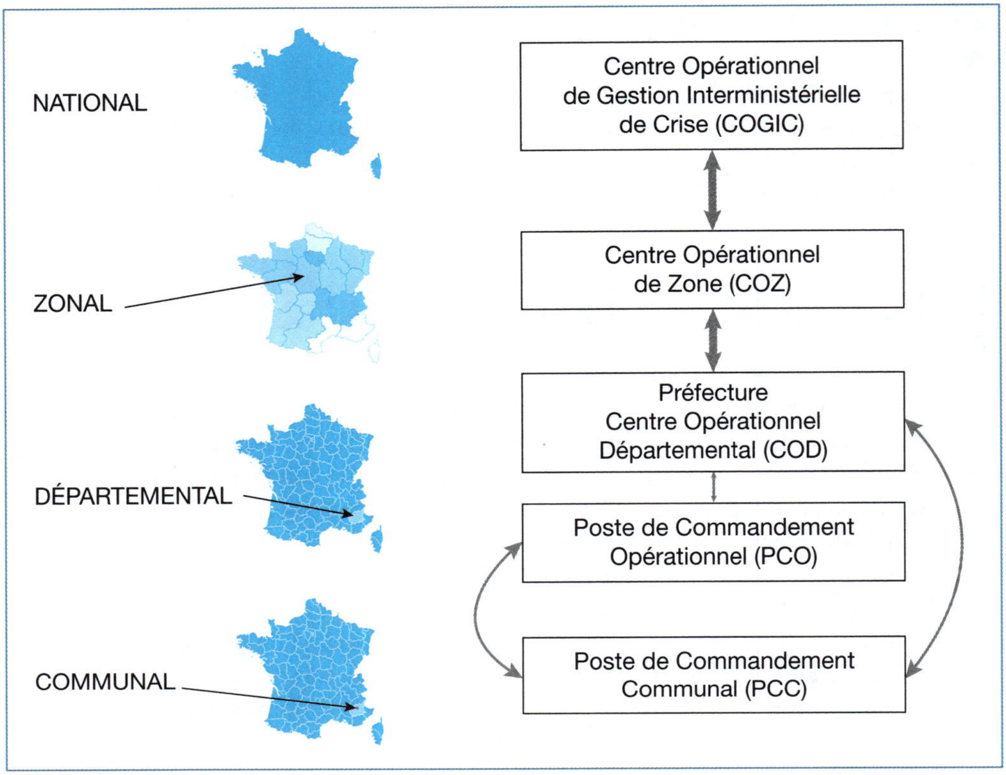
NATIONAL
ZONAL
DÉPARTEMENTAL
COMMUNAL
Centre Opérationnel
de Gestion Interministérielle
de Crise (COGIC)
Centre Opérationnel
de Zone (COZ)
Préfecture
Centre Opérationnel
Départemental (COD)
Poste de Commandement
Opérationnel (PCO)
Poste de Commandement
Communal (PCC)

5. Les moyens matériels des sapeurs-pompiers

Compte tenu de la particularité et de la variété de leurs interventions, les sapeurs-pompiers sont dotés de tenues et de véhicules spécifiques.

1. La tenue de sapeur-pompier

En fonction de leurs missions, les sapeurs-pompiers peuvent être amenés à porter des tenues différentes :

- pour le secours à victime, la tenue sera en pantalon, pull, polo ou tee-shirt avec une bande rouge bridée désignant leur qualité de pompiers ;
- pour l'incendie en milieu urbain, la tenue sera ignifugée (résistante au feu) au niveau du sur-pantalon, de la cagoule et de la veste. Les sapeurs-pompiers porteront alors un casque F1, généralement gris argenté ;
- pour les feux de forêts, la tenue sera également ignifugée et le casque sera un modèle F2, plus léger ;
- enfin, pour les cérémonies, il existe une tenue de sortie qui comprend notamment un képi.

2. Les véhicules des sapeurs-pompiers

Les sapeurs-pompiers disposent de plus de 15 000 véhicules, dont la répartition est approximativement la suivante :

- 3 700 camions-citernes (dont la mission principale est le transport d'eau dans des sites où les bouches d'incendies ne sont pas accessibles) ;
- 6 400 véhicules de secours aux victimes (VSAV) ;
- 1 200 mâts élévateurs articulés (MEA) ;
- 3 600 fourgons pompe-tonne qui interviennent lors des incendies.

En fonction de sinistres particuliers, les sapeurs-pompiers utilisent des moyens spécifiques : cellule d'intervention sur les risques chimiques, cellule d'intervention sur les risques radiologiques, plongeurs, équipe cynotechnique (recherche sur des décombres de bâtiment), etc.

Les engins des services d'incendie sont destinés :

- à la lutte contre l'incendie (on distingue les véhicules avec eau, sans eau et pour feux spéciaux)
- au secours
- à la lutte contre la pollution
- aux interventions subaquatiques
- aux interventions diverses

Chaque parc départemental d'engins d'incendie varie essentiellement selon la nature des risques. Toutefois, les véhicules des services d'incendie et de secours doivent obligatoirement répondre à plusieurs normes, notamment celles régissant leurs appellations et abréviations.

Par souci de commodité, les appellations des engins sont en effet abrégées. Les véhicules et engins sont ainsi désignés par un préfixe (une ou deux lettres), suivi d'un suffixe (une ou deux lettres), avec parfois un radical intercalé entre eux et un nombre total de lettres qui est compris entre 2 et 5.

3. Les véhicules des sapeurs-pompiers

■ **Fourgon-Pompe Tonne (FPT) – Fourgon-Pompe Tonne Secours Routier (FPTSR)**

Armé par 6 à 8 sapeurs-pompiers, le FPT dispose d'une citerne d'une capacité de 3 100 L et d'une pompe fournissant 2 000 L/mn à une pression de 15 bars.
Mission principale : extinction des incendies.

■ **Fourgon-Pompe Tonne léger (FPTL) – Fourgon-Pompe Tonne léger Secours Routier (FPTLSR)**

Armé par 4 à 6 sapeurs-pompiers, le FPTL dispose d'une citerne d'une capacité minimale de 2 000 L et d'une pompe répondant elle aussi à des capacités minimales (débit : 1 500 L/mn ; pression : 15b)
Mission(s) principale(s) : extinction des incendies, opérations diverses.

■ **Véhicule d'Intervention Polyvalent (VIP) – Véhicule d'Intervention Polyvalent Secours Routier (VIPSR)**

Armé par 4 sapeurs-pompiers, le VIP dispose d'une citerne d'une capacité 2000 L et d'une pompe pouvant débiter 1 500 L/mn à 15b ; entraînement par le moteur du véhicule.
Le VIPSR dispose en plus de matériel lui permettant de réaliser les mêmes missions que le VSR.
Mission(s) principale(s) : extinction des incendies, accidents de la circulation.

■ **Camion-Citerne Rural Léger (CCRL)**

Armé par 4 sapeurs-pompiers, le CCRL dispose d'une citerne d'une capacité 1 900 L et d'une pompe pouvant débiter 1 000 L/mn à 10b ; entraînement par le moteur du véhicule.
Mission(s) principale(s) : feux de forêts, missions urbaines en secteur rural (feux, sauvetages, opérations diverses…).

■ **Échelle Pivotante Séquentielle 30 mètres (EPS 30)**

Armée par 2 sapeurs-pompiers, l'échelle permet d'accéder à des endroits inaccessibles jusqu'à une hauteur de 30 mètres. Souvent utilisée lors des feux urbains, elle est également sollicitée pour d'autres interventions en hauteur.
Mission(s) principale(s) : Sauvetages lors des incendies, extinction.

■ **Véhicule de Secours Routier (VSR)**

Armé par 3 sapeurs-pompiers, le VSR intervient pour des accidents de la circulation

(route, chemins de fer, etc.). Son équipement permet de baliser le site, de l'éclairer, de le protéger des incendies, de caler les véhicules accidentés et de désincarcérer les victimes.
Mission(s) principale(s) : accidents de la circulation.

Véhicule de Secours et d'Assistance aux Victimes (VSAV) – Véhicule de Secours et d'Assistance aux Victimes Urbain (VSAVU)
Armé par 3 à 4 sapeurs-pompiers, le VSAV et son matériel permettent de prendre en charge une victime afin de la soigner et de la transporter vers un établissement de soin.
Mission(s) principale(s) : accidents routiers, sportifs, domestiques.

Véhicule Léger Infirmier (VLI)
Armé par 1 conducteur et 1 infirmier, il permet d'amener sur les lieux d'une intervention un infirmier et son matériel.
Mission(s) principale(s) : assistance médicale.

Véhicule de Soutien Sanitaire (VSS)
Armé par 1 conducteur et 1 infirmier ou médecin, il sert d'infirmerie mobile dans le cadre du soutien sanitaire du personnel engagé sur une opération.
Mission(s) principale(s) : soutien sanitaire.

Véhicule Sanitaire Tout Terrain (VSTT)
Véhicule pouvant assurer le transport d'une victime en dehors des voies carrossables. Participe également au soutien sanitaire des équipes de sapeurs-pompiers engagées sur intervention, notamment les feux de forêts.
Mission(s) principale(s) : soutien sanitaire, secours en site accidenté.

Véhicule de Liaison (VL)
Pouvant transporter jusqu'à 5 sapeurs-pompiers, les véhicules de liaison ne disposent pas d'aménagement particulier.
Mission(s) principale(s) : transport de personnel, formation, réunions, logistique, ils peuvent être utilisés comme véhicules de commandement pour les cadres opérationnels.

Véhicule de Liaison Tout Terrain (VTT)
Pouvant transporter de 2 à 9 sapeurs-pompiers, ces véhicules sont utilisés par les cadres opérationnels en véhicules de commandement.
Mission(s) principale(s) : véhicule de commandement.

Véhicule Léger Chef de Groupe (VLCG)
Véhicule utilisé par le chef de groupe pour se déplacer et équipé d'outils d'aide à la gestion et au commandement (plan de travail, cartographie...).
Mission(s) principale(s) : commandement des interventions courantes.

Véhicule Poste de Commandement (VPC)
Ce véhicule permet de gérer les interventions importantes. Il est en effet équipé de moyens radio, téléphoniques et informatiques ainsi que de matériels de secrétariat à disposition du commandant des opérations de secours.
Mission(s) principale(s) : commandement des interventions importantes.

Véhicule Transport de Personnel (VTP)
Ce minibus permet de transporter 9 personnes.
Mission(s) principale(s) : déplacement de personnels (formation, cérémonies), transport de personnes.

Véhicule Opérations Diverses (VOD)
Armé par 2 à 3 sapeurs-pompiers, le VOD est équipé de tout le matériel nécessaire pour mener à bien les opérations diverses courantes.
Mission(s) principale(s) : opérations diverses.

Véhicule Léger Utilitaire (VLU)
Armé par 2 sapeurs-pompiers, le VLU permet de transporter tout type de matériel pour traiter les interventions diverses mais également du matériel complémentaire lors des interventions courantes.
Mission(s) principale(s) : missions de soutien et de logistique.

Véhicule Porte-CEllule (VPCE)
Armé par 1 à 2 sapeurs-pompiers, le VPCE est un véhicule porteur sur lequel on charge une cellule dédiée à telle ou telle mission :
- cellule de décontamination (CEDEC) ;
- cellule de dépollution (CEDEPOL) ;
- cellule de soutien en matériels (CESMI) ;
- cellule émulseur (CEM) ;
- cellule de sauvetage déblaiement (CESD) ;
- cellule ventilation, éclairage, compresseur (CEVEC).

Camion-Citerne Feux de forêts Léger (CCFL)
Armé par 2 sapeurs-pompiers, le CCFL dispose d'une citerne d'une capacité allant de 400 à 1 600 L et d'une motopompe portative.
Mission(s) principale(s) : extinction des feux de végétaux.

Camion-Citerne Feux de forêts Moyen (CCFM)
Armé par 4 sapeurs-pompiers, le CCF dispose d'une citerne d'une capacité allant de 2 000 à 4 000 L.
Mission(s) principale(s) : extinction des feux de végétaux.

Camion-Citerne Feux de forêts Super (CCFS)
Armé par 3 sapeurs-pompiers, le CCFS dispose d'une citerne d'une capacité allant jusqu'à 6 000 L. Il dispose d'une autopompe fournissant 2 000 L/mn à 15 bars et d'un canon permettant d'attaquer le feu à distance.
Mission(s) principale(s) : extinction des feux de végétaux.

Camion-Citerne Grande Capacité (CCGC)
Armé par 2 sapeurs-pompiers, le CCGC dispose d'une citerne d'une capacité de 10 à 12 000 L.
Mission(s) principale(s) : soutien hydraulique des engins de lutte contre l'incendie.

Dévidoir Automobile Léger Tout Terrain (DALTT)
Véhicule transportant une grande longueur de tuyaux permettant d'amener l'eau sur de grandes distances. Ce véhicule tracte une motopompe remorquable lorsqu'il part en intervention : motopompe remorquable (MPR) Il s'agit d'une motopompe montée sur un châssis afin de pouvoir être tractée.

6. Quelques éléments du langage professionnel des sapeurs-pompiers

Comme dans tous les métiers, les sapeurs-pompiers ont adopté un langage professionnel spécifique qu'il est utile de connaître dans la perspective du concours. Par ailleurs, vous trouverez p. 149 un glossaire détaillé des sigles professionnels.

1. Quelques termes d'argot des sapeurs-pompiers

« Boyaux » : tuyaux.
« Décaler » : partir en intervention.
« Déboyauter » : dérouler une ligne de tuyau.
« Delta-Charlie-Delta » : désigne une personne décédée.
« Escabeau » : grande échelle.
« Rif » : Feu.
« Sainte-Barbe » : protectrice des pompiers et des artificiers, fête le 4 décembre.
« Tricoise » : clé de laiton utilisée pour serrer les raccords de tuyaux.

2. L'alphabet phonétique international et les chiffres à la radio

En raison de la survenance possible d'une mauvaise émission radio, les pompiers ont recours à l'alphabet phonétique international :

A – Alpha
B – Bravo
C – Charlie
D – Delta
E – Echo
F – Fox-Trot
G – Golf
H – Hotel
I – India
J – Juliette
K – Kilo
L – Lima
M – Mike
N – November
O – Oscar
P – Papa
Q – Québec
R – Roméo
S – Sierra
T – Tango
U – Uniforme
V – Victor
W – Whisky
X – X-Ray
Y – Yankee
Z – Zoulou.

Pour les mêmes raisons, les pompiers sont également amenés à décomposer les chiffres en émettant à la radio :

0 – zéro nul
1 – un unité (ou un tout seul)
2 – un et un
3 – deux et un
4 – deux fois deux
5 – trois et deux
6 – deux fois trois
7 – quatre et trois
8 – deux fois quatre
9 – cinq et quatre.

7. Les grades des sapeurs-pompiers professionnels

Parmi les 40 400 sapeurs-pompiers professionnels, la répartition par grades est approximativement la suivante :

- 7 000 officiers ;
- 14 000 sous-officiers ;
- 16 000 gradés et sapeurs (appelés également hommes du rang).

Au sein de la fonction publique territoriale, les sapeurs-pompiers professionnels sont répartis en trois catégories :

- la catégorie C comprend les grades de sapeur de 2e classe, sapeur de 1re classe, caporal, sergent et adjudant ;
- la catégorie B comprend les grades de lieutenant de 2e classe, lieutenant de 1re classe et lieutenant hors classe ;
- la catégorie A comprend les grades de capitaine, commandant, lieutenant-colonel et colonel.

1. Les grades chez les sapeurs-pompiers civils

Auxiliaires, hommes du rang et caporaux

Auxiliaire

Sapeur 2e classe

Sapeur 1re classe (SPV)

Caporal

Caporal-Chef

Sous-officiers

Sergent

Sergent-Chef

Adjudant

Adjudant-Chef

Officiers

Major

Lieutenant (2e classe, 1re classe, hors-classe)

Capitaine

Commandant

Lieutenant-Colonel

Emplois supérieurs de direction

Colonel et colonel hors-classe

Contrôleur général

Contrôleur général (investi de responsabilités particulières de l'État)

2. Les grades du Service de santé et de secours

Les personnels du Service de santé et de secours médical ont des attributs de grades de capitaine, commandant, lieutenant-colonel et colonel. Seule la couleur des épaulettes varie selon le métier.

Médecins (bordeaux)

Médecin aspirant (SPV)

Médecin lieutenant (SPV)

Médecin capitaine (SPV)/classe normale stagiaire (SPP)

Médecin commandant (SPV)/classe normale titulaire (SPP)

Médecin lieutenant-colonel (SPV)/hors-classe (SPP)

Médecin colonel (SPV)/classe exceptionnelle (SPP)

Pharmaciens (vert)

Pharmacien capitaine (SPV)/classe normale stagiaire (SPP)

Pharmacien commandant (SPV)/classe normale titulaire (SPP)

Pharmacien lieutenant-colonel (SPV)/hors-classe (SPP)

Pharmacien colonel (SPV)/classe exceptionnelle (SPP)

Vétérinaires (SPV) (violet)

Vétérinaire capitaine

Vétérinaire commandant

Vétérinaire lieutenant-colonel

Vétérinaire colonel

Infirmiers (rouge)

Infirmier (SPV)/ classe normale (SPP)

Infirmier principal (SPV)/ classe supérieure (SPP)

Infirmier chef (SPV)/ hors-classe (SPP)

Cadres de santé (bleu)

Cadre de santé 2e classe

Cadre de santé 1re classe

Cadre supérieur de santé

3. Experts

Un expert donne des conseils techniques dans son domaine de compétences (risques naturels, risques technologiques, environnement, suivi de contraintes psychologiques, communication).

Expert(e)

Expert(e) SSSM

Psychologue

4. Les galons des jeunes sapeurs-pompiers

JSP1 Blanc

JSP2 Jaune

JSP3 Orange

JSP4 Vert

8. Les emplois et spécialités des sapeurs-pompiers

1. Les principaux emplois

Les principaux emplois de sapeurs-pompiers sont, par ordre croissant d'importance hiérarchique, les suivants :

- **Équipier :** sapeur-pompier constituant l'élément de base d'une équipe.
- **Chef d'équipe :** sapeur-pompier responsable de l'engagement opérationnel et de la sécurité d'une équipe.
- **Chef d'agrès :** sapeur-pompier, au minimum du grade de caporal, responsable de l'engagement opérationnel et de la sécurité des moyens en personnel et en matériel d'un véhicule.
- **Chef de groupe :** sapeur-pompier, au minimum du grade d'adjudant, responsable de l'engagement opérationnel d'un groupe d'agrès chargé d'effectuer une action opérationnelle.
- **Chef de colonne :** officier responsable d'une colonne constituée de deux à quatre groupes permettant de répondre à une mission donnée.
- **Chef de site :** officier responsable de plusieurs colonnes engagées au sein d'un dispositif opérationnel dans une zone géographique précise.
- **Chef de garde :** sapeur-pompier, au minimum du grade de major, responsable de la gestion opérationnelle et administrative de l'effectif de garde.
- **Chef de centre :** sapeur-pompier, au minimum du grade de major, ayant la responsabilité d'un centre de secours et placé sous l'autorité du chef de corps ou du directeur départemental des services d'incendie et de secours.
- **Chef de groupement :** officier responsable d'un groupement territorial, subdivision géographique d'un département selon les contraintes opérationnelles recensées, ou d'un groupement de services au sein d'un service départemental d'incendie et de secours.

2. Les principales spécialités

Les principales spécialités des sapeurs-pompiers sont les suivantes :

- la formation et développement des compétences ;
- les interventions à bord des navires et des bateaux ;
- le canyon ;
- la conduite ;
- la cynotechnie ;
- l'éducation physique et sportive ;
- les feux de forêts, la formation ;
- les interventions en site souterrain ;
- les interventions en milieu périlleux ;
- les risques chimiques et biologiques ;
- les risques radiologiques ;
- le sauvetage déblaiement ;
- le secours en montagne ;
- le sauvetage aquatique
- les transmissions.

9. Rappels chronologiques

Ces quelques rappels chronologiques sont destinés à vous apporter un éclairage synthétique sur les événements marquants de ces dernières années. En aucun cas, ils ne peuvent prétendre à l'exhaustivité, ni vous dispenser d'un travail personnel d'approfondissement éventuel. À ce titre, nous vous recommandons à nouveau de suivre de près l'actualité, notamment en prenant pour habitude de lire un quotidien.

Par ailleurs, la diversité des événements mentionnés dans cette chronologie ne fait que répondre à la variété des questions susceptibles de vous être posées, notamment lors de l'épreuve d'entretien avec le jury. Le jury recherche en effet des candidats ouverts s'intéressant à leur environnement et à l'actualité.

Année 2016

Janvier 2016

1er janvier : les Pays-Bas prennent la présidence tournante de l'Union européenne, succédant au Luxembourg.
Entrée en vigueur des nouvelles Régions administratives de France.

Février 2016

9 février : le gouvernement irakien reprend totalement Ramadi à daesh.

12 au 21 février : jeux Olympiques de la jeunesse d'hiver de 2016 à Lillehammer.

Mars 2016

22 mars : attentats dans la zone publique de l'aéroport et dans le métro à Bruxelles (Belgique).

27 mars : l'armée syrienne reprend Palmyre à daesh.

31 mars : première « Nuit debout » sur la place de la République à Paris.

Avril 2016

16 avril : les députés brésiliens votent la destitution de la présidente brésilienne, Dilma Rousseff.

Mai 2016

22 mai : lors du second tour de l'élection présidentielle en Autriche, le candidat écologiste Alexander Van der Bellen est élu de justesse face au candidat identitaire Norbert Hofer. Le scrutin est invalidé par la suite en raison de tricheries des partisans du candidat écologiste.

26 et 27 mai : 42e sommet du G7 au Japon.

Juin 2016

10 juin : ouverture du Championnat d'Europe de football (Euro 2016) en France. Le Portugal remporte la compétition face à l'équipe de France (1-0).

12 juin : une fusillade revendiquée par daesh fait 49 morts dans une discothèque fréquentée par la communauté homosexuelle d'Orlando (Floride).

23 juin : les électeurs du Royaume-Uni choisissent par référendum de quitter l'Union européenne (Brexit).

Juillet 2016

3 juillet : un attentat-suicide à Bagdad (Irak), revendiqué par daesh, est à l'origine d'au moins 292 morts et de 200 blessés.

13 juillet : Theresa May remplace David Cameron à la tête du gouvernement britannique.

14 juillet : un attentat à Nice en France, revendiqué par daesh, cause 86 morts et plus de 200 blessés.

15 juillet : tentative de coup d'État en Turquie, qui échouera et conduira à de sévères purges dans de nombreux secteurs de la société et de l'appareil d'État.

Du 25 juillet au 1er août : Journées mondiales de la jeunesse 2016 à Cracovie en Pologne.

26 juillet : attentat de l'église de Saint-Étienne-du-Rouvray en France, qui conduira notamment à l'égorgement d'un prêtre âgé de 86 ans.

Août 2016

1er août : frappes aériennes américaines sur les positions de daesh à Syrte en Libye.

Du 5 au 21 août : jeux Olympiques d'été de 2016 à Rio de Janeiro au Brésil.

24 août : un séisme frappe le centre de l'Italie, provoquant la mort de 298 personnes.

Septembre 2016

4 septembre : Mère Teresa est canonisée par le pape François et devient sainte Teresa de Calcutta.

9 septembre : essai nucléaire de la Corée du Nord.

Octobre 2016

1er au 8 octobre : L'ouragan Matthew touche les Antilles et la Floride. Il est à l'origine de la mort de près de 900 personnes, notamment en Haïti.

13 octobre : L'Assemblée générale de l'Onu désigne le portugais Antonio Guterres pour occuper le poste de secrétaire général.

17 octobre : début de la bataille de Mossoul (Irak).

Novembre 2016

8 novembre : Donald Trump est élu 45e président des États-Unis.

Décembre 2016

6 décembre : Manuel Valls démissionne de son poste de Premier ministre. Il est remplacé par Bernard Cazeneuve.

19 décembre : Assassinat de l'ambassadeur de Russie en Turquie, à Ankara en Turquie ; attaque terroriste contre un marché de Noël à Berlin en Allemagne.

22 décembre : L'armée syrienne, appuyée notamment par des forces militaires russes, parvient à reprendre aux islamistes la ville d'Alep.

Année 2017

Janvier 2017

1er janvier : Un attentat dans une discothèque à Istanbul, revendiqué par le groupe État islamique, fait 39 morts et 65 blessés.

20 janvier : Investiture du 45e président des États-Unis, Donald Trump.

Février 2017

12 février : Élection présidentielle en Allemagne.

Mars 2017

22 mars : Attentat de Westminster à Londres.

Avril 2017

3 avril : Attentat du métro de Saint-Pétersbourg en Russie.

7 avril : Attentat au camion-bélier à Stockholm en Suède.

16 avril : Référendum constitutionnel en Turquie.

23 avril : Premier tour de l'élection présidentielle en France.

Mai 2017

7 mai : Élection présidentielle en France. Emmanuel Macron est élu face à Marine Le Pen.

15 mai : Édouard Philippe est nommé Premier ministre par Emmanuel Macron.

22 mai : Un attentat-suicide à Manchester (Royaume-Uni) fait 22 morts.

Juin 2017

3 juin : Un attentat à Londres (Royaume-Uni) fait 7 morts.

11 et 18 juin : Élections législatives en France.

Juillet 2017

7 et 8 juillet : Sommet du G20 à Hambourg (Allemagne).

9 juillet : Le gouvernement irakien annonce avoir remporté la bataille de Mossoul.

Août 2017

17 août : Une attaque terroriste à Barcelone fait 13 morts.

Septembre 2017

13 septembre : Paris est désignée comme ville hôte pour les JO d'été de 2024.

15 septembre : attentat dans le métro de Londres.

24 septembre : élections fédérales en Allemagne. Grâce au succès relatif de sa coalition politique, Angela Merkel pourra assurer un quatrième mandat à la tête du gouvernement fédéral. Fait notable : l'entrée au Bundestag de l'extrême-droite (AfD).

6-12 septembre : L'ouragan Irma ravage les Antilles, la Floride et Cuba et fait 62 morts.

Octobre 2017

1er octobre : Un référendum sur l'indépendance de la Catalogne est organisé par le gouvernement régional, malgré l'opposition du gouvernement espagnol.

Deux jeunes filles sont tuées à la gare de Marseille par un terroriste, qui sera ensuite abattu par des militaires du dispositif « Sentinelle ».

2 octobre : Une fusillade à l'arme automatique à Las Vegas fait 59 morts et 525 blessés. C'est la plus importante tuerie de masse de l'histoire américaine.

Novembre 2017

6 novembre au 17 novembre : Conférence de Bonn sur les changements climatiques (COP23) en Allemagne.

17 novembre : Rawa, la dernière ville d'Irak occupée par l'État islamique, est reprise par l'armée irakienne.

24 novembre : un attentat dans une mosquée fait 305 morts en Égypte.

Décembre 2017

5 décembre : décès de Jean d'Ormesson et de Johnny Hallyday.

Année 2018

Janvier 2018

3 au 6 janvier : 7 morts après le passage de la tempête Eleanor sur la France.

Février 2018

14 février : la fusillade de Parkland en Floride fait 17 morts.

Mars 2018

4 mars : l'empoisonnement de Sergueï et Ioulia Skripal au Royaume-Uni est à l'origine d'une crise diplomatique entre la Russie et de nombreux pays occidentaux.

14 mars : entrée en fonction du quatrième gouvernement Merkel en Allemagne.

18 mars : élection présidentielle en Russie, Vladimir Poutine est réélu.

23 mars : attentats à Carcassonne et Trèbes en France.

Avril 2018

14 avril : les États-Unis, la France et le Royaume-Uni bombardent le régime syrien en « représailles à l'attaque chimique de Douma ».

27 avril : première rencontre entre les dirigeants sud et nord-coréen, Moon Jae-in et Kim Jong-un.

Mai 2018

8 mai : les États-Unis se retirent de l'accord de Vienne sur le nucléaire iranien et menacent de sanctions les entreprises européennes qui continueraient à commercer avec l'Iran.

19 mai : mariage du prince Harry et de Meghan Markle au Royaume-Uni.

Juin 2018

12 juin : rencontre entre Donald Trump et Kim Jong-un à Singapour.

24 juin : Recep Tayyip Erdoğan est réélu en Turquie lors d'une élection présidentielle anticipée.

Juillet 2018

15 juillet : l'équipe de France remporte la coupe du monde de football contre la Croatie.

Août 2018

14 août : l'effondrement d'un pont à Gênes (Italie) cause la mort de dizaines de personnes.

28 août : démission de Nicolas Hulot, ministre de la Transition écologique et solidaire.

Octobre 2018

15 octobre : des inondations très importantes sont à l'origine de 14 morts dans l'Aude, dans le sud de la France.

28 octobre : le second tour de l'élection présidentielle brésilienne est remporté par le candidat populiste Jair Bolsonaro.

Novembre 2018

4 novembre : référendum sur l'indépendance de la Nouvelle-Calédonie. Le « non » l'emporte.

6 novembre : aux États-Unis, les élections sénatoriales et des représentants, dites de « mi-mandat », confirment Donald Trump.

11 novembre : centenaire de l'armistice de la Première Guerre mondiale.

Décembre 2018

10 décembre : le pacte mondial sur les migrations est approuvé à Marrakech (Maroc).

11 décembre : une attaque terroriste cause 5 morts à Strasbourg.

Année 2019

Janvier 2019

1er janvier : la Roumanie prend la présidence tournante de l'Union européenne, succédant à l'Autriche.

21 janvier : un attentat des talibans contre l'armée afghane fait environ 100 morts.

22 au 27 janvier : journées mondiales de la jeunesse à Panama.

23 janvier : au Venezuela, le président de l'Assemblée nationale, Juan Guaidó, s'autoproclame président de la République par intérim, en concurrence avec le président élu, Nicolás Maduro.

Février 2019

2 février : la Russie entame le processus de retrait du traité sur les forces nucléaires à portée intermédiaire le lendemain de l'annonce du retrait américain.

16 février : début des manifestations en Algérie pour protester contre la candidature du président Abdelaziz Bouteflika à un cinquième mandat à l'élection présidentielle algérienne de 2019.

Mars 2019

15 mars : l'attentat de Christchurch en Nouvelle-Zélande cause la mort de 49 personnes présentes dans deux mosquées.

Avril 2019

15 avril : incendie de la cathédrale Notre-Dame de Paris.

Mai 2019

23 au 26 mai : élections européennes. En France, la liste du Rassemblement national arrive en tête.

Juin 2019

7 juin au 7 juillet : Coupe du monde féminine de football en France.

9 juin : manifestations à Hong Kong contre la loi d'extradition.

Juillet 2019

Le mois de juillet 2019 est le mois le plus chaud jamais enregistré dans l'Histoire.

1er juillet : la Finlande prend la présidence tournante de l'Union européenne, succédant à la Roumanie.

24 juillet : Boris Johnson est nommé Premier ministre du Royaume-Uni, succédant à Theresa May.

Août 2019

À partir du 11 août : multiplication anormale des feux de forêt dans l'Amazonie brésilienne.

25 au 27 août : 45e sommet du G7 en France.

Septembre 2019

14 septembre : une attaque de drones contre Abqaïq et Khurais réduit la production de pétrole de l'Arabie saoudite de moitié.

17 au 30 septembre : 74e assemblée générale de l'Onu à New York, avec un discours de Greta Thunberg en faveur de l'écologie.

20 septembre au 2 novembre : Coupe du monde de rugby à XV au Japon, remportée par l'équipe d'Afrique du Sud.

26 septembre : mort de l'ancien président de la République Jacques Chirac.

Octobre 2019

14 octobre : le verdict du procès des indépendantistes catalans déclenche des manifestations et émeutes en Catalogne.

Novembre 2019

25 novembre : une collision entre deux hélicoptères entraîne la mort de 13 soldats français au Mali.

Décembre 2019

1er décembre : entrée en fonction de la nouvelle Commission européenne présidée par Ursula von der Leyen, celle-ci succède à Jean-Claude Juncker et devient ainsi la première femme à la tête de la Commission.

5 décembre : en France, début d'un important mouvement social (nombreuses grèves et manifestation) pour protester contre une réforme du régime des retraites.

31 décembre : la Chine informe l'Organisation mondiale de la santé (OMS) qu'une épidémie de maladie de coronavirus a commencé à Wuhan.

Année 2020

Janvier 2020 :

Janvier 2020 : poursuite d'importants incendies de végétation en Australie.

3 janvier : assassinat du général iranien Qassem Soleimani en Irak par une frappe américaine sur l'aéroport de Bagdad, ce qui déclenche une crise diplomatique internationale.

8 janvier : en Irak, en réponse à l'assassinat de Qassem Soleimani, les forces armées iraniennes bombardent deux bases militaires internationales, abritant notamment des soldats américains.

En Iran, un vol d'Ukraine International Airlines est abattu par erreur par un missile sol-air iranien, et s'écrase juste après son décollage de l'aéroport de Téhéran, provoquant la mort des 176 passagers et membres d'équipage.

9 janvier : la Chine enregistre officiellement son premier décès dû au Covid-19.

23 janvier : en raison de l'épidémie du coronavirus, le gouvernement chinois place en quarantaine toute la métropole de Wuhan (11 millions d'habitants) et les villes de Huanggang (7,5 millions d'habitants) et Ezhou.

Février 2020

6 février : une température de 18,3 °C est enregistrée à la base Esperanza dans la péninsule Antarctique. Il s'agit de la plus haute jamais recensée en Antarctique continental

Mars 2020

9 mars : confronté à une flambée épidémique de coronavirus, le gouvernement italien place l'ensemble du pays en confinement.

11 mars : l'Organisation mondiale de la santé reclasse officiellement la flambée de Covid-19 d'épidémie à pandémie.

12 mars : en raison de la pandémie de coronavirus, Emmanuel Macron annonce de nouvelles règles strictes, dont la fermeture de tous les établissements scolaires dans le pays, à partir du lundi 16 mars pour une durée indéterminée.

26 mars : les États-Unis inculpent le président du Venezuela Nicolás Maduro de « narcoterrorisme » et promettent une prime de 15 millions de dollars pour toute information permettant de mener à sa capture.

Avril 2020

10 avril : la barre des 100 000 morts liés à la pandémie de Covid-19 dans le monde est dépassée.

12 avril : au Royaume-Uni, le nombre de décès liés au Covid-19 dépasse les 10 000. Le Royaume-Uni devient le troisième pays d'Europe, après l'Italie et l'Espagne, à dépasser 10 000 décès.

13 avril : en France, le confinement de la population est prolongé jusqu'au 11 mai.

Mai 2020

4 mai : début de la première phase de déconfinement en Allemagne et en Belgique.

28-31 mai : les protestations se poursuivent à Minneapolis et dans deux autres villes américaines après la mort d'un homme non armé, George Floyd, lors de son interpellation. De nombreuses manifestations dégénèrent en émeute, notamment des pillages et des incendies criminels.

Juin 2020

3 juin : une opération des forces françaises de l'opération Barkhane au Mali près de la frontière avec l'Algérie aboutit à l'élimination d'Abdelmalek Droukdel, chef d'Al-Qaïda au Maghreb islamique et principal meneur djihadiste au Mali, et celle de son lieutenant.

Juillet 2020

3 juillet : en France, Jean Castex est nommé Premier ministre après la démission d'Édouard Philippe.

Août 2020

4 août : le port de Beyrouth (Liban) est touché par deux violentes explosions.

18 août : au Mali, un coup d'État renverse le président Ibrahim Boubacar Keïta.

29 août au 20 septembre : 107e édition du Tour de France.

Septembre 2020

27 septembre : dans un contexte de reprise des contaminations à la Covid-19, les bars et restaurants de Marseille et d'Aix-en-Provence sont fermés par arrêté préfectoral.

Octobre 2020

8 octobre : libération de Sophie Pétronin, détenue en otage au Mali depuis le 24 décembre 2016.

28 octobre : en France, mise en place d'un second confinement.

Novembre 2020

3 novembre : élection présidentielle et élections sénatoriales aux États-Unis. Le démocrate Joe Biden remporte l'élection présidentielle, tandis que les Républicains restent majoritaires au Sénat.

Décembre 2020
31 décembre : après le retrait du Royaume-Uni de l'Union européenne, fin de la période de transition pour les négociations sur une relation future.

Année 2021

Janvier 2021
20 janvier : investiture de Joe Biden en tant que Président des États-Unis et de Kamala Harris comme vice-présidente des États-Unis.

Février 2021
1er février : un coup d'État militaire renverse le gouvernement d'Aung San Suu Kyi en Birmanie.

Avril 2021
20 avril : le président du Tchad depuis 1990, Idriss Déby, est tué sur le front dans le nord du pays par des rebelles.
22 avril : lancement de la mission spatiale SpaceX Crew-28 à destination de la Station Spatiale Internationale, avec Thomas Pesquet dans l'équipage.

Juin 2021
20 et 27 juin : élections régionales et élections départementales en France.

Juillet 2021
Du 14 juillet au 15 juillet : fortes inondations en Allemagne, en Belgique, en France, au Luxembourg et en Suisse à la suite de pluies diluviennes.
Du 23 juillet au 8 août : Jeux olympiques d'été de 2020 (reportés) à Tokyo, au Japon.

Août 2021
15 août : en Afghanistan, le président Ashraf Ghani quitte le pouvoir à la suite de la prise de Kaboul, permettant aux talibans de rétablir l'Émirat islamique d'Afghanistan disparu en 2001.
Du 24 août au 5 septembre : Jeux paralympiques d'été à Tokyo au Japon.

Septembre 2021
11 septembre : 20e commémoration des attentats du 11 septembre 2001.

Octobre 2021
1er octobre : ouverture de l'Exposition universelle à Dubaï (Émirats arabes unis).

Novembre 2021
17 novembre : début de révolte dans les Antilles françaises en raison des restrictions des libertés publiques liées à la crise sanitaire de la Covid-19.

Décembre 2021
4 décembre : éclipse solaire totale, passant sur l'Antarctique occidental.

Année 2022

Janvier 2022

24 janvier : élection présidentielle en Italie. Victoire de Sergio Mattarella.

Février 2022

Du 4 au 20 février : Jeux olympiques d'hiver de 2022 à Pékin.
24 février : début de l'invasion de l'Ukraine par la Russie.

Mars 2022

Du 4 au 13 mars : Jeux paralympiques d'hiver de 2022 à Pékin.
31 mars : clôture de l'Exposition universelle à Dubaï (Émirats arabes unis)

Avril 2022

10 avril : élection présidentielle française (1er tour).
24 avril : élection présidentielle française (second tour). Emmanuel Macron est réélu avec 58 % des voix, face à Marine Le Pen.

Mai 2022

15 mai : au Vatican, Charles de Foucauld est canonisé par le pape François, avec neuf autres bienheureux.
16 mai : le gouvernement Jean Castex démissionne ; Élisabeth Borne est nommée Première ministre.

Juin 2022

19 juin : au second tour des élections législatives en France, la coalition présidentielle n'obtient qu'une majorité relative.

Juillet et août 2022

Canicule et sécheresse en Europe.
Feux de forêt de très grande ampleur en Afrique du Nord et en Europe.

Septembre 2022

8 septembre : mort d'Élisabeth II, reine du Royaume-Uni. Son fils Charles III lui succède.
25 septembre : élections générales italiennes. Giorgia Meloni (droite populiste) devient, le 22 octobre, présidente du conseil des ministres italien.

Octobre 2022

14 octobre : à Paris, une jeune fille de 12 ans, Lola est retrouvée dans une malle en plastique après avoir été sauvagement tuée. Ce crime et le profil de la suspecte suscitent l'émotion et enflamment le débat.
20 octobre : au Royaume-Uni, démission du poste de Premier ministre de Liz Truss, qu'elle occupait seulement depuis le 6 septembre 2022. Rishi Sunak lui succède le 25 octobre.

Novembre 2022

21 novembre au 18 décembre : 22e édition de la Coupe du monde de football au Qatar.

Entraînement

Vous trouverez ci-après une liste purement indicative de questions susceptibles de vous être posées lors de l'épreuve d'entretien avec le jury : en aucun cas, cette liste ne peut prétendre à l'exhaustivité, il ne s'agit que d'exemples. Cette liste vise simplement à vous donner une indication et servir éventuellement de support à un entraînement filmé.

Soyez bien conscient qu'il n'y a pas de bonne ou de mauvaise réponse, l'essentiel est d'être sincère et naturel dans vos réponses. Les réponses et conseils donnés ici n'ont qu'une valeur indicative. En aucun cas, ils ne doivent être considérés comme un corrigé type de ces questions.

Le caractère « mélangé » des questions doit vous préparer à répondre à des questions n'ayant pas nécessairement de suite ou de cohérence entre elles.

Questions communes aux deux concours

Questions personnelles

1 Quel bilan tirez-vous de vos études ?

Quel que soit le bilan que vous en faites et quel que soit votre parcours, efforcez-vous de rester toujours positif dans votre présentation. Dans la mesure du possible, faites des liens entre vos études et la profession de sapeur-pompier professionnel (exemple : connaissances en physique-chimie, en éducation physique, en secourisme...).

2 Quel est le dernier livre que vous ayez lu ?

Évitez de dire que vous ne lisez jamais, même si c'est le cas. Choisissez un livre ou deux et préparez-vous à en parler (sachez dire quelques mots sur l'auteur et sur le contenu du livre).

3 Que pensez-vous de tel ou tel fait d'actualité ?

Soyez prêt à défendre une opinion personnelle, de manière à la fois nuancée et argumentée. Être ouvert ne signifie pas forcément renoncer à des convictions personnelles.

4 Qui est le maire de votre commune ?

Vous pouvez être amené à être interrogé sur les institutions, notamment celles proches de vous (noms de votre maire, de votre député...).

5 Pratiquez-vous un sport d'équipe ?

Un candidat sportif sera toujours avantagé par rapport à un candidat n'ayant aucune activité physique. Pour autant, ne mentez pas au jury si vous ne faites jamais de sport.

⑥ Quelle est votre situation familiale ?

Aucune difficulté particulière pour cette question. Prenez toutefois en considération l'impact du choix de la carrière de sapeur-pompier professionnel sur les éventuels conjoint et enfants.

⑦ Quel est le dernier film que vous ayez vu au cinéma ?

Si vous n'allez jamais au cinéma, choisissez un film vu à la télévision ou en DVD. Sachez en parler (contenu du film, genre, réalisateur, acteurs principaux...).

⑧ Vous habitez rue Jean Moulin. Pouvez-vous nous dire qui était Jean Moulin ?

Cette question est classique. Vous devez connaître un minimum l'histoire et les caractéristiques principales de votre région (spécialités culinaires, monuments marquants, personnages historiques...).

⑨ Quelles sont les dernières élections pour lesquelles vous avez voté ?

Notez bien que l'on vous demande uniquement pour quelles élections vous avez voté, et non pour quel candidat... Au-delà, soyez prêt à dire quelque mot du rôle du député, du maire...

⑩ Citez-nous vos qualités.

Parlez franchement, sans être trop modeste ou trop excessif. Pour vous aider à distinguer vos qualités, demandez l'avis objectif de vos proches.

⑪ Quels enseignements tirez-vous de vos expériences professionnelles ?

Quel que soit le bilan que vous en faites et quel que soit votre parcours, efforcez-vous de rester toujours positif dans votre présentation. Dans la mesure du possible, faites des liens entre votre parcours professionnel et la profession de sapeur-pompier professionnel (exemple : connaissances techniques, secourisme...). Si vous n'avez pas eu au préalable d'expérience professionnelle véritable, cela n'a pas d'importance particulière.

⑫ Quel fait d'actualité a particulièrement retenu votre attention ?

Retenez un évènement significatif et sachez sortir des lieux communs (exemple : « la guerre est un drame »). Apprenez à défendre un point de vue personnel. De manière générale, tenez-vous bien au fait de l'actualité.

⑬ Comment est née chez vous la volonté d'être sapeur-pompier ?

La réponse dépend de chacun. L'origine peut être banale (comme le fait de voir des pompiers éteindre un incendie), l'essentiel étant que le souhait de devenir sapeur-pompier soit un choix bien réfléchi.

⑭ Comment vous êtes-vous préparé au concours ?

Décrivez en quelques mots votre préparation. Cette question doit permettre la mise en valeur de votre motivation au travers du sérieux de votre préparation.

⑮ Admirez-vous un personnage historique ?

Évitez les personnages polémiques ou trop méconnus. Soyez capable de mettre en perspective votre personnage (époque, courant de pensée, contexte historique, adversaires ou partisans connus, faits d'armes, découvertes...).

⑯ Citez un événement personnel qui vous a marqué.

Cet évènement peut être un évènement malheureux. Mais, dans ce cas, essayez de démontrer que vous avez su faire face et que votre caractère est solide.

⑰ Selon vos proches, quels sont vos défauts ?

Interrogez au préalable vos proches et réfléchissez à la compatibilité de ces reproches avec un engagement de sapeur-pompier professionnel.

⑱ Avez-vous déjà vécu en collectivité ?

Les candidats ayant vécu en collectivité peuvent faire valoir cette expérience auprès du jury.

⑲ Si vous échouez au concours de caporal de sapeurs-pompiers professionnels, qu'allez-vous faire ?

Le retenter, bien sûr !

⑳ Dans la vie, qu'est-ce qui vous énerve ?

Ne citez qu'un exemple, mais choisissez un sujet d'importance et soyez prêt à défendre un point de vue personnel.

㉑ Comment occupez-vous vos loisirs ?

C'est une question à laquelle chacun doit répondre selon ses inclinaisons. Si vous évoquez telle ou telle passion, soyez prêt à répondre aux questions du jury.

㉒ De quelle région êtes-vous originaire ?

Cette question peut implicitement sous-entendre que vous devez être prêt à déménager plusieurs fois au cours de votre carrière de sapeur-pompier professionnel et à vivre un certain temps éloigné de votre région d'origine.

㉓ Quelle question aimeriez-vous que l'on vous pose ?

Cette question est importante car elle doit vous permettre de faire valoir un aspect particulier de votre personnalité ou de votre parcours. N'oubliez pas que l'entretien avec le jury permet de se différencier d'autres candidats.

Questions avec une optique professionnelle

㉔ Que représente pour vous l'uniforme de sapeur-pompier ?

C'est à chacun de répondre à cette question. Réfléchissez à l'avance à cette question, mais ne préparez pas une réponse toute prête que vous réciterez le jour de l'entretien.

㉕ Faut-il que les secours soient toujours gratuits ?

Chacun est libre d'avoir son point de vue sur cette question. Soyez prêt à l'argumenter devant le jury, qui cherchera à approfondir cette question avec vous.

㉖ La hiérarchie est-elle toujours nécessaire ?

C'est à chacun d'avoir son point de vue sur la question et de pouvoir le défendre, tout en sachant que le corps des sapeurs-pompiers reste une institution fortement hiérarchisée.

㉗ Quels sont les avantages et les inconvénients du métier de sapeur-pompier professionnel ?

Réfléchissez à cette question, qui est souvent posée. Le métier de sapeur-pompier professionnel comporte nécessairement des inconvénients.

㉘ Quel sens donnez-vous au service public ?

C'est à chacun d'avoir sa propre définition. Une constance cependant : le service désintéressé d'autrui.

㉙ Quels sont les principaux services de secours ?

Il vous appartient de bien connaître les différents aspects professionnels du métier de sapeur-pompier professionnel.

㉚ Les sapeurs-pompiers ont-ils le droit de grève ?

Il vous appartient de bien connaître les différents aspects professionnels du métier de sapeur-pompier.

㉛ Faut-il toujours obéir sans discuter ?

La réponse doit être, bien entendu, nuancée.

㉜ Que pouvez-vous apporter aux sapeurs-pompiers professionnels ?

Restez modeste, mais ne vous dévaluez pas.

㉝ Selon vous, quelles sont les qualités d'un bon sapeur-pompier professionnel ?

Restez simple et concret dans votre réponse.

㉞ Quel est le montant du traitement d'un sapeur-pompier professionnel ?

Il vous appartient de bien connaître les différents aspects professionnels du métier de sapeur-pompier professionnel.

㉟ Connaissez-vous des sapeurs-pompiers professionnels ? Décrivez leur travail.

Il vous appartient de bien connaître les différents aspects professionnels du métier de sapeur-pompier professionnel Vous devez démontrer que vous avez bien conscience de la nature réelle du métier de sapeur-pompier professionnel.

㊱ Qu'est-ce que le devoir de réserve ?

Il vous appartient de bien connaître les différents aspects professionnels du métier de sapeur-pompier.

㊲ Que pensez-vous des femmes chez les sapeurs-pompiers ?

Les réponses misogynes sont bien entendu à proscrire.

㊳ Décrivez la journée d'un sapeur-pompier professionnel au sein de son centre.

Il vous appartient de bien connaître les différents aspects professionnels du métier de sapeur-pompier professionnel.

㊴ Comment voyez-vous votre carrière de sapeur-pompier professionnel ?

Il n'est pas besoin de prévoir un plan de carrière tout tracé pour répondre à cette question. Restez simple et modeste.

㊵ Quelle est l'utilité du sport pour un sapeur-pompier ?

La pratique du sport est indispensable pour un sapeur-pompier. Si vous êtes sportif, profitez de la question pour le faire valoir.

㊶ La sécurité de l'emploi est-elle importante pour vous ?

Il n'est pas honteux de répondre « oui », mais cela ne doit pas être votre motivation principale.

㊷ Que pensez-vous des devises des sapeurs-pompiers « Courage et dévouement » et « Sauver ou périr » ?

Préparez une argumentation basée sur vos propres mots et votre point de vue.

Questions spécifiques au concours réservé aux SPV

1 Pouvez-vous citer l'une de vos interventions marquantes ?

Cet évènement peut être un évènement malheureux. Mais, dans ce cas, essayez de démontrer que vous avez su faire face et que votre caractère est solide.

2 Comment expliquez-vous la popularité dont bénéficient les sapeurs-pompiers ?

Si les sapeurs-pompiers sont populaires, ils doivent également s'efforcer de le rester par leur intégrité et leur dévouement.

3 Dans votre parcours de sapeur-pompier volontaire, que regrettez-vous ?

Restez positif malgré tout : les échecs doivent permettre d'aller de l'avant.

4 Dans votre parcours de sapeur-pompier volontaire, de quoi êtes-vous fier ?

Restez modeste mais ne vous dévaluez pas trop.

5 Que pensez-vous de la mise en cause devant les tribunaux de certaines interventions de sapeurs-pompiers (notamment au titre de la responsabilité médicale) ?

Restez nuancé dans votre réponse.

6 Qui finance le SDIS ?

Il vous appartient de bien connaître les différents aspects institutionnels des SDIS

7 Quelles sont les grandes évolutions du métier de sapeur-pompier ces dernières années ?

Il vous appartient de bien connaître les différents aspects professionnels du métier de sapeur-pompier.

8 Quelles sont les différences entre un sapeur-pompier volontaire et un sapeur-pompier professionnel ?

La réponse doit être nuancée et argumentée. Ne dévaluez pas les sapeurs-pompiers volontaires, qui demeurent indispensables à la bonne marche des secours en France.

9 Quelles sont les évolutions récentes du métier de sapeur-pompier professionnel ?

Il vous appartient de bien connaître les différents aspects professionnels du métier de sapeur-pompier professionnel.

10 Faut-il favoriser la polyvalence ou bien la spécialisation des sapeurs-pompiers professionnels ?

Il vous appartient de bien connaître les différents aspects professionnels du métier de sapeur-pompier professionnel.

11 Quels conseils peut-on donner à un jeune sapeur-pompier volontaire ?

Soyez constructif dans votre réponse, qui doit être bien argumentée.

12 De plus en plus de pompiers sont blessés lors d'interventions dans nos banlieues. Qu'en pensez-vous ?

Les banlieues sont des territoires qui échappent de plus en plus à l'autorité de l'État.

⑬ Présentez au jury votre centre de secours.

Préparez bien cette présentation (effectifs, missions, moyens, bassin de population, interventions marquantes...).

⑭ Qu'est-ce que l'obligation de réserve ?

Expliquez au jury la nécessité de cette obligation et ses limites.

⑮ Qui préside le SDIS de votre département ?

Connaissez son nom et ses fonctions exactes.

⑯ Que pensez-vous de la formation donnée aux sapeurs-pompiers volontaires ?

Soyez constructif dans votre réponse, qui doit être bien argumentée.

D'une manière générale, les candidats du concours réservé aux sapeurs-pompiers volontaires peuvent se voir poser plusieurs questions de mise en situation professionnelle (exemples : que faire en cas de refus de transfusion sanguine de la part d'un témoin de Jéhovah ? ; un de vos collègues est ivre en service, que faites-vous ?, etc.).

Simulations d'entretien commentées

Ces deux simulations ne peuvent avoir que valeur d'exemples, et non de corrigé type. Vous pouvez notamment les utiliser pour vous entraîner en sollicitant plusieurs de vos proches pour constituer un jury fictif et filmer votre prestation orale. Il est toujours intéressant de filmer ses propres entraînements, notamment pour éliminer ses tics verbaux et améliorer son attitude corporelle.

Ces simulations concernent le concours externe de caporal de sapeurs-pompiers professionnels et le concours réservé aux sapeurs-pompiers volontaires.

Simulation 1 : concours externe

Le candidat : Bonjour Monsieur le président, bonjour Madame, bonjour Messieurs

Le président du jury : Bonjour Monsieur. Veuillez vous asseoir. [*attendez d'être invité à vous asseoir pour le faire*]. Merci de nous communiquer une pièce d'identité [*veillez toujours à présenter une pièce d'identité en cours de validité et en bon état*].

Le président du jury : Nous vous remercions. Vous voudrez bien à présent vous présenter au jury.

Le candidat : Je m'appelle Franck P. [*annoncez toujours le prénom en premier, suivi du nom de famille*]. J'ai 22 ans. Je vis à Rennes et je suis célibataire. Après deux années d'études supérieures, je travaille désormais en intérim dans le domaine de la vente. [*il est toujours utile de souligner auprès du jury des expériences dans le monde du travail, afin de démontrer que vous avez l'habitude de travailler dans un cadre hiérarchique, notamment avec des responsabilités qui vous sont confiées et des règles à respecter*]

Devenir sapeur-pompier est le rêve de beaucoup d'enfants. Dans mon cas, c'est un rêve qui s'est poursuivi à l'adolescence et qui s'est concrétisé une fois devenu adulte. Après un baccalauréat général, j'ai effectué deux années en faculté de sport.

J'y ai beaucoup appris sur la préparation physique, le corps humain, la communication et la pédagogie [*restez toujours positif sur les différentes étapes de votre parcours*]. Mais j'ai vite su que je ne serai pas professeur d'éducation physique et sportive. J'avais toujours en tête mon premier rêve d'enfant, celui de devenir sapeur-pompier professionnel.

Mon secteur professionnel actuel est intéressant, il existe une vraie vitalité et des perspectives intéressantes de carrière, mais le seul vrai moteur demeure finalement le profit, et non le sens du service à autrui. Je le conçois très bien, mais ce n'est pas autour de cela que je veux construire mon existence et choisir le métier que je veux exercer pendant plusieurs dizaines d'années. Je suis en quête de sens et d'utilité sociale. Le métier de sapeur-pompier professionnel répond parfaitement à cet objectif.

Bien évidemment, dans ma réflexion personnelle, je suis allé bien au-delà de mes rêves d'enfants. Je me suis renseigné sur Internet et auprès de plusieurs sapeurs-pompiers, des volontaires et des professionnels. Je me suis dit que cette profession était variée, utile à la société, enrichissante sur le plan personnel et pourrait me donner l'opportunité de vivre des moments intenses sur le terrain. J'aime le sens du collectif, la qualité des relations humaines et le fait de poursuivre un but commun. Enfin, je sais que je pourrais, dans une même carrière, exercer de nombreux métiers différents. Je suis très attaché à cette possibilité de connaître des expériences professionnelles variées. C'est pour toutes ces raisons que j'ai souhaité devenir sapeur-pompier professionnel.

Le président du jury : Pour quelles raisons pensez-vous que vous pourrez vous épanouir chez les sapeurs-pompiers ?

Le candidat : J'ai à présent 22 ans et j'ai une idée bien précise de ce que je veux dans la vie. J'ai exercé plusieurs stages et je travaille de manière continue depuis désormais plus d'un an. Je connais quand même un minimum le monde du travail. Je sais ce qui pourra me donner satisfaction et ce que je pense pouvoir apporter au sein des sapeurs-pompiers professionnels. [*sachez être sûr de vous, tout en vous montrant modeste*] Le fait de pouvoir être utile à la société et à mon pays est essentiel pour moi. De même, je sais que je vais apprécier de pouvoir travailler en équipe. Aussi bien en pratiquant le rugby que dans mes expériences dans le monde du travail, j'aime le sens du collectif, la qualité des relations humaines et le fait de poursuivre un but commun. Enfin, je sais que je pourrais, dans une carrière de sapeur-pompier professionnel, exercer de nombreux métiers différents. Je suis très attaché à cette possibilité de connaître des expériences professionnelles variées. [*vos motivations doivent être présentées de manière structurée et solide, mais n'apprenez pas par cœur à l'avance un discours à réciter devant le jury : efforcez-vous de vous montrer naturel et spontané*]

Le président du jury : Citez-nous les principales missions de service public des sapeurs-pompiers.

Le candidat : Historiquement, les sapeurs-pompiers sont chargés de la prévention, de la protection et de la lutte contre les incendies.

À titre principal sur le plan du volume des missions, ils concourent, avec les autres services et professionnels concernés, à la protection et à la lutte contre les autres accidents, sinistres et catastrophes, à l'évaluation et à la prévention des risques technologiques ou naturels ainsi qu'aux secours d'urgence.

Dans le cadre de leurs compétences, ils exercent les missions suivantes :

- la prévention et l'évaluation des risques de sécurité civile ;
- la préparation des mesures de sauvegarde et l'organisation des moyens de secours ;
- la protection des personnes, des biens et de l'environnement ;
- les secours d'urgence aux personnes victimes d'accidents, de sinistres ou de catastrophes ainsi que leur évacuation.

[*une bonne connaissance générale de l'organisation et des missions des sapeurs-pompiers est indispensable pour réussir l'épreuve d'entretien avec le jury*]

Un membre du jury : Quel que soit le grade, qu'il soit d'ailleurs professionnel ou bien volontaire, un sapeur-pompier doit avoir certaines qualités et psychologiques. Pouvez-vous indiquer, selon votre propre perception, quelles sont ces qualités ?

Le candidat : Sur le plan moral et psychologique, il est essentiel que les sapeurs-pompiers aient ayant une réelle maturité personnelle, un sens de la droiture et de l'honnêteté, une aptitude à rester maître de soi dans des situations difficiles et une volonté de servir l'intérêt général.

Un membre du jury : Quel type de carrière envisagez-vous ?

Le candidat : Idéalement, je souhaiterais débuter sur le terrain dans un centre de secours principal pour découvrir le terrain en milieu urbain et dans une unité d'une certaine taille. La variété des missions permet une polyvalence et pourrait me permettre éventuellement d'acquérir une spécialité afin de varier mes compétences professionnelles.

Sur le plan géographique, je suis mobile sur toute la France. Je sais très bien que la carrière de sapeur-pompier professionnel, notamment le premier poste, implique cette mobilité. [*soulignez auprès du jury que vous êtes mobile et que vous avez conscience de la manière dont se déroule une carrière de sapeur-pompier professionnels*]

Au terme de quelques années, je désirerais présenter le concours de sergent afin de pouvoir m'orienter vers des missions d'encadrement opérationnel. Je n'exclus pas non plus de présenter un jour le concours interne de lieutenant de 2e classe, même si je suis bien conscient que ce concours est extrêmement sélectif.

Le président du jury : Selon vous, quel sens donner à l'engagement des sapeurs-pompiers au service de leurs concitoyens ?

Le candidat : Servir en tant que sapeur-pompier professionnel implique un engagement total au service de la collectivité. La mission principale étant le secours aux personnes, il est bien évident que le métier comporte des risques physiques. « Sauver ou périr » est une très belle devise, mais également, malheureusement, parfois une réalité. [*montrez au jury que vous connaissez les aspects du métier de sapeur-pompier professionnel, notamment les risques professionnels et les exigences*]

Un membre du jury : Que ferez-vous si vous échouez lors du concours de sapeur-pompier professionnel ?

Le candidat : Je serais évidemment déçu mais je chercherais à comprendre les points qui m'ont fait défaut afin de pouvoir m'améliorer. Je poursuivrais des études ou occuperais un emploi, tout en préparant de nouveau le concours afin de pouvoir le repasser dès que possible.

Un membre du jury : Vous nous avez parlé de certains attraits du métier de sapeur-pompier professionnel. Mais, selon vous, quels sont les inconvénients de cette profession ?

Le candidat : Il y a évidemment les risques professionnels de blessure et potentiellement de mort. Sapeur-pompier est un métier difficile, il faut bien en avoir conscience. De même, nous sommes confrontés à la violence directe, notamment dans les quartiers dit sensibles, à la mort et à la souffrance humaine. Tout cela est moralement éprouvant.

De manière plus prosaïque, les horaires de travail parfois atypiques peuvent être fatigants, désocialisants et parfois pénalisants pour la vie de famille. Je sais tout cela. Je pense l'avoir bien intégré et je l'accepte car c'est le métier que je veux exercer pour servir mon pays, tout en m'épanouissant sur le plan personnel.

Un membre du jury : Quel est le rôle d'un député ? [*sans forcément avoir une connaissance approfondie des institutions publiques, vous devez pouvoir répondre simplement à des questions comme celle-ci*]

Le candidat : Un député est le représentant des citoyens d'une circonscription et, plus généralement, de la nation tout entière. Lorsqu'il siège à l'Assemblée nationale, il vote les lois, que celles-ci émanent des députés ou du Gouvernement. Au titre du contrôle, le député peut interroger le Gouvernement et examiner son action.

Le président du jury : Savez-vous ce qu'est le « secret professionnel » ? [*il est possible que le jury vous interroge sur des questions simples de déontologie pour vérifier que vous avez bien compris les obligations morales liées au métier de sapeur-pompier professionnel*]

Le candidat : C'est l'obligation de ne pas divulguer à quelqu'un des informations obtenues dans un cadre professionnel. Par exemple, pour un sapeur-pompier, il y a obligation de ne pas donner à des tiers des informations sur une intervention précédente, ou bien sur l'identité d'une victime ou la nature de ses blessures. La violation du secret professionnel peut être sanctionnée par la hiérarchie et par les tribunaux.

Un membre du jury : Lisez-vous ?

Le candidat : J'essaye de lire la presse quotidienne de temps en temps. Mes parents achètent des hebdomadaires d'actualité que je lis de temps à autre. J'aime aussi les polars contemporains et les bandes dessinées. [*soyez franc avec le jury si vous ne lisez pas ou que vous lisez peu, n'inventez surtout pas de lecture car le jury risque fort de vous interroger à ce sujet*]

Le président du jury : Le temps est désormais écoulé. Nous vous remercions d'avoir répondu à nos questions. [*le jury ne donnera jamais aucune indication au candidat, ni ne manifestera son intérêt ou son désintérêt pour tel ou tel profil*]

Le candidat : Je vous remercie Monsieur le président, Madame et Messieurs. [*quittez le jury avec cette formule de politesse et ne cherchez pas à leur serrer la main, car cela n'entre pas du tout dans les usages de cette épreuve*]

Simulation 2 : concours réservé aux SPV

Le candidat : Bonjour Monsieur le président, bonjour Madame, bonjour Messieurs.

Le président du jury : Bonjour Monsieur. Veuillez-vous asseoir. [*attendez d'être invité à vous asseoir pour le faire*] Merci de nous communiquer une pièce d'identité [*veillez toujours à présenter une pièce d'identité en cours de validité et en bon état*] et de bien vouloir vous présenter au jury en quelques phrases.

Le candidat : Je m'appelle Philippe S. et j'ai 27 ans. Je suis titulaire du brevet des collèges et je travaille comme préparateur de commandes dans l'industrie pharmaceutique. J'ai un engagement en tant que sapeur-pompier volontaire depuis 5 ans au centre de première intervention de Z, qui est rattaché au SDIS de X.

Depuis ma formation, j'ai effectué mes premières armes dans ce même centre de première intervention. Nous défendons plusieurs communes, sur un territoire qui regroupe près de 4 000 habitants.

Mon centre compte 14 sapeurs-pompiers, tous volontaires, avec deux sapeurs en double engagement.

La vocation de notre centre est d'assurer, au niveau communal, des secours de proximité dans l'urgence, le temps de l'arrivée des renforts du corps départemental (le SDIS) et autres services d'urgence (Samu, forces de l'ordre).

Notre centre assure une soixantaine d'interventions à l'année et possède à ce jour deux engins opérationnels avec du matériel adapté à chaque type de mission. Le premier est un VLI (véhicule léger d'intervention) permettant de répondre aux appels relatifs aux secours à personnes, et interventions diverses. Le second est un FPTL (Fourgon Pompe Tonne Léger), doté entre autres d'ARI (Appareils Respiratoires Isolants). Il est destiné principalement à la protection et la lutte contre tous les types d'incendies. Il sert également lors des inondations, la sécurité et le balisage des accidents sur la voie publique, la protection des biens.

Nous opérons ainsi sur toutes les interventions : les accidents de la route, du travail ou domestiques, plusieurs feux dans des sites naturels, des habitations ou des locaux professionnels. Avec de relativement faibles moyens, nous devions assurer des missions très différentes, ce qui impliquait notamment une excellente formation de base et une cohésion forte de l'unité. Le contact étroit avec la population est également un aspect que j'apprécie tout particulièrement.

J'apprécie particulièrement le besoin de réactivité, de sang-froid, de polyvalence et de rigueur dans cette mission. Les relations avec les échelons supérieurs comme le centre opérationnel départemental d'incendie et de secours (CODIS) ou le SDIS. [*sachez évoquer vos expériences professionnelles de manière valorisante, notamment en démontrant au jury que vous êtes apte à l'exercice de responsabilités supérieures en devenant sapeur-pompier professionnel*]

J'aime le travail en équipe. La solidarité entre collègues et le fait de se serrer les coudes dans les difficultés. Je veux aussi exercer un métier qui ait un sens et me sentir utile. J'aime également me perfectionner sur un plan professionnel, je suis très curieux d'apprendre de nouveaux savoirs et de nouvelles techniques. De même, j'ai à cœur de servir et d'aider les populations. Pour toutes ces raisons, j'aspire à devenir sapeur-pompier professionnel.

Un membre du jury : Quelle est votre situation de famille ?

Le candidat : J'ai une petite amie depuis deux ans et nous vivons ensemble. Elle approuve pleinement mon projet professionnel et est prête à me suivre, quand bien même je dois traverser la France pour être recruté par un SDIS. [*le cas échéant, le jury pourra vous interroger sur votre situation de famille et la compatibilité de celle-ci avec les servitudes liées aux missions de sapeur-pompier professionnel*]

Un membre du jury : Outre ce qui relève des SDIS, quelles sont les principales compétences des départements ? [*vous devez connaître les grandes lignes de* *l'organisation et des compétences des institutions publiques, notamment les collectivités territoriales*]

Le candidat : Les principales compétences du département sont les suivantes :

- la création et l'entretien des collèges ;
- l'aide sociale et la santé (hôpitaux, allocation d'aides sociales...) ;
- la gestion des routes départementales et des routes nationales d'intérêt local, ainsi que les ports et aérodromes ;
- la gestion des voies navigables ;
- l'aménagement rural (remembrement).

Le président du jury : En quoi la connaissance de son secteur est-elle utile à un sapeur-pompier professionnel ?

Le candidat : La connaissance du secteur correspond à l'identification des risques du territoire de compétence. Elle doit être cultivée par tous les personnels. Cette forme d'anticipation permet la prise en compte de toutes les dispositions tactiques et matérielles en amont des opérations de secours, par une meilleure connaissance des infrastructures et des éléments de défense extérieure contre l'incendie.

Un membre du jury : Quelle mission de sapeur-pompier volontaire appréciez-vous le plus ?

Le candidat : Ce n'est pas très original, mais la mission incendie m'a toujours plus lors de nos interventions, qu'il s'agisse d'interventions menées seuls ou bien avec le soutien du SDIS. De même, le secours à victime est intéressant car chaque intervention est différente et surtout parce que nous apportons alors une aide vitale aux victimes.

Un membre du jury : Dans quel cas vous n'obéiriez pas à un chef hiérarchique ?

Le candidat : Je n'obéirai pas si mon chef me donne un ordre illégal.

Un membre du jury : Avez-vous un exemple d'ordre qui serait illégal ?

Le candidat : Par exemple, de ne pas assurer une intervention qui nous incombe ou de ne pas respecter notre règlement d'emploi.

Le président du jury : Savez-vous vous adapter ?

Le candidat : Oui, je pense savoir m'adapter [*efforcez-vous de vous montrer modeste, tout en étant conscient de vos atouts*]. J'ai pu vivre dans des villes différentes, côtoyer des milieux variés, exercer des emplois ponctuels très divers. À chaque fois, je me suis épanoui. [*considérez chacune des questions du jury comme une opportunité pour vous valoriser : le recrutement est sélectif et vous devez donc absolument vous démarquer positivement des autres candidats. Pour cela, ne vous contentez pas d'un « oui » ou d'un « non », mais développez vraiment vos réponses*]

Un membre du jury : Quels sports pratiquez-vous ?

Le candidat : Plus jeune, j'ai pratiqué le judo jusqu'à la ceinture marron. Depuis quelques années, je pratique de manière régulière, à raison de deux à trois fois par semaine, le footing. L'été, je pratique la natation en piscine et en mer. Dans le cadre de la préparation des épreuves de sélection, outre les footings, j'ai pratiqué des exercices musculaires : pompes, abdominaux et tractions. [*soyez sincère et ne vous inventez pas de pratique sportive, ni de niveau sportif. Si vous êtes peu ou pas sportif,* *ne le cachez pas mais soyez conscient que vous allez devoir vous remettre fortement au sport en devenant sapeur-pompier professionnel*]

Un membre du jury : À quoi occupez-vous vos loisirs ?

Le candidat : Outre le sport, j'aime les randonnées sur les sentiers côtiers ou en forêt, cuisiner, la lecture de livres de science-fiction et les séries télévisées. [*ne cherchez pas forcément l'originalité à tout prix et ne vous inventez surtout pas de loisirs, mais donnez quand même au jury l'impression que vous pouvez vous intéresser à des choses variées*]

Le président du jury : Le temps est désormais écoulé. Nous vous remercions d'avoir répondu aux questions. [*le jury ne donnera jamais aucune indication au candidat, ni ne manifestera son intérêt ou son désintérêt pour tel ou tel profil*]

Le candidat : Je vous remercie Monsieur le président, Madame et Messieurs. [*quittez le jury avec cette formule de politesse et ne cherchez pas à leur serrer la main, car cela n'entre pas du tout dans les usages de cette épreuve*]

PEFC 10-31-1895

FABRIQUÉ EN FRANCE

Achevé d'imprimer en décembre 2022 par l'imprimerie Chirat en France
Dépôt légal : janvier 2023 - N° 202211.0272
N° éditeur : MAGSI20220306